教育部人文社会科学基金项目：农村创业型经济内生增长机制研究（13YJA7903）

湖南省高校创新平台开放基金项目：农民工创业与湖南新型城镇化联动机制及路径研究（11k031）

农民工创业、要素集聚与农村城镇化后发优势创造

——基于集聚经济学框架的探索

李朝晖　著

经济科学出版社

图书在版编目（CIP）数据

农民工创业、要素集聚与农村城镇化后发优势创造：
基于集聚经济学框架的探索/李朝晖著 . —北京：经济
科学出版社，2014. 11
ISBN 978 - 7 - 5141 - 5204 - 3

Ⅰ. ①农… Ⅱ. ①李… Ⅲ. ①农民 - 劳动就业 - 研究 -
中国②农村 - 城市化 - 研究 - 中国 Ⅳ. ①D669. 2②F299. 21

中国版本图书馆 CIP 数据核字（2014）第 269456 号

责任编辑：刘 莎
责任校对：郑淑艳
责任印制：邱 天

农民工创业、要素集聚与农村城镇化后发优势创造
——基于集聚经济学框架的探索
李朝晖 著
经济科学出版社出版、发行 新华书店经销
社址：北京市海淀区阜成路甲 28 号 邮编：100142
总编部电话：010 - 88191217 发行部电话：010 - 88191522
网址：www. esp. com. cn
电子邮件：esp@ esp. com. cn
天猫网店：经济科学出版社旗舰店
网址：http：//jjkxcbs. tmall. com
北京密兴印刷有限公司印装
710×1000 16 开 16. 25 印张 300000 字
2014 年 11 月第 1 版 2014 年 11 月第 1 次印刷
ISBN 978 - 7 - 5141 - 5204 - 3 定价：59. 00 元
（图书出现印装问题，本社负责调换。电话：010 - 88191502）
（版权所有 侵权必究 举报电话：010 - 88191586
电子邮箱：dbts@ esp. com. cn）

感谢湖南省农林经济管理重点学科、湖南省农村发展研究所、湖南省"三农"问题研究中心的出版资助！

前　　言

　　城镇发展的过程，在某种意义上就是各种社会经济活动在城市地域空间集中与区位协调的过程，城镇任何经济活动均以空间形式体现并以之为前提，聚集因此成为城镇化过程中的一个特有现象。中国农村地区地域辽阔，经济发展水平较低且市场发育不健全，作为城市与农村之间承上启下的桥梁，小城镇是实现城乡协调发展的主要力量。

　　城镇化意味着农村人口的非农化转型，意味着农民生产方式、生活方式、价值观念从传统封闭向现代开放转变。经验事实表明，长期处于贫穷落后状况、思想观念与生活方式陈旧的农民并不适于直接进入大城市。小城镇地处农村与城市中间区域，较分布星散的农村居民点具有集聚优势，兼有小城市现代氛围与地方政治、经济中心的优越位置，作为聚落体系中的城乡联系纽带，小城镇能以紧密的地缘关系吸纳周边腹地农村劳动力流入，以城乡市场连接缓解大中城市的人口膨胀压力，是农民完成市民化转型的最优地理区位。

　　随着资源的耗竭，以物质资本投入为主导的消耗式城镇化推进动力机制表现乏力，急须新的替代动力引擎。与此同时，沿海地区产业结构升级促使部分农民工回流返乡，这种要素的向外疏散为小城镇发展带来新的机遇。有调查数据显示，目前已有近500万名先行外出的农民工利用在外积累的资金、技术、管理、信息、理念等生产要素回乡创业，不仅解决了自身就业与发展，且吸纳大量农村剩余劳动力，提高了当地农民收入及农村消费水平，创业正在成为农村经济发展新的增长点。农民工创业是返乡农民工利用手中掌握的资源、知识或技能，结合管理能力，在自身意识或外界影响的引导下对现有生产进行改造或重组的过程；也是通过创建新组织、采用新生产方式、开辟新市场促使农村劳动力、资金、土地、信息、技术等社会资源向某特定区域集中的过程。小城镇因其接近原料供给地、产品销售市场而成为创业集聚的优势空间载体，因其作为农村要素流动最为稳定的聚集中心而成为创业区位优选。据全球创业观察报告数据显示，农村创业占到目前中国全员创业活动的57.9%，随着创业条件的成熟，农民工正在成为农村乃至中国创业型经济发展的主体，这种包含集聚正外部性与报酬递增内生性征的商业价值创造，是农村克服资源约束的创新动力引擎，也是城镇后发优势稳态持续的强劲支撑。

根据集聚经济学原理，基于利润追求，尤其是弥补单个企业无法完成的产业链分工驱使，农民工创业会自发朝向某一特定区域集聚，以不同层次极点与区域外要素集中形式推动人口、物质、技术、信息、资金向小城镇流动。随着人口相对集中与集聚经济循环累积效应的增强，农村腹地生产要素向城镇流动，规模经济、范围经济以及外部效益内在化促使交易成本大幅下降。一方面，生产分工专业化程度提高，交易规模与市场份额随之扩张；另一方面，城镇基础设施、人力资本、企业制度与知识资本溢出及扩散效应迅速增加，外部范围经济与规模经济得以进一步深化。这里尤其值得重视的是，基于集聚产生的丰厚货币与技术外部利益，小城镇将因其贸易依存度、市场容量与交易效率的提升而获得可持续发展动力。

本书基于集聚经济学理论框架，以湖南省14县市调研数据为依据，从农民工创业空间集聚视角探索符合报酬递增规律的城镇化内生动力机制。其中，"农民工创业经济集聚原理及及传导机制；生产效率、交易成本、地理空间区位以及外部经济效应对创业城镇集聚影响；农民工创业城镇集聚可行性路径选择"；"不同创业区位选址、劳动力市场对称均衡等地理经济空间因素在人口城镇集聚中的作用；城镇人口集聚边界决定与空间布局上的帕累托最优判定依据"；"农民工创业产业集聚城镇化支持能力评估指标体系构建；创业产业集聚下的城镇化效率检验标准制定"以及"农民工创业技术效率及制度创新与城镇后发优势稳态持续相关性、农村创业制度均衡框架设计方案"等问题为研究探讨重点。

本书以农民工创业地理空间集中为切入点，从创业经济学、集聚经济学以及城市经济学相关理论出发，在对国内外前沿研究观点回顾与解读的基础上，通过剖析农村城镇化解释中的理论缺陷，探索农村创业集聚与城镇化关联的一般规律及政策影响，以期建立一个符合城镇化与农村创业型经济发展的政策支持框架，为实现农村经济赶超与可持续增长寻求一个低成本的、可持续发展的动力引擎。本研究重要创新之处在于建立集聚区位模型、集聚空间均衡模型以及包含技术进步与制度变迁的后发优势模型，将空间经济模型应用于农民工创业城镇相关分析，是对目前城镇化经验型传统研究的一种突破。其中，与主流模型最大的区别是无须依赖变量及误差项随时间的滞后或相关变动，非匀质性产生的空间异方差问题得到了较为科学的处理。此外，鉴于空间计量模型估计及检验中无法使用标准计量软件，本书在传统计量软件中加入了空间估计模块，将地理空间因素导入农村城镇化研究体系，得以从空间布局规划视角提出政策以支持框架构想。

本书的完成得到李安与程迪同学的大力协助，并得到匡远配教授有益的出版建议，在此，一并致谢！

作　者

2014 年 11 月 10 日

目　　　录

第七章　农民工创业技术效率与制度变迁下的城镇后发优势 ·············· 192

第一章

导论

城市具有空间集聚特性，城镇的经济系统与空间系统具有不可分性，任何经济活动均以空间形式来体现，并以之为前提。西方城市经济学多倾向于分析外在性、街区效应以及有关的市场失灵，认为大城市的基本特征表现为"高人口密度、拥挤的市内交通、昂贵的土地和以资本代替土地"。就某种意义上而言，城镇的发展过程，是各种社会经济活动在城市地域空间集中与区位协调的过程，聚集因此成为城镇经济发展中的一个特有现象，小城镇的产生、发展与衰退都与之相关联。

第一节
研 究 的 缘 起

一、研究背景

（一）农村创业型经济的兴起

创业活动是一个地区、国家乃至全球经济不断发展的根基，创新和创业精神是经济活力的源泉与发展的灵魂。从世界范围来看，创业已经成为各国经济发展的原动力，其核心要件就是把思想转化为经济机遇的活动，刺激了生产力和经济竞争力的提高，国内经济发展也表明创业正在成为充分就业的最积极有效的方式。20 世纪 80 年代以来，创业（entrepreneurship）引起了学术界与公共政策决策者们的密切关注，作为世界上最大的发展中国家的中国，充分就业最有效途径是实现全民创业（姚梅芳等，2008）。据《全球创业观察报告》报道，2005 年中国全员创业活动指数为 13.7%，其中农村创业占到 57.9%，表明农民正在成为中国创业经济发展的主体。进入 21 世纪以来，农民工回乡创业步伐明显加快，且劳动力呈现双向流动的新趋势，农民工在打工过程中开阔了眼界，在增强技能的同时积蓄资金和人脉，创业条件趋于成熟，返乡创业规模扩大。农民工创业是对农业传统生产方式的否定，是对城乡二元化体制的挑战，也是农村城镇化的优势路径选择，事实证明，创业在促进资源的高效利用和财富价值创造过程中发挥独特的作用。

2006 年 4 月，在中国农村劳动力资源开发研究会的调研报告中，温家宝总理指出：转移农村富余劳动力要有多种途径，鼓励农民工返乡创业是一条重要的路子；2007 年"中央一号文件"指出："采取各类支持政策，鼓励外出务工农民带技术、带资金回乡创业，成为建设现代农业的带头人。"同年 6 月《关于引导鼓励农民工返乡创业的意见》（返乡创业 29 条）讨论稿初步形成；2008 年"中央一号文件"再次提出："以创业带动就业，实现创业富民、创新强农"；党的十七届三中全会报告也指出："鼓励农民就近转移就业、扶持农民工返乡创业是推进城乡统筹从而实现农村发展战略目标、推进中国特色农业现代化的措施之一"。2009 年政府工作报告中再次强调鼓励更多劳动者成为创业者，在准入门槛、财政转移支付、税收优惠以及信贷融资等方面提供政策支持。中国国情的特殊性决定了创业理论必须建立在中国特色的经济发展水平之上，但从目前的创业理论研究看来，大多仍停留于创业定义和分析框架争鸣，研究较为零散且严重滞后于国外前沿成果，农村创业领域的关注尤为稀缺，无法适应农民创业者需求。

（二）小城镇发展面临新的机遇

城镇是产业和消费的集中地，是生产要素的聚集地，是人流、物流、信息流、资金流枢纽，也是城乡融合的载体与平台，因此成为区域经济发展的辐射中心。城镇化意味着农村人口的非农化转型，意味着农民生产方式、生活方式、价值观念从传统封闭向现代开放转变，对于提高我国创新创造和市场需求水平意义重大。党和国家从战略高度明确了城镇化地位，指出城镇化是解决"三农"问题的关键，强调坚持大中小城市和小城镇协调发展，走中国特色的城镇化道路，促进农村富余劳动力向非农产业和城镇转移。客观上看来，现阶段城镇化出现两个新的发展态势：一是大城市人口和产业向小城镇呈梯度性扩散；二是农村人口及其他生产要素向经济相对发达的小城镇转移，市场宏观大环境的变化给小城镇建设带来新的发展机遇。2012年，党的十八大报告明确走中国特色新型工业化、信息化、城镇化、农业现代化道路，推动工业化和城镇化良性互动、城镇化和农业现代化相互协调，促进四化建设同步发展。

第一，大中城市产业梯度转移为小城镇发展注入新的活力。随着生产力不断提高，人类社会逐渐步入以城镇为核心发展的历史阶段，城镇化水平成为衡量国家或区域经济、社会发展的重要标准。西方经验事实证明，工业化的核心竞争力就在于劳动力成本的缩减与土地价格及实际税收的下降，而成熟的行业意味着没有超额利润，也不足以承担大城市中心高地租、高工资成本。因此，在资源紧张、环境退化矛盾日趋严重，土地价格与劳动力成本不断攀升的现阶段，基于经济人理性，企业主将设法将已经标准化的、相对成熟的产业向外转移，这种源于不同规模城市间的产业递进与分工必然地带来人口与产业向外疏散，小城镇发展将产生新的机遇，基础设施、信息服务、劳动力素质、市场资源条件相对较好小城镇尤其如此。

第二，小城镇是农村要素流动最为稳定的聚集中心。人多地少、资源短缺是我国的基本国情。在大城市迅速扩张的同时，农村大部分地区仍处于小农经济状态，"自然村—行政村—村民委员会"是我国村镇体系的基本设置，而"小城镇—中心村—基层村村镇体系"区划在城镇体系最为常见，处于行政聚落体系最低层级的小城镇成为两者的联系纽带。客观事实表明，等级越高城镇的非农产业系统越发达，越能提供更多高品质产品及服务，且腹地跨度越宽；而等级较低小城镇则多采取以地方产品换取外埠优质产品。

我国农村不能走西方高消耗、广覆盖道路，必须以低成本突破传统农业生产领域及农村社区局限，以农业现代化创造农村后发优势。作为聚落体系中的城乡联系纽带，无论何种规模的小城镇，都是农村生产资料与生活资料的集散中心，也是农村剩余劳动力非农就业重要集聚地，小城镇以其紧密的地缘关系吸纳周边腹地农村劳动力流入，以城乡市场连接缓解大中城市人口膨胀压力，因此作为农村要素流动最为稳定的聚集中心而存在。

（三）农民集聚区正在成为新农村建设的空间承载点

《中共中央国务院关于推进社会主义新农村建设的若干部意见》中明确："着力发展县城和在建制的重点镇，从财政、金融、税收和公共品投入方面为小城镇发展创造条件"，新农村建设将城镇化提升到国家战略高度，小城镇进入新一轮发展阶段。通常情况下，新农村建设中面临公共基础设施与服务半径问题，涉及交通基础设施、公用事业设施、信息产业基础设施以及社会服务设施等方面建设规划，只有在人力资本、物质资本等要素集聚、三大产业生产集聚以及交换与消费集聚规模发展到一定程度时，城镇基础设施建设才能提供更多公共物品，如能源、给水排水、交通运输、邮电、环境绿化、防灾减灾等。小城镇作为行政聚落体系的基层组织，可以对农村公共产品实行统一供给，经济活动与资源要素的集聚避免了各村重复建设。事实证明，长期处于贫穷落后状况、思想观念与生活方式陈旧的农民并不适于直接进入大城市，小城镇地处农村与城市中间区域，尽管规模普遍偏小，但较分布星散的农村居民点具显著集聚优势，兼有小城市现代氛围与地方政治、经济中心的优越位置，是农民完成市民化转型的最优地理区位。根据区域经济发展的一般规律，随着农业规模化、机械化的发展和农村居民人数的减少，规模小、分布零散农村聚落点将逐渐衰退，为避免公共资源的闲置浪费，农村城镇化的公共投资空间将进一步扩张，实现农村现代化的低成本运转。就此意义上而言，集聚经济的循环累积效应将推动农村腹地生产要素向城镇流动，外部范围经济与规模经济得以进一步深化，而人口相对集中、规模效益较高的小城镇则逐渐发展成为新农村建设的重点。

二、研究目的

城市化是提高产业经济规模、获得专业化利益的一种方式。国内有关小城镇发展动力研究多集中于农村工业对小城镇发展的推动，认为自下而上农村工业化是推动小城镇快速发展主要动力，但这些研究成果无法解决目前乡镇经济活力缺乏、小城镇发展受阻矛盾。本书力图从创业经济学、集聚经济学以及城市经济学相关理论出发，以农民工创业为切入点，在对国内外前沿研究观点回顾和解读基础上，剖析城市经济学在农村城镇化解释上的理论缺陷，探索农村创业集聚与城镇化关联的一般规律及政策影响，以期建立一个符合城镇化与农村创业型经济发展的政策支持框架，为实现农村经济赶超与可持续增长寻求一个低成本的、可持续发展的动力引擎。本书试图回答以下几个问题：

（1）农民工创业形成经济集聚原理及一般规律是什么？生产效率、交易成本、地理空间区位以及外部经济效应对创业城镇集聚有何影响？农民工创业城镇集聚可行性路径选择有哪些？

（2）不同创业区位选址、劳动力市场对称均衡等地理经济空间因素对人口城镇集聚有何影响？城镇人口集聚边界决定与空间布局上的帕累托最优的判定依据是什么？

（3）如何评估农民工创业产业集聚的城镇化支持能力？创业产业集聚下的城镇化效率检验依据具体有哪些？

（4）农民工创业技术效率及制度创新与城镇后发优势稳态持续相关性怎样？农村创业制度均衡的框架设计如何？

三、研究意义

（一）农民工创业集聚在农村城镇化发展中的功能与作用

基于对利润的追求，尤其是弥补单个企业无法完成的产业链，农民工创业企业会自发朝向某一特定区域集聚，地理集中形成的经济集聚将吸引更多企业和人口涌入，呈现出社会经济活动的分工与贸易多样化，交易效率提升，城市规模加速扩张。

第一，农民工创业推动要素城镇集聚。城镇化是一个经济活动和资源要素集聚的过程，创业以不同层次极点与区域外要素集中的形式推动人口、物质、技术、信息、资金向小城镇流动，城镇基础设施、人力资本、企业制度与知识资本溢出及扩散效应迅速增加。

第二，农民工创业获得产业城镇集聚的专业化生产利益。农民工创业集聚可以带来丰厚的货币与技术外部性利益，小城镇因其接近原料供给地、产品销售市场而成为创业企业集聚的优越空间载体。随着生产相同产品创业企业的集中，人口迁移将带来服务业的兴起，或形成新的小城镇，或推动现有小城镇产业结构优化，地理位置优越、交通便利、资源丰富区位促进城镇产业升级，实现区域经济的跨越式发展。

第三，农民工创业资源集聚带动城镇交换集聚。当农民工创业集聚到一定规模时，交易规模、市场份额都会有较大程度扩张，交易成本因规模经济、范围经济效益以及外部效益内在化而大幅下降，生产分工专业化程度随之提高，市场体系功能完善的同时推动各种中介服务机构快速发展，交换所需交通设施及信息条件大为改进，城镇集聚中心贸易依存度、市场容量及交易效率因此获得较大提升。

第四，农民工创业推动消费集聚。人口集中、产业集聚及交换集聚使消费方式逐渐趋于社会化，这种集中性的消费使成本大幅下降，更多新产业由此产生。

（二）研究实践意义

中国农村地区地域辽阔，经济发展水平较低且市场发育不健全，农村经济增长以资本、土地等资源要素推动为主导。作为城市与农村之间的承上启下桥梁，小城镇是实现城乡协调发展的主要力量，在整个城镇化进程中处于不可替代的地位。经验事实表明，经济的持续增长必须建立在不依赖外力的要素报酬递增前提之下，以物质资本投入为主导的外生型经济增长模式显然缺乏可持续发展性，随着资源的不断耗竭，这种消耗式的城镇化推进方式显然难以为继。农民工创业作为创业型经济发展核心主体，是农民创业者在自身意识或外界影响的引导下，利用手中掌握的资源、知识或技能，结合管理能力对其进行改造或重组以创造更多劳动价值的行为；也是通过创建新组织、采用新生产方式或开辟新市场促使农村劳动力、资金、土地、信息、技术等社会资源向某特定区域集中的行为，集聚正外部性与报酬递增内生性特征显著，是现阶段克服资源约束的小城镇发展优势动力机制。本书根据集聚经济学与创业经济学相关理论，将农民工创业要素集聚、产业集聚、技术制度变迁与农村城镇化置于同一框架内，探讨不同层次极点农民工创业对经济要素城镇聚集的影响，对摆脱小城镇"产业空心化"陷阱，实现农村经济赶超无疑具重要实践价值。

（三）研究理论价值

目前理论界关于小城镇经济发展、小城镇发展模式、小城镇规划、小城镇制度创新等研究成果十分丰硕，尤其是自下而上农村工业化对小城镇发展影响具一定借鉴性，但都存在偏重具体问题及典型个案分析问题。在研究空间层次上，尽管从局部到整体都有涉及，但多为宏观层面的政策指导研究，无法解决目前城镇发展动力不足，农村经济新增长点缺乏的矛盾。不少学者基于不同角度、运用不同经济学理论对有关城市产业扩散与小城镇发展机制、小城镇政府效率与小城镇发展、小城镇制度创新以及小城镇空间形态演变问题也进行了深入，但对于初始条件相同农村的城镇化进程差距过大，现阶段农村劳动力返乡创业产生的集聚影响等都无法给出一个合理解释，传统城镇化发展理论滞后于现实，急需创新性、可操作性理论对中国特色的城镇化进行指导。并且，作为一个重要的地理空间因素，集聚经济是个急需解释并加以利用的经济发展手段，因此成为近年西方研究的热点指向。客观上看来，农民工返乡创业以其经济聚集功能，将农民财富谋求利益引力机制、城市生活向往社会引力机制、新经济增长点寻求政策支持机制，以及农村社区自我发展内在动力机制集为一体，是农村城镇化的创新动力引擎，也是城镇后发优势持续的优势载体。本书以集聚经济学与创业经济学为理论基础，从农民工创业聚集视角研究小城镇发展：

第一，无论国外还是国内，目前有关创业的系统性研究都处于起步阶段。管理学家德鲁克率先提出"创业型经济"概念，研究因此多从管理学方向深入，重心集中于企业内部管理及企业成长，涉及其他领域的研究基本尚处于理论建构阶段，边界模糊且缺乏一致性与兼容性，尤其是经济学分析应用，仍多停留在熊彼特与奈特的研究模式上。相较之下，国内相关研究起步更晚，局限于创业行为介绍与现象描述，缺乏系统性深入探讨。本书从农民工创业空间集聚视角，探索符合报酬递增规律的城镇化内生动力机制，这是创业经济学、集聚经济学与城市经济学等学科交叉性的创新研究，也是将产业集聚理论、内生增长理论应用于农村经济发展领域的尝试探索。

第二，目前理论界对集聚产生的基础及其对经济增长贡献相关研究有的建立在索洛模型基础之上，有的以线性计量模型为前提，均忽视了产业集聚及人口集聚在空间经济上的分工。本书试建立集聚区位模型、集聚空间均衡模型以及包含技术进步与制度变迁的后发优势模型，较为深入地阐释了农民工创业集聚与城镇化动力机制形成机理与传导过程，以较为翔实的数理分析及实证检验为农村城镇化研究增补新的素材。

第二节

研究内容与逻辑框架

一、研究主要内容

本书正文部分共分为八章，第一章是导论；第二～四章在系统梳理国内外研究脉络的基础上，针对农民工创业研究背景及其经济集聚、城镇化关联机理及传导机制作出合理解释；第五～七章分别从农民工创业产业集聚与经济要素集聚两个层面展开，具体内容安排如下：

第一章 导论。简要介绍本书选题背景、研究目的及意义，对重点概念进行界定，阐述本书主要内容与逻辑框架、采取的研究步骤及研究方法，并对本书创新之处进行整理，试图为研究寻求一个逻辑的起点。

第二章 创业、集聚与城镇化理论前沿研究。本章从创业型经济、集聚经济、城镇化以及后发优势等方面，对国内外研究前沿观点进行回顾与系统论述，为本书研究奠定先行理论基础。

第三章 农民工创业特征描述与成长性研究。为对农民工创业集聚与农村城镇化的关联性及影响度作出先行研究，本章在创业基础理论回顾基础上，以湖南五地为实证调研地，针对农民工创业现状特征及影响因素深入剖析，并对农民工创业的成长性作出初步评价。结论认为，现阶段农民工创业以非农产业为主，多选择农村或集镇为创业及居住地，其中，创业者个体特征是影响创业决策的内生因素，企业经济实力与发展潜力很大程度上取决于创业的成长性。

第四章 农民工创业城镇集聚机理及路径选择。本章从生产效率、交易成本、地理空间因素与外部性视角就农民工创业城镇集聚机理作出解释，并就创业几种常见的城镇集聚路径选择展开研究。首先，应用边际分析法对生产效率及交易成本带来的集聚影响进行分析；其次，从创业区位选址、公共基础设施以及劳动力市场角度构建空间经济模型，探讨地理因素与农民工创业城镇集聚的关联性；此外运用博弈分析法，就创业生命周期不同阶段城镇集聚的策略博弈比较研究；最后，针对"产业承接型"、"块状经济型"及"特色经济型"等几种常见的农民工创业类型深入剖析，试图揭示不同经济发展水平下的农民工创业形成城镇集聚的一般发展规律。

第五章 农民工创业人口集聚区位选择与空间均衡。本章着重探讨地理空间因素对农民工创业人口集聚的影响。首先应用经济学边际分析法，对劳动力市场对称均衡下的创业人口集聚问题展开研究；其次构建空间经济模型，就不同创业区位选择下的城镇人口集聚比较分析；为揭示农民工创业人口集聚空间均衡的一般规律，建立空间经济模型，就创业人口集聚边界与规模相关问题进行探讨。结论认为，劳动力工作搜寻成本、报酬收益递增驱动及劳动价值判断在很大程度上影响劳动力市场，最终决定农村人口城镇集聚决策的实施，而人口城镇集聚度及规模则取决于创业区位选址，布局于发达城市近郊、发展中小城镇或农村腹地农民工创业产生的人口集聚效应差异显著。

第六章　农民工创业产业集聚下的城镇化支持及效率检验。本章基于产业集聚角度，对农民工创业城镇化支持能力与支持效率进行检验。应用模糊层次分析法（FAHP），从产业结构优化、基础设施建设、技术进步、区位选址与制度环境改善维度评估创业对城镇化的支持关联度，而后构建面板数据模型对其城镇化支持效率进行检验。结论认为，农民工创业产业集聚与城镇化发展呈正相关系，其中，产业集聚对城镇化的支持取决于创业规模的扩张，而集聚区位商则是决定城镇化支持效率的关键。本章研究为农民工创业经济成为城镇化支撑的可行性判断提供了科学的实证参考。

第七章　农民工创业技术效率与制度变迁下的城镇后发优势创造。本章沿着农民工创业技术效率与制度变迁两条主线，就创业集聚产生的城镇后发优势可持续发展问题深入探讨。首先，针对集聚产生的区域后发优势内在机理作出初步解释；其次，构建随机前沿超越对数生产函数模型，就创业技术效率相关影响因素进行实证检验；最后，借鉴 Kostova "国家制度框架" 对农民工创业制度供求均衡问题进行探讨，试图为构建农民工创业制度支持体系提供一个有益的框架。

第八章　结论与政策含义。总结本书研究成果，提出政策建议，为将农民工创业培育成为农村城镇化发展的优势载体提供启发性思路。

二、研究主体框架

研究主体框架如图 1-1 所示。

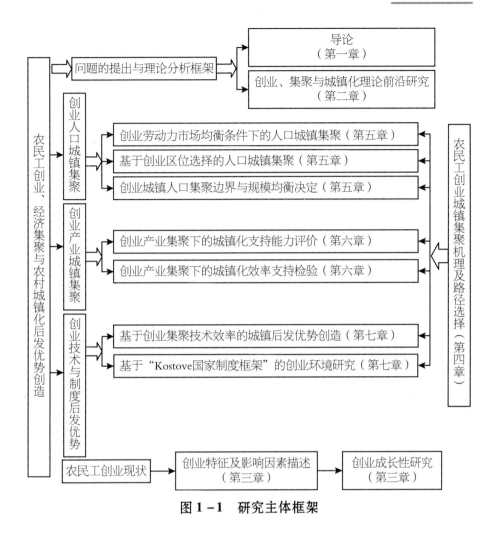

图1-1 研究主体框架

第三节

研究步骤与研究方法

一、研究步骤

第一，通过对理论前沿成果的梳理分析，吸收和借鉴有关创业、经济集聚以及农村城镇化等研究观点精华，旨在以创业型经济发展加速农村城镇化提供科学理论支撑。

第二，在系统分析农民工创业影响因素、规律、发展模式及主要特点基础上，探索农村创业型经济发展的启发式经验，以此进一步强化农民工创业的成长性。

第三，深入剖析农民工创业城镇集聚机理并对此作出合理解释，探求以创业集聚效应推动小城镇逐步成为农村资源转换中心、价值增值中心、物资集散中心、资金配置中心、信息交换中心的可行性路径选择。

第四，从创业空间集聚视角，就不同区位选址、劳动力市场对称均衡等问题进行模型论证，为人口集聚边界决定、生产要素及创业资源城镇合理布局提供判断依据。

第五，对农民工产业集聚的城镇化支持能力及支持效率进行评估检验，通过数据整理与模型分析，运用实证研究方法得出研究成果，试图为构建"创业产业集聚—社会分工深化—贸易依存度增强—市场容量扩张—创业地域集中与区位协调—城镇化进程加速"良性循环提供量化研究支撑。

第六，总结归纳农民工创业经济要素集聚与城镇化的关联，围绕技术效率与制度变迁两条主线提出城镇后发优势可持续发展的制度设想框架。

研究步骤具体可归纳如图 1 – 2 所示。

二、研究方法

本书应用实证研究法、边际研究法以及博弈研究法等经济学研究方法，试以经验观察数据与实验研究来揭示一般结论，利用边际概念对经济行为及经济变量进行数理分析。

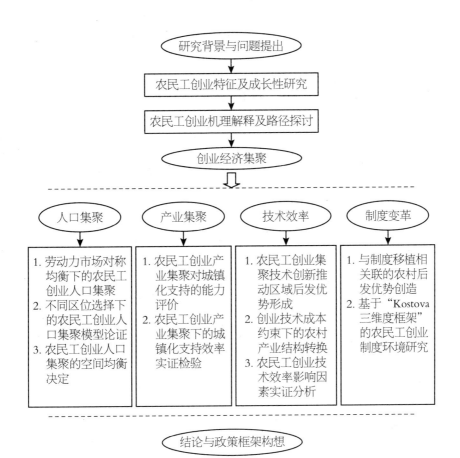

图 1-2　研究步骤示意

为使研究框架更加条理化、逻辑化和清晰化，研究应用数理模型分析法，通过数学符号运用和数字算式对农民工创业、要素集聚与城镇化的关联经济过程进行直观的、相对精确的探索。此外，对经济均衡形成及变动研究的均衡研究法、探究原有均衡到新均衡变化过程的比较研究法等，也被应用于相关经济现象研究，其框架安排具体如图 1-3 所示。

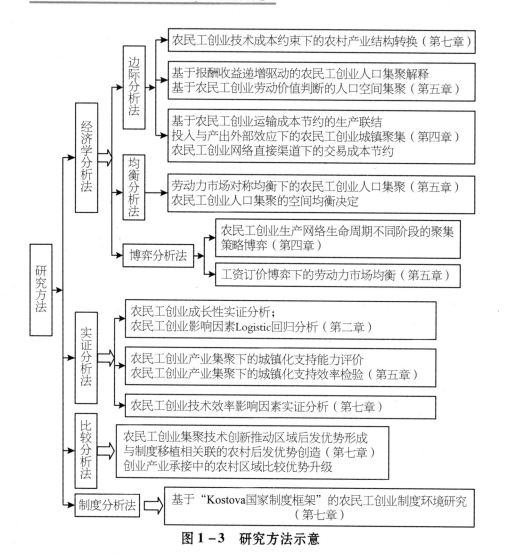

图1-3 研究方法示意

第四节

概念体系与数据来源

一、主要概念界定

（一）农民工创业

农民工创业是指返乡农民在自身意识或外界影响的引导下，利用打工积累的资源、知识或技能，以及管理能力，通过创建新组织、采用新生产方式或开辟新市场促使农村劳动力、资金、土地、信息、技术等社会资源向某一特定区域集中，以实现财富增加并谋求发展机会的商业经济活动。农民工创业具有创业所特有的创新、组织、价值创造、开展新事业与企业家作用等共同特征，但与一般创业与普通农民创业都有一定区别。首先，农民工仍拥有土地使用权，即在一定程度上拥有土地，这个特征使得农民工创业活动既可以像其他主体创业一样发生在第二、第三产业领域，但也可以与土地经营相联系，兼具三大产业不同领域创业机会；其次，农民工创业不能简单以是否创造新事物来作为判断标准。客观上看来，农民工创业是一个创新过程，但其经济实力不足、规模小特征决定了现阶段尚不具备开展全新事业或开辟全新经营领域的能力，更多地依赖于非企业化家庭经营或是对现有资源进行重组以将资源转向较高产出领域，较为常见的创业创新体现为原有生产经营方式的变革。可能是引进技术、模仿他人生产经营行为，也可能表现为某特定产品的小规模家庭生产，但无论以何种形态进行创业，利用自身优势扩大经营规模的所有活动都可视为自身的创新过程。此外，长期以来的城乡"二元"结构使农民创业者很难与其他创业主体享有同等的国民待遇，农民工创业多发生于农村地区，小城镇以其基础设施与经济发展成为创业产业及人口集聚中心。

农民工创业的相关定义及特征可归纳为几点：第一，农民工创业是以家庭为依托的新企业创办，在未来较长时期内仍将保留一定的小农经济形态特征；第二，农民工创业活动不局限于农村，但无论是发生在经济发达地区周边地区、小城镇或农村腹地的创业，都是建立在城乡资源结合基础上的生产行为，促进乡村资源与城市资源的相互融合；第三，农民工创业是一种商业经济活动，主要包括农村个体经济和私营经济，其中，个体经济由农村个体工商户、小家庭作坊、加工运输服务业、专业户及营销户等组成，目前更多地体现为兼业行为，即农民工返乡后在经营家庭责任田的同时，从事扩大经营规模活动或其他非农生产经营。

（二）集聚经济与经济集聚

集聚经济是指在既定生产技术条件下，通过生产要素的优化组合，使产品生产单位获得最佳经济效益，并产生规模经济效应和报酬递增效应的生产组合方式，具报酬递增与累积循环效应。首先，集聚经济意味着要素在一定空间上随时间的推移将不断集中，因此带来一定时间内该区域内经济的增长，集聚经济表现出较为明显的累积性特征。其次，集聚经济不是简单的、无序的经济活动在地理空间上的集中，而是具有一定的合理结构性，要素集聚的层次性分明。自然资源及一般性劳动力属低层次要素，资本次之，而知识技术与高素质人才则处于集聚经济的高层位置，聚集因此表现出向高层次要素聚集转化形态，且不同层次要素间的组合链条也在一定程度上决定聚集的结构，聚集链的完整、聚集通道的畅通都将影响聚集效果。随着聚集度的提高，对周边空间辐射影响也随之增大，当集聚规模发展到一定程度时，将出现空间上的裂变，新的聚集区位形成。就某种意义上而言，"集聚"与"再集聚"导致区域空间结构演变，带来经济规模的扩张，以其主体利益分配变动影响区域经济发展。这里包括产品成本随产量扩大而递减的生产规模经济，也包括消费品或消耗品平均支出随聚集规模扩大而下降的消费规模经济。此外，集聚经济具有很强的外部性，即基于聚集效应所产生的外部经济利益，正是这种经济的外部性加速了经济要素向中心区域的集中，这与使社会经济活动空间集中使各种行为相互依赖与摩擦加剧有关。就此意义而言，集聚经济可以视为企业或人口集中所形成的规模经济及产生的正外部效应。

当经济集聚到一定规模，随着要素、产业的集聚中，将形成经济集聚。要素集聚是经济集聚的基础单元，包括区域内要素向不同层次极点的聚集与区外要素向区内的聚集。本书中的集聚经济偏重农民工创业生产经营空间集聚产生的经济效益和成本节约，即基于地理集聚使创业得以实现集中生产与集中交易的外部性经济。空间上的集聚首先带来人力、原材料及半成品供给、销售供应的集中，逐渐吸引更多的农村人口、闲散资金，要素聚集与要素流级别随之提高。经验事实证明，集中生产能带来降低公共基础设施使用成本及分摊费用，促进创新和技能的溢出扩散，共享劳动力市场，在企业获取稳定劳动力资源供给的同时提供更多就业机会；而集中交易则在很大程度上能促使具有投入产出联系的企业彼此靠近，降低中间品运输费用及交易成本，尤为重要的是，基于知识外部性、中间投入品共享、风险分担、基础设施共享以及其他不可分性的存在，农民工创业集聚将在产业层面形成规模报酬递增，当生产中具互补性企业集结形成极点时，分工与规模利益、基础设施、信息服务、劳动力素质、市场资源重新布局最终形成经济集聚，表现为要素集聚、产业集聚与城市群经济三种形态。从短期来看，集聚可能并不能为单个企业带来收益率提高，但生产的扩张最终将以其规模效应带来所有企业平均成本随之下降，尤其当以某特定企业为中心形成城镇集聚时，人口流、物质流、技术流、信息流、资金流等要素的集聚利益表现更为显著，劳动分工、交易效率、劳动力有效供给、市场占有优势、规模经济与知识溢出扩散的外部性将使农民工创业获得生产率与竞争力整体上的集聚经济利益。

（三）农村城镇化

农村城镇化不仅是经济现代化地域载体，也是生活方式现代化的载体。基于人口学视角，城镇化是指农村人口向城镇的流动集中；地理学指的是非农业部门经济区位向城镇的集中；从社会学角度来看，城镇化是城镇生活方式得到不断强化的过程；于经济学上的意义而言，城镇化则是人类生产活动从农业向第二、第三产业转换，生产要素向城市流动的过程。农村经济结构调整将带来农业向非农产业和城镇空间的聚集。农村人口职业转换、收入水平提高、价值观念及为方式不可避免地发生变化，农村劳动力职业与产业的转换将带来城镇化这一社会空间的转换，城镇数量规模的扩张促进了地域职能转化与农村居民生活方式的转变，也促使农村社会由封闭转向开放。经验事实表明，农村城镇化是农村各种要素在城镇集聚，是农村人口转化为城镇人口、城镇地域扩大与质量提高的农村社会经济发展过程，也是中国城镇化进程中的一个特殊阶段，包括人口、经济、技术、社会、生态等多方面的变化。这种以工业为主体的非农产业集聚发展标志着传统农村向现代城市文明的变迁，主要体现在农民职业转换、非农产业聚集、农村人口空间转换以及生产、生活方式的现代化转变等方面，且伴随着农村产业结构的变动与重组，农村经济活动将由单一农业生产向多产业综合转变，农村生产、生活方式及生活质量提高将加速城镇化的发展进程。

（四）后发优势

后发优势指的是后起国家在推动工业化方面所拥有的特殊益处（Gerschenkron，1962），这种优势不是源于后起国家的自身努力，而是与经济相对落后性共生共存。根据这一定义，后发区域也因其落后性而拥有某些特殊益处，这里包括全国范围意义上的区域后发优势，也包括各区域内部基于发展水平差距而产生的后发优势，通常表现为资本和技术引进、先发区域制度学习、自身经济结构调整等形式获得的后发利益。

在我国区域经济发展差距悬殊状况下，经济落后地区技术及制度的学习模仿潜力优势非常显著。技术进步将引发制度学习，而制度革新又将进一步激发新的技术创新。这里的技术后发优势是指蕴藏在后发国家与先发国家技术落差中，可以通过引进技术，消化和吸收以提高经济效益的特别益处；而制度性后发优势则指通过制度学习，效仿和借鉴先进制度且进行本土化改进后所产生的经济效益。需要强调的是，后发优势只是一种潜在优势，并非以现实状态表现出的经济发展的竞争性优势，而只是一种潜在可能，能否转变为现实竞争优势有赖于政府及微观经济主体的驱动，不仅取决于支持条件，更取决于不同时空下的组合。其次，后发劣势与优势并存，"后发"与"先进"是个相对概念，基于资源禀赋与努力程度差异，追赶先发区域过程中可能产生不同结果，后发优势的利用因此表现为一个动态过程，既可能使落后地区实现经济赶超，也可能导致后发劣势被进一步扩大，这些取决于对后发利益的利用。通常情况下，后发国家借鉴和引进先进技术管理方法是后发优势的一个重要内容，但科技的发展具有很强的跳跃性，尤其在知识经济时代，知识量积累速度的加快带来技术生命周期的缩短，先发区域技术转移加速。在产业结构升级进程中，尚属未开发状态的后发地区在引进和采用先进技术上处于有利地位，有潜能实现区域经济的跳跃式发展，且能通过引进学习与比较选择带来时间及成本上的节约，地方政府或企业的作为、外来经验的借鉴和转化、机遇的把握以及低成本资源利用都在不同程度上决定后发优势价值的实现。

二、数据取集来源

本书数据主要来源于湖南14县市的实地调查与近年《统计年鉴》的资料整理。安化县、宁乡县、长沙市、益阳市、郴州市农民工创业发展较快，因此选择为"农民工创业发展现状"相关问题的调查样本取集地；以永州蓝山县、益阳安化县、郴州嘉禾县、岳阳岳阳县为"农民工创业成长性"问题调研区域；有关"农民工创业产业集聚下的城镇化支持能力及支持效率"相关数据，源于湖南省长株潭经济区、环洞庭湖经济区、大湘西经济区、泛湘南经济区四大县域经济发展区的实地调研。此外，官方可查证统计数据主要源于近年《中国统计年鉴》、《湖南统计年鉴》与《湖南农村统计年鉴》的相关资料整理。

第一，有关农民工创业现状及特征相关数据来源。鉴于湖南省安化县、宁乡县、长沙市、益阳市以及郴州市农民工创业具有典型代表取证意义，研究拟从这些县市取集样本数据。共发出问卷280份，收回有效问卷268份，样本有效率为95.8%，调查内容涉及"农民工自身素质"、"农民工创业能力"、"农民工创业区域经济发展"以及"农民工创业金融支持"等方面。除采取问卷调查研究法之外，本次调查还采取了深度访谈法，以深入访问、发现不是仅用表面观察和普通面谈便可获得的资料，如"农民工创业政策上的不公平"、"农民工创业中政府职能履行存在的问题"等相关调查，这种在访问者及被访问者个人之间进行的谈话，比较适合对农民工创业某些敏感性问题的深入启发，适于了解样本在程度、动机及一些可能不被社会接受想法等方面的非表象化模糊意识，样本数据统计如表1-1所示。

表1-1　　农民工创业特征及现状调查样本统计描述

变量	比例（%）	变量	比例（%）	变量	比例（%）
样本地域分布		教育层次		职业分布	
长沙	36.4	小学及以下	6.8	制造业	13.2
宁乡	20.4	初中	36.2	建筑业	30.3

变量	比例（%）	变量	比例（%）	变量	比例（%）
样本地域分布		教育层次		职业分布	
益阳	18.1	高中	42.6	采掘业	24.3
安化	14.5	大专及以上	14.4	服务业	25.5
郴州	20.6			其他行业	6.7
婚姻及子女供养		年龄		性别	
未婚	55.2	20 岁以下	26.4	男性	56.4
已婚	44.8	20～30 岁	39.7	女性	43.6
（以已婚群体为基数100）		31～45 岁	25.5		
无孩	62.1	45 岁以上	8.4		
一孩	31.4	月经济收入		行业连续工作时间	
二孩	6.5	1 000 元以下	28.2	1 年以下	36.2
劳动关系状况		1 001～2 000 元	55.2	1～2 年	24.7
稳定	37.1	2 001 元以上	36.6	3～5 年	28.4
不稳定	62.9			5 年以上	10.7

第二，有关农民工创业成长性研究相关数据来源。研究以湖南省永州蓝山县、益阳安化县、郴州嘉禾县、岳阳岳阳县等农民工创业活跃地为调研数据取集地。永州蓝山县农民在承接沿海地区产业梯度转移创业、生态农业型创业发展较为迅速；益阳安化县旅游服务、建材加工、特色种养以及商贸加工创业较为典型；郴州嘉禾县开展"百厂返乡计划"成为承接产业梯度转移型创业的典型案例；岳阳市岳阳县2009年建立"农民创业园"，是一种有组织性的农民工创业形式，研究取以上地区为样本采集区。共发放问卷312份，回收问卷284份，其中有效问卷269份，有效率86.2%。样本特征统计描述如表1-2所示。

表1-2　　农民工创业成长性调查样本统计描述

变量	比例（%）	变量	比例（%）	变量	比例（%）
样本地域分布		教育层次		创业类型分布	
蓝山县	26.3	小学及以下	12.1	生态农业型	34.2
安化县	23.8	初中	46.5	产业移植型	33.1

续表

变量	比例（%）	变量	比例（%）	变量	比例（%）
样本地域分布		教育层次		创业类型分布	
嘉禾县	25.4	高中	34.6	传统产业改良型	32.7
岳阳县	24.5	大专及以上	6.8	婚姻及子女供养	
性别		年龄		未婚	38.6
男性	79.3	20 岁以下	4.6	已婚	61.4
女性	20.7	20~35 岁	40.8	（以已婚群体为基数100）	
		36~45 岁	45.5	无孩	10.7
创业形式		45 岁以上	19.1	一孩	57.6
个体经营	62.5	创业前家庭年收入		二孩	31.7
私营企业	22.8	1 万~2 万元	28.4	创业时间情况	
股份制	8.6	2 万~3 万元	27.5	1~2 年以下	15.3
租赁经营	1.8	3 万~5 万元	22.7	3~5 年	32.6
承包经营	3.7	5 万~10 万元	17.1	6~10 年	37.4
其他	0.6	10 万元以上	4.3	10 年以上	15.1

第三，有关农民工创业产业集聚下的城镇化支持能力及效率相关数据来源。研究拟取湖南省长株潭经济区、环洞庭湖经济区、大湘西经济区、泛湘南经济区四大县域经济发展区进行数据采集。考虑到农民工创业及城镇化率各不相同，同时兼顾样本典型取证价值及数据采集难易，长株潭经济区选取浏阳市、株洲市、长沙市；环洞庭经济区选取安化县、岳阳县、临澧县；泛湘南经济区选取蓝山县、嘉禾县、永兴县；大湘西经济区则分别选取泸溪县、邵东县、花垣县为样本取证地。

第五节

研 究 创 新 性 探 索

一、研 究 视 角 创 新

（1）研究基于农民工创业与经济集聚视角探讨农村城镇化问题，是与创业经济学、空间经济学等前沿学科接轨的一种尝试，也是对农村城镇化经验型传统理论研究的一种突破，于中国特色的内生型城镇化道路具一定实践参考价值。

（2）将农民工创业与要素集聚、产业集聚以及区域后发优势结合深入探讨，摸索以创业集聚利益为驱动，将农民工创业经济培育成为农村经济新增长极的创新路径安排。

（3）以地域空间集中与区位协调为切入点，就农民工创业活动中的地理经济因素对集聚利益的影响深入剖析，探讨新组织创建、新生产方式应用以及新市场开辟等方式促使农村劳动力、资金、土地等资源要素向城镇集中的可行性方案。

二、研究思路创新

（1）以地理空间集中为切入点，围绕农民工创业人口集聚与产业集聚两条主线，探索促使创业自发朝某一特定区域集聚，推动新城镇形成或加速原有小城镇规模扩张的机理及一般规律。

（2）研究没有止步于农民工创业集聚对小城镇形成相关问题探讨，而是从技术效率、制度变迁角度，就创业支持城镇化后发优势可持续发展进一步探讨，将农民工创业划分为"技术推进型"与"制度推进型"两种，从空间布局规划角度提出政策支持框架设想，这一探索将使集聚增长理论对农村城镇化指导更为深远，也更为有效。

三、研究方法创新

本书的重要创新之处在于将空间经济模型应用于农民工创业与城镇化相关性研究，也是将地理空间因素导入用于农村区域发展研究的一种尝试，具体包括空间误差项自相关模型（Space Errors Autoregression Model）与空间滞后项模型（Space Lagged Model）。与主流模型最大区别是不再依赖于变量及误差项随时间滞后或相关变动，可以处理非匀质性产生的空间异方差问题；

鉴于空间计量模型估计及检验无法使用标准计量软件，研究尝试在传统计量软件中加入空间估计模块，在模型估计方法上应用 MLE（Anselin，1988）方法进行非线性模型优化与估计；而在模型设定上则仍采取 Moran 系数检验法。空间经济模型具体应用相关内容如下：

（1）基于运输效率的农民工创业区位选址；

（2）基于公共基础设施共享的农民工创业城镇聚集；

（3）基于劳动力市场配置优化的农民工创业城镇聚集；

（4）创业集聚区域内的劳动力福利水平变动；

（5）不同区位选择下的农民工创业人口集聚模型论证；

（6）农民工创业人口集聚的适度规模边界；

（7）创业人口集聚空间布局上的帕累托优化。

第二章

创业、集聚与城镇化理论
前沿研究

第一节

创业相关前沿研究

一、创业型经济研究观点

20世纪70年代以来，随着创业在创新、就业与经济增长方面的贡献被实证研究所发现和证实，创业型经济问题研究在经济学中被加以重视。大卫·奥璀兹（David B. Audretsch）建立包含创业元素的新经济增长模型，以创业知识溢出与内生创业理论解释了创业与经济增长之间的内在联系机制，且基于创业与经济增长的关系，将创业型经济定义为创业在经济增长中起关键作用的一种经济形态。根据创业角色变化，大卫·奥璀兹（David

B. Audretsch）将其划分三个历史时期：一是对应战后初期的资本（或索洛）经济时期；二是对应战后后期（20世纪80年代）的知识（Romer）经济时期；三是20世纪90年代兴起的创业经济时期①。基于对70年代中期以美国的所谓"零成长经济"、"使美国非工业化"及长期的"康德拉蒂耶夫周期性经济停滞"等观点的质疑，彼得·德鲁克在20世纪80年代提出创业型经济概念②。20世纪80年代美国、欧洲相继出现了不同于传统管理型经济形态的特征，证实了德鲁克提出的创业型经济的存在，经济学界对此研究探索也日渐增多。

我国学者对创业型经济也做了大量研究，相应地给出了一些定义。刘昱（2007）认为创业型经济是以知识为最重要生产要素，以创业家推动企业创新，通过创业机制将科学技术转化为现实生产力的一种经济形态。劳动力、土地、资本、创业家与创业精神是驱动经济增长的主要因素，创新与创业精神则是形成创业型经济体系动力之源③。江海洋（2008）指出，创业型经济由新创成长型中小企业与已有企业、特别是大公司内部创业共同推动，成为知识、技术、管理、资本与创业精神互融的社会经济形态④。黄敬宝（2008）认为创业型经济能从制度结构、政策和战略上支持经济创新，因此成为中小企业创生与发展的重要源泉⑤。

创业型经济的出现意味着一种新社会经济形态、新经济运行方式的诞生，作为活跃的创业活动推动经济增长、发展的经济形态，创业型经济诞生是新创成长型中小企业推动和既有企业特别是大企业内部创业推动的结果⑥（景云祥，2006）。国内学界虽然已经认识到创业活动对解决就业和促进经济增长与发展的重要性，但创业型经济的理论与实证研究尚不深入。迄今为止，中国创业型经济研究主要停留于对模仿式、赶超型创业模式的探讨上，

① 李政．经济学中的创业研究：一个历史性的回顾［J］．创业管理研究（台湾），2007（1）.
② 李政．发展创业型经济是振兴东北老工业基地的关键［J］．学习与探索，2005（2）.
③ 刘昱．论创业型经济及其在中国的发展［J］．科技管理研究，2007（2）.
④ 江海洋．创业型经济：苏南再次腾飞的必由之路［J］．群众，2008（10）.
⑤ 黄敬宝．创业型经济及其对我国经济发展的启示［J］．商业经济，2008（12）.
⑥ 景云祥．卫家稳．对创业型经济的产生动因、基本特征、推进机制的再认识［J］．前沿，2006（12）.

而目前面临的应当是深层次制度创新的原创型创业研究①。尽管资本、劳动、土地（自然资源）、技术是经济增长的关键，但这些并非经济增长的动力，而只是经济增长生产要素②（张玉利，2011），创业型经济因此是实现创新型国家战略任务的前提，是我国转变经济发展方式的必由之路，也是实现经济结构调整和优化升级的根本途径③（杜爱萍，2011）。创业型经济是一种以知识作为主要比较优势的经济，具有知识经济活动投入的高度不确定性、人与人之间高度不对称性及较高交易成本特征④（李政，2007），本土创业型经济发展是引进外资所不可替代的。一是本土创业投资可以利用本地资源，形成区域工业化坚实的基础；二是本土创业投资有较好的示范性，溢出扩散效应显著；三是本土创业是一种基于血缘、亲缘、地缘关系的"有根"创业，可以成为本地经济可持续发展动力⑤（李政，2005）。与大型经济企业相比，尽管规模小，经济实力薄弱，但组织结构调整限制少，能发挥企业主动性与创造能力随机应变，以不断创新的技术进步适应日益激烈的市场竞争。据不完全统计，我国中小企业已经占企业总数的99%，利税达到40%，提供了近75%的就业机会。

创业型经济是以知识力量为优势支撑的经济体系，对产业集群整体创新能力提升具有积极影响⑥（刘洋，2011）。农村创业型经济可以加快农村经济社会发展，打破传统农业以家庭为单位生产方式局限，并在市场调节机制的作用下合理配置农村剩余劳动力资源、农村自有资金，加速农村家庭经营模式的市场融入⑦（王一鸣，2006）。创业经济主要特征于创业、创新、自组织与多样化，创业型经济的发展需要创业文化、创业教育、创业政策及相应制度变革支持，而经济制度及隐含的报酬结构能否激励、保护企业家才能

---

① Audretsch D., Keilbach M., Lehmann E. Entrepreneurship and Economic Growth [J]. Oxford: University Press. 2006.

② 张玉利. 开启中国创业型经济之路——评李政的《创业型经济：内在机理与发展策略》[J]. 社会科学辑刊，2011（4）.

③ 杜爱萍. 加快推进我国创业经济发展对策思考 [J]. 行政论坛，2011（6）.

④ 李政. 金晓彤，发展创业型经济的路径模型与政策趋势 [J]. 经济社会体制比较，2008（2）.

⑤ 李政. 发展创业经济是振兴东北老工业基地的关键 [J]. 学习与探索，2005（2）.

⑥ 刘洋. 展创业型经济，促进产业结构优化 [J]. 中国城市经济，2011（29）.

⑦ 王一鸣. 解读"十一五"开局走法 [EB/OL]. 中国网，2006 - 01 - 17.

在生产性创业活动中的科学配置，则是创业型经济可持续发展的关键（张玉利，2011）。

二、农民创业研究观点

（一）有关失地农民创业研究

随着城市化的推进，我国失地农民数量剧增，由此所引发的社会问题已成为影响经济可持续发展和社会安定的重要因素，而自主创业是实现失地农民持续增收的重要途径，特别在政府的优惠政策扶持下，可拓展的空间较大[①]（郭金云、江伟娜，2010）。吕尖、朱荀（2009）采用社会学的理性选择理论，从微观角度阐明失地农民创业决策动因可归结于成本与效益之间的博弈，如何"以最少代价得到最多效用"是影响创业行为的关键。李祥兴（2007）从主体性因素、体制性因素及环境因素等方面解析失地农民的创业制约，并从观念转换、建立金融体系等方面提出积极有效引导失地农民创业的措施。田睿寰等（2009）认为，失地农民创业资本不足、市场信息不畅、政策引导有限，应当建立失地农民创业基金、构建失地农民贷款信用体系、成立失地农民创业资金互助组织、完善创业环境及失地农民创业培训以培育和激发失地农民主自主创业增收能力。鲍海君、黄会明（2010）运用可拓理论建立了优先度评价模型，为失地农民创业潜力评价提供一种科学可行的方法[②]。肖陆军（2010）从政府支持视角出发，认为创业培训、创业文化、融资渠道、政策引导是重要的应对之策。周易、付少平（2012）基于陕西省杨凌示范区 3 个镇 10 个行政村失地农民的调查数据，运用二元 Logistic 模型实证分析了生计资本对失地农民创业的影响，结果表明，年龄和受教育年限等人力资本对失地农民创业行为影响显著；婚姻状况、朋友等社会资本也是一个重要方面，而作为失地农民最关键的金融资本，家庭总收入在创业决

[①] 郭金云，江伟娜 . 促进失地农民自主创业的对策研究——基于创业过程的一般模型分析 [J]. 农村经济，2010（2）.

[②] 鲍海君，黄会明 . 失地农民创业潜力的优先度评估 [J]. 统计与决策，2010（16）.

策实施中有决定性影响①。

（二）返乡农民工创业相关研究

返乡农民是新型农民的代表，在推动农村经济建设、传播先进文化、建设新型村民组织过程中起着重要作用（杨启莲，2007）。与传统农民相比，返乡农民工懂得经营之道，积累了一定资金与管理能力（王环，2009），创业地点多选在县镇，在带来城镇人口集聚的同时也增加区域经济总量，是低成本城镇化发展的优势路径选择（严于龙、李小云，2007）。目前影响农民工返乡创业的主要因素有年龄、婚姻状况、专业技能、外出打工年限、管理能力、技能培训、亲友借贷和正规金融借贷、创业动机、自然资源的可获取性以及对待风险的态度等（刘唐宇，2010），创业类型有创办农业产业化的龙头企业、兴办二三产业类型企业、成为农业经纪人或成为农民经济合作组织带头人、担任村干部等选择（万宝瑞，2007）。史识洁等（2010）通过对金融危机背景下的农民返乡创业情况分析，认为创业与经济运行情况呈正相关，并证实农民工外出务工前的培训对其返乡创业影响很大。陈波（2009）的研究结果指出，农民工返乡创业行为表面上受到资本约束，而实际上很大程度上取决于创业者期望。期望投资量较小的保守者的创业可行性较大，而风险偏好创业者期望投资额较大，创业难度随之增加，返乡创业的可能性也相应减少。目前制约农民创业主要因素是资金筹集、企业权益保障等问题，而政府改善创业服务和管理、提供融资政策支持在很大程度上影响农民工创业意愿的产生。

（三）有关一般农民创业研究

第一，有关农民创业现状及特征研究。农民拥有巨大的创业潜力，大部分农民创业者合作能力和坚韧能力表现良好（黄德林，2007）。根据创业主体，徐辉等（2008）将农民创业划分为三种类型：一是农民在农村扩大规模搞养殖业、种植业、农产品加工业或创办企业；二是农村合作组织和中介

---

① 周易，付少平.生计资本对失地农民创业的影响——基于陕西省杨凌区调研数据［J］.华中农业大学学报（社会科学版），2012（3）.

组织进行农产品及生产资料购销、传播信息与开展技术承包，或推广新品种与新技术，或兴建特色种、养、加基地等；三是创办为大中型企业提供配件或服务小型企业，抑或兴办第三产业经济实体等。吴昌华（2008）将农民创业模式分为自主开发型创业模式、专业合作组织引领型创业模式和"老板村官"带动型三类。郭军盈（2006）构建农民创业活动指数，指出导致我国农民创业区域差异显著的主要原因是体制性因素和外部环境因素。杨丽琼（2009）指出，以农民缺乏创业意识为假设前提，以所谓"做大做强"的暴富观误导农民大众创业，歧视农民立足乡村农户家庭创业等认识误区阻碍了农民创业的实施。周劲波（2007）、赵西华（2006）、吴昌华（2006）等分别从创业困境、创业影响因素方面提出相应对策建议，制度创新被视为推动农民创业的关键（娄英英等，2007）。

第二，农民创业与增收关系研究。创业是个人摆脱在劳动力市场上被受歧视地位的一种可行的发展战略（Moore，1983；Light，1972），农民创业则是农民在社会经济发展过程中创造劳动价值获得社会地位的重要方式（张明林、喻林，2007）。农民创业对专业化分工及农业经济增长均有很大的促进作用（蔡继亮、李录堂，2009），既是农民就业增收的重要渠道，又是转变农村生产方式和生活方式、发展农村生产力的重要途径[①]（汪浩、吴连翠，2011）。客观事实表明，中国大量剩余农村劳动力通常来自经济欠发达地区，这些地区的创业因此最具可能发展成为区域新增长极，很大程度上取决于农民创业者的企业家才能及创新意识（李允尧，2010）。作为农民持久增收的有效途径，自主创业的重心在于强化经济基础、信贷激活、外向发展和科技运用的自我创业能力，而不是帮助农民的具体增收行为（温锐，2004）。

第三，农民创业与生产发展、社会进步的关系研究。农民创业在地方扶贫、增加收入和促进就业以及缩小地区差异方面起到功不可没的作用（赵阳、孙秀林，2001）。具体而言，农民创业是以所掌握的资金、资源为手段，利用自身的技能、知识、观念思想以新方法、新形式、新组织结构从事

---

① 汪浩，吴连翠. 农民创业的现状、问题及对策分析——基于安徽省的调查与思考［J］. 农村经济，2011（5）.

生产与商业经营的活动。农民工是农民创业的核心主体，外出打工通常是农户为未来创业而积累资本的一种家庭策略。一种是仍以传统土地为主要生产资料从事农业生产，但农民或以一种全新规模和组织，或组成生产联合体进行生产经营，与传统农业生产有着本质上的区别；另一种是脱离了土地而转向其他产业形态的创业行为（初明达，2008）。促进农民创业，对于建设小康社会、建设社会主义新农村具有重要现实意义。

第二节
集 聚 相 关 前 沿 研 究

一、经济集聚与集聚经济解释

马歇尔（Marshall，1920）的产业区理论最早观察到产业集聚的存在，虽然并未对集聚形成机制作出解释，但提出了"规模经济"、"外部经济"、"集聚经济"等思想，为新古典区位理论与空间经济理论的发展奠定了基础。韦伯（Weber，1909）首次提出集聚概念，采用单位产品成本最低与总利润最大标准衡量企业最优发展规模，从劳动成本和运输费用两方面考察了厂商区位选择的影响，认为集聚经济外部性取决于集聚规模与企业类型结构。克里斯塔勒（Chrisaller，1933）的中心地理论系统地阐述了城市的存在、发展及其层级体系的成因；俄林（Ohlin，1933）的区际贸易与生产力布局理论在贸易费用与规模经济结合基础上论证了国际贸易理论是一般布局理论的组成部分与扩展；勒施（Losch，1940）将空间因素应用在一般均衡理论分析框架中，指出经济区中同时存在基于专业化与规模经济所产生的集聚向心力、与基于运费和范围经济产生的集聚离心力两种力量，成为经济区产生与区际差异存在的根源。巴格纳斯科（Bagnasco，1977）强调非市场化联系、技术创新作用以及合作网络产生的集体效率提高，指出新产业区理论中的集聚建立在柔性专业化为基础之上。迈克尔·波特（Porter，1990）提出"钻石竞争力体系"竞争优势参考标准，但未对产业集聚形成原因进行论证。迪克西特和斯蒂格利茨（Dixit & Stigliz，1977）建立的 D－S 垄断竞争模型，开创了报酬递增和不完全竞争的经济学理论革命；藤田昌久、克鲁格曼和维纳布尔什（Fujita，Krugman & Venables，1991）在不完全竞争市场结构、"冰山成本"、规模报酬递增前提下建立"中心—外围"模型，对集聚力与发散力综合作用下的空间分布进行深入分析，标志着空间经济理论被主流经济学所接受，空间经济集聚问题正在成为经济学理论与实证研究的热点，其中，D－S 垄断竞争模型开创了报酬递增和不完全竞争经济学理论的革命。克鲁格曼（1991）打破传统新古典经济学完全竞争与收益不变的静态均衡基本假设，将收益递增与不完全竞争引入到经济地理分析框架，以向心力与离心力相互作用将产业地理集聚模型化，认为集聚本地市场效应与要素资源可流动性结合，能通过收益递增和运输成本交互作用决定产业地理布局，此外，将贸易理论与区位理论相结合从微观企业的区位决策角度探讨了产业集聚对企业地理分布的影响。

马丁和奥特维埃纳（Martin & ottaviano，2001）综合了克鲁格曼的核心—边缘模型和罗默的新增长理论，建立了经济增长和经济活动的空间集聚的自我强化模型，证明区域经济活动的空间集聚很大程度上基于创新成本的下降对经济增长的刺激，企业偏好市场规模扩大地区，而市场的扩大与地区企业数量相关，验证了缪尔达尔"循环因果积累理论"的可靠性。奥特维埃纳（Ottaviano，2002）利用二次模拟线性效用函数对"中心—外围"模型研究，结论认为，劳动力集聚区可以提供更多消费品，产品价格与消费者生活成本因此大幅降低，这种合力构成了劳动力向中心地区流动的向心力，推动集聚的产生，但基于农业劳动力流动性较差，外围地区仍然存在集聚离心力作用，且两种力量随贸易成本变化发生改变，因此表现出类似"战斧模式"的空间分布特征。鲍德温和福斯里德[①]、马丁和奥特维埃纳[②]、藤田

---

① Ottaviano, G. I. P., Tabuchi, T., Thisse, J. F. Agglomeration and Trade Revisited ［J］. International Economic Review, 2002 (43)：407－431.

② Baldwin, R. E., Forslid, R. The Core－Periphery Model and Endogenous Growth：Stabilizing and Destabilizing Integration ［J］. Economica, 2000, 67 (267)：307－324.

昌久①和西赛②（Baldwin & Forslid，1999；Martin & Ottaviano，2001；Fujita & Thisse，2003）结合克鲁格曼"中心—外围"模型与内生增长模型，构建考虑技术创新条件下的经济地理模型，结论认为经济增长与产业集聚具有互为促进的相关性。马丁和奥特维埃纳（Matin & Ottaviano，1999）研究证实经济增长创新较生产活动更易形成集聚，高素质劳动力流动产生的集聚效应更强。鲍德温（Baldwin，2001）在考虑到预期因素的"中心—外围"模型中指出，当劳动力流动成本较高时，预期对产业分布无突出影响，反之，未来预期因素将促使集聚自我效应的增强③。弗斯利德和奥特维埃纳（Forslid & Ottaviano，2003）在克鲁格曼"中心—外围"模型中引入异质劳动力的概念，放宽劳动力同质性假设，将劳动力划分为高技能可流动与低技能不可流动两种④。伊瑟琳·丁、莫里森·保和希吉尔（Eatherine J.，Morrison Pau & Siegel，1999）构建识别集聚外部效应和规模经济动态的成本函数模型，指出规模经济和集聚外部经济是决定经济增长的重要力量。诺曼和韦内伯斯（Norman & Venables，2001）从产业集聚规模和数量出发，探讨了国家产业集聚政策与世界经济均衡发展关系、产业集聚与世界经济福利最大化的关系，指出政府对产业集聚的补贴与产业集聚数量呈正相关，而与集聚规模呈反相关关系。鲍德温和欧库伯（Baldwin & Okubo，2006）将包含异质性企业垄断竞争的Melitz模型整合为新经济地理模型，认为更宽地理区域于高生产能力企业吸引力更强⑤，"选择效应"意味着标准的实证研究高估了集聚经济，"排序效应"则表明区域政策将促使高生产力企业向中心地区流向，而低生产力企

① Martin，P.，Ottaviano，G. I. P. Growth and Agglomeration [J]. International Economic Review，2001，42（4）：947-968.

② Fujita，M.，Thisse，J. F. Does Geographical Agglomeration Foster Economic Growth? And Who Gains and Loses from It? [J]. Japanese Economic Review，2003，52（2）：121-145.

③ Matin，P.，Ottaviano，G. Growing Locations：Industry Location in a Model of Endogenous Growth [J]. European Economic Review，1999（43）：279-302.

④ 赵儒煜，刘畅. 日本都道府县劳动力流动与区域经济集聚——基于空间计量经济学的实证研究 [J]. 人口学刊，2012（2）：40-42.

⑤ Forslid，R.，Ottaviano，G. I. P. An Analytically Solvable Core-Periphery Model [J]. Journal of Economic Geography，2003，3（3）：229-240.

业则流向外围地区，这种异质性阻碍本地经济市场效应的发挥①。

二、产业集聚的影响与扩散

国内学者对集聚经济问题进行了丰富的研究。梁绮（2006）在《产业集聚论》一书中以建模方式，从中心与外围、积累循环律以及历史与预期三个层次较好地诠释了克鲁格曼思想，且将产业集聚与各种影响因素之间的关系模型化，基于报酬递增和不完全竞争分析框架探讨公司定位和产业区位问题，较新古典经济学中有关规模报酬不变和完全竞争假设更符合现实，此外，用中国数据实证检验了产业集聚与分散相关问题。王立军在《创新集聚与区域发展》一书中，从宏观、中观和微观三个层次提出集群三维度影响设想，认为集群的成长是经济社会宏观环境、产业发展中观环境与集群内企业主体微观环境相互作用的结果，任何一个维度的缺失或非正常都将影响集群的形成。

白重恩等（2004）从产业集聚发展角度，利用行业分类进行研究，发现同一时期中国行业区域集聚程度呈上升趋势；徐康宁（2006）则从自然禀赋、专业分工、外来投资和制度变迁等几个方面重点研究了产业聚集形成的原因，就产业聚集对区域竞争力影响进行了深入的研究；路江涌和陶志刚（2007）运用 EG 系数作为衡量产业聚集的指标的研究结果表明，溢出效应、运输成本是影响产业聚集的重要因素，中国制造业聚集的限制很大程度上归结于地方保护主义的存在；宋海英、刘荣茂（2007）从产业空间集聚角度出发，运用计量经济学模型，发现农村中小企业发展与产业集聚呈显著正相关，因此可以以加快基础设施建设、扩大对外开放促进农村中小企业产业集聚②。

三、集聚经济与区域经济增长

在集聚经济与农村经济发展问题上，范剑勇（2006）利用中国 2004 年

---

① Baldwin, R. E., Okubo, T. Heterogeneous Firms, Agglomeration and Economic Geography: Spatial Selection and Sorting [J]. Journal of Economic Geography, 2006, 6 (3): 323–346.

② 宋海英，刘荣茂. 农村中小企业发展的地区差异——基于产业集聚角度的实证分析 [J]. 中国农村经济, 2007 (5).

261 个地级市和省级城市数据，从集聚经济与农村经济发展关系角度就非农产业劳动生产率对非农产业就业密度进行研究，发现弹性系数高于欧美国家，接近 8.8%；王艳荣、刘业政（2011）使用 1990～2009 年砀山酥梨数据就农业产业集聚与农民收入增长关系探讨中发现，农业产业集聚与农民收入存在一个长期的协整关系，农业产业集聚的形成在品牌、交易成本、技术进步的正效应促进农民收入水平的提升，但短期内正向冲击效应未能显著，且农业产业集聚对农民增收影响不明显[1]。秦建军、武拉平、闫逢柱（2010）利用空间经济学的基本理论和方法对农产品加工业的 12 个产业的地理集聚度进行了测度与分析，并在此基础上应用运用扩展的 C－D 函数重点分析地理集聚对农产品加工业成长的影响，结果发现：2002～2008 年中国农产品加工业地理集聚度缓慢上升，不同产业集聚变化差异性明显，产业集聚对产业成长作用弱于资本贡献率，但超出劳动贡献率，政府可以通过产业集聚促进农产品加工业的成长[2]。

在集聚经济与工业发展问题上，宋瑜（2009）实证研究发现：龙头企业的迁移在形成产业集聚优势的同时带动人口流动，对农村城镇化推动作用显著[3]。梁琦和吴俊（2008）建立一般均衡空间经济模型研究财政转移与产业聚集的关系。结果表明，财政转移对区域对称均衡影响显著，能促使产业稳定地向上级行政区聚集。张海峰、姚先国（2010）利用浙江省 2004 年经济普查数据比较分析雅格布斯外部性（城市化经济）和马歇尔外部性（地方化经济）对劳动生产率影响，使用了非农就业密度、人力资本密度和企业密度测度县级区域集聚经济程度，发现雅格布斯外部性较马歇尔外部性更能促进企业劳动生产率的提高；金煌、陈剑和陆铭（2006）利用 1987～2001 年省级面板数据对中国地区工业聚集影响因素进行研究，发现市场容量、城市化、基础设施改善和政府作用弱化有利于工业聚集，但地区人力资本水平对工业聚集作用不显著，经济开放能促进工业聚集，而这些很大程度

① 王艳荣，刘业政. 农业产业集聚对农民收入影响效应研究 [J]. 农业技术经济，2011 (9).
② 秦建军，武拉平，闫逢柱. 产业地理集聚对产业成长的影响——基于中国农产品加工业的实证分析 [J]. 农业技术经济，2010 (1).
③ 宋瑜. 农业龙头企业集聚与农村城市化研究 [J]. 农村经济，2009 (7).

上取决于地理及历史因素的影响；张丽华等（2011）使用"市场潜力"指标就集聚经济对全要素生产率、要素价格以及需求影响的研究结果证实了集聚经济与技术创新活动全要素生产率呈正相关。

在集聚经济与劳动力流动就业及城镇化发展问题上，赵儒煜、刘畅（2012）对日本都道府县区域经济集聚和劳动力流动关系进行实证研究，指出稳定就业劳动力流动所产生的经济集聚效应相对明显①。刘修岩（2009）基于中国2003~2006年211个地级以上城市的面板数据，使用工具变量法就就业密度、城市相对多样化水平等集聚经济因素对劳动生产率的影响，再次证实就业密度及相对专业化水平与劳动生产率确实存在较为显著的正相关关系。瑞斯等（Rice et al.，2006）指出，集聚经济效应随着两地距离的增加而趋于下降，如果某地邻近地区劳动人口数量增加一倍，可以带来该地劳动生产率3.5%的增长率。马文艳（2010）的研究也指出，产业集聚为城市化提供要素基础，推进了城市化的发展进程②。此外，金廷芳（2011）认为欠发达地区的产业集聚，很多是利用劳动密集型企业、高耗能企业、高污染企业的产业转移实现，表现出明显的产业化水平低下且产业结构不合理，高技术、高档次、高附加值产业缺乏，产业价值链低端的生产使其难以形成规模经济与范围经济，集聚规模局限性较强③。

第三节

城镇化相关前沿研究

一、城镇化概念界定及特征描述

城镇化的概念研究观点。城镇化的英文单词是"urbanization"，西班牙

---

① Baldwin，R. E. Core – Periphery Model with Forward – Looking Expectations［J］. Regional Science & Urban Economics，2001，31（1）：21 – 49.

② 马文艳. 浅析产业集聚对城市化的影响［J］. 中国工业经济，2010（4）.

③ 金廷芳. 欠发达地区产业集聚的发展路径研究——以广东清远市为例［J］. 中国工业经济，2011（3）.

工程师塞尔达（A. Serda）在《城镇化基本原理》中首次提出的，对"城镇化"与"乡村化"进行了区分。国外城镇化学派主要可分为欧美与苏联两支学派。欧美学派以西蒙·库兹涅茨、克拉克、罗西为代表，城镇化被单纯地理解为农村人口向城镇转移的过程或城镇人口在总人口中比重不断扩大的过程；弗里德曼、路易斯·沃斯、沃纳·赫希则明确指出，城镇化是一种转化过程，是非农业人口、生产活动集中、乡村型景观向城镇地域推进的过程，是从人口布局分散农村经济向城镇经济转化的过程，也是意识形态上的抽象转变过程。我国学者辜胜阻在 1991 年的《非农化与城镇化研究》中首次使用"城镇化"概念，政府在十五届四中全会上审议并通过的"十五"规划建议文件中正式使用这一概念，并在此后制定的"十一五"规划、《十七大报告》和"十二五"规划中都对城镇化问题给予高度重视。卢海元（2003）指出，城镇化是人口及非农产业向城镇聚集的过程，是以市场为基础对劳动力、资本、土地等资源非农化配置的结果。城镇化过程是现代社会生产不断发展，人口不断集中，城镇经济与区域经济联系密切的自然历史过程（饶会林，2005）。施梅莱斯（A. E. Smailes）、亚历山大德逊（G. Alexanderson）提出"农村城市二元论"，指出城镇与农村地域和间存在清晰界限。美国学者哈里斯（C. D. Harris）、亚历山大（J. W. Alexander）与法国学者查博特（G. Chabot）提出农村城镇连续论，认为城镇与农村地域在空间分布与时间演化中都是连续且渐变的，且两者没有明显界限。邓仕杰（2004）的研究结果认为，城镇化具体包括几个方面内容：一是农村人口向城镇集中的过程，城镇数量及人口数量增多、城镇规模扩大；二是建立在农业现代化基础之上的农村产业结构变动与重组过程；三是农村人口素质不断提高，农村居民生产和生活方式走向现代化的过程；四是农村工业向城市聚集、城乡生产要素双向流动的过程。周大鸣、郭正林（2005）研究证实，农民移居城市使原有城市不断扩大，农村人口数量减少、城镇人口占总人口比重提高，这是农村城镇化动态发展的一般规律。综上所述，农村城镇化实质上就是农村剩余劳动力从农业向非农业的转化，这一过程既蕴含农村劳动力、资金、资源向城镇流动和集聚深刻意义，同时也拥有城镇先进生产技术、信息和人才向农村的渗透和扩散的内涵。

二、城镇化水平实证测度

美国城市地理学家诺瑟姆于 1979 年构建诺瑟姆曲线，揭示城市化发展水平同发展阶段的对应关系，以城市人口占总人口比重的城市化率表示城市化发展不同阶段，城市化曲线呈变体的 S 形。根据该曲线，城市化过程主要有三个阶段：城市化率在 25% 以下是城市化的初级阶段，此时农业占国民经济绝大比重且人口分散分布，而城市人口只占很小的比重；城市人口从 25% 增长到 50% 乃至 70% 是经济社会活动高度集中的城市化加速阶段，第二、第三产业增速超过农业且占 GDP 比重越来越高，制造业、贸易和服务业也持续快速增长；当城市人口比重超过 70% 时进入城镇化成熟阶段，当城市化水平达到 80% 时，经济增长变缓，城镇化发展进入停滞时期。

城市不仅是增长的发生之地，而且是增长本身的动力之源①（Duranton，2000）。技术知识具互补性、弱可分性与技术相互依赖，只有在经济要素集聚的城市更易传播获得②（Nelson，1993）。藤田和小川（Fujita & Ogawa，1982）的地方化潜能函数研究也证实，距离集聚地较远的企业难以获得外部效应，利润空间的地理因素影响较大③。马克考斯基和高（McCoskey and Kao，1998）利用 30 个发展中国家及 22 个发达国家的面板数据，对城镇化与人均产出、人均资本之间的关系进行了动态计量分析，发现它们之间存在长期均衡关系④。2003 年伯林德利和斯多伯尔（Berlindli & Strobl）采用 39 个国家 1960～1990 年的面板数据，利用半参数方法对其进行估计后，发现经济增长与城市聚集之间呈现出 U 形曲线的特征⑤。黄宇慧（2006）运用协

① Duranton, Gu anszatson, urbastrueture, growth ez, J. Hursot. and J. Thisse（Eds）. Eeonomie、eities：eoretieal PersPeetives Carnbridge：Cambridge University Press，2000：290－317.

② Elso R. Nationa－novatio. system：A. omparatsve alysist［M］. New York：Ox. University Press 1993：3－21.

③ Fujsta M.，Eogawa. Multipleequilib and struetural transition of non－monoeentde. aneon rations［J］. Regional scsenee and UrbanEconomies，1982，12（2）：161－196.

④ McCoskey S.，Kao C. A Residual－Based Test of the Null of Cointegration in Panel Data. Econometric Reviews. 1998（17）：57－84.

⑤ Luisito Bertinelli，Eric Strobl. Urbanization，Urban Concentration and Economic Growth in Developing Countries. CREDIT. 2003.

整理论，通过选取人口城镇化水平与人均 GDP、城乡居民消费支出和第三产业比重等指标进行计量分析，发现人口城镇化、人均 GDP 与城乡居民消费支出具长期的均衡关系①，证实城镇化是经济增长的格兰杰原因②（郭松，2006）。吴斌（2009）采用浙江省 11 个城市 1994～2007 年的面板数据，运用回归分析、面板数据分析、面板数据 Hansman 检验证明，浙江省的经济增长与城镇化之间长期存在显著促进关系③。张树林（2010）对人均 GDP 与城镇化水平关联性进行理论与实证检验，指出城市规模扩大外部正效应远远大于负效应，大城市城镇化水平对经济增长的影响较中小城市更强④。王领（2011）选取上海市改革开放以来 30 年的城镇化率与经济增长的统计数据，建立 VAR 模型，运用脉冲响应函数法和方差分解法对上海城镇化与经济增长相互关系进行实证研究，结果表明，经济增长对城镇化的作用相对较强，而城镇化对经济增长的促进作用不明显⑤。朱孔来等（2011）以我国 1978～2009 年城镇化率和人均 GDP 年度时间序列数据为基础，建立反映城镇化水平和经济增长动态关系的向量自回归 VAR 模型，并运用脉冲响应函数和方差分解分析了城镇化进程与经济增长之间的动态影响，指出城镇化率每提高一个百分点将产生 7.1% 的经济增长⑥。欧向军（2008）以江苏省 67 个市县为基本单元，采用 1978～2003 年 26 年连续时间序列的非农业人口比重指标，运用泰尔指数法分析江苏省城市化水平演变轨迹⑦；耿海清（2009）以 1995 年、2000 年和 2005 年三个年份全国 31 个省级行政区为评价对象，选取 13 个指标构成城市化综合评价立体时序数据表，并采用全局

---

① 黄宇慧. 我国城市化水平与经济发展关系的计量分析 [J]. 财经问题研究，2006（03）：87－91.

② 郭松. 我国城市化水平对经济增长的实证研究 [J]. 黑龙江对外经贸，2006（08）：66－67.

③ 吴斌. 浙江省城镇化与经济增长实证研究 [D]. 复旦大学，2009.

④ 张树林. 城市化与经济增长关系的实证分析 [J]. 商业时代，2010（34）：4－5.

⑤ 王领. 基于通系统的人口城市化与经济增长关系研究——以上海 1978～2009 年数据为例 [J]. 国际贸易问题，2011（9）：65－74.

⑥ 朱孔来等. 中国城镇化进程与经济增长关系的实证研究 [J]. 统计研究，2011（9）.

⑦ 欧向军，秦永东等. 区域城市化综合测度及其理想动力分析 [J]. 地理研究，2008，27（5）：993－1002.

主成分分析方法对其城市化发展水平进行综合定量评价[1]；张樨樨（2010）以人口、经济、科技等 37 项指标建立一套较全面的城市化水平综合评价指标体系[2]；陈桂枝（2011）运用聚类分析方法对湖北省 77 个县域的城镇化发展水平进行了系统聚类，认为目前县域城镇化发展水平发展水平悬殊，应归结于经济社会发展水平、地理条件、交通条件和政策因素[3]。王丰龙等（2011）从历时性演变和空间性差异的角度，运用反演方法和地图方法论证了人口城市化率在城市化水平评价中的缺陷，构建一个新城市化指数 PNUP（NPUP = 非农业人口 × 城市化率/首位度），一定程度上改善了城市化水平衡量评估的理论依据[4]。陈晓倩（2011）认为城镇与乡村区别主要求在于人口集聚度、人口职业构成、土地利用方式，因此选择人口密度、非农业人口比重、建成区面积比重、人均耕地面积等指标作为判断政区成为城镇地域的指标依据，通过设置临界值来估算城镇化水平[5]。

三、城镇化发展路径选择

基于经济基础、生态环境、社会条件的差异，城镇化道路选择既有共性又具有区域特点。美国著名建筑学家伊利尔·沙里宁（ElielSaarinen）为缓解由于城市过分集中所产生的弊病，提出了关于城市发展及其布局结构的理论。认为城市布局结构既要符合人类聚居的天性，又不能脱离自然，有机疏散的城市发展方式是兼具城乡优点环境的原则。可以将日常生活及工作区域

① 耿海清，陈帆，詹存卫等．基于全局主成分分析的我国省级行政区城市化水平综合评价 [J]．人文地理，2009，24（5）：47－51.

② 张樨樨．我国城市化水平综合评价指标体系研究 [J]．中国海洋大学学报：社会科学版，2010，1：60－64.

③ 曹广忠，陈桂枝．湖北省县域城镇化水平的聚类分析 [J]．安徽农业科技，2011，39（29）：18352－18354.

④ 王丰龙，刘云刚．基于尺度效应的城市化水平指标修正 [J]．热带地理，2011，31（4）：403－408.

⑤ 陈晓倩，张全景，代合治．城镇化水平测定方法构建与案例 [J]．地域研究与开发，2011，30（4）：76－80.

集中布局，而不经常的"偶然活动"场所则分散布置①。加拿大地理学家麦吉（T. G. MeGee，1991）在对东南亚国家研究后提出了以区域为基础的城市化观点，与传统西方以城市为基础的城市化理论有较大区别②。

小城镇的兴衰存亡直接影响到农村商品经济发展与几亿农村剩余劳动力出路（费孝通，1995）。我国城镇化道路应该以县城或县域中心城镇为主（辜胜阻、李永周，2000），实行集中与分散的城镇化发展战略（崔援民，1999）。应当改变农村向城市转移人口的城市化单一路径思路，结合我国中西部发展实际以"移地式城镇化"与"就地式城镇化"结合（张颖瀚、章寿荣，2005），既要看到城市化是经济社会现代化的主要体现，也不能"唯城市化"（黄载曦、李萍，2003）。从全国范围看，西部城镇化应当走企业集群与城镇集群互动发展道路（范卿泽，2008），而中部地区则可选择产业型城镇、区位型城镇、市场型城镇、生态旅游型城镇、山区型城镇等城镇化发展道路。艾翅翔、刘变叶（2010）在分析新疆口岸城镇化水平滞后原因后，提出以边贸口岸带动城镇化发展的创新思路。从城市化的长期趋势看，以"移地式城镇化"为主导更符合中国国情（张泰城、张小青，2007）。综观目前学界理论成果，城镇化路径大多划分为内源性与外源性两大路径安排，其中，内源性发展路径是将城镇视为一个独立单位，通过内部资源沉淀、积聚、裂变促使人群区位变化与自然区域扩张以实现城市变迁目标；而外源性发展路径，则是把城市纳入资本再生产过程，从外部寻找满足其定位与生存空间的城镇化路径安排（陈静，2007）。

四、城镇化发展动力机制

美国经济学家刘易斯认为，发展中国家剩余劳动力需增加投资，提高劳动边际生产力水平促使现代工业部门以不变工资吸收更多农村剩余劳动力，

---

① 伊利尔·沙里宁．顾启源（译）．城市：它的发展、衰败与未来［M］．北京：中国建筑工业出版社，1986．

② MeGee. The extended metroPolis：Settlement transitionin Aisa［M］．Honolulu：University of Hawaii Press，1991．

这种二元经济结构理论中包含农村城镇化以资本积累为动力的思想①；美国经济学家克拉克的研究认为：随着人均实际收入的提高，劳动力在三次产业中的分布服从此消彼长的演进规律，首先从第一产业流向第二产业，而后再从第二产业流向第三产业，这种产业结构升级体现为农业向非农业的转变，体现为农村人口规模的缩小与城市人口规模的扩张。美国经济学家钱纳里产业结构变动趋势隐含农村城镇化产业动力思想。在就人均 GDP 增长不同阶段的产业结构、就业结构和城乡人口结构一般变化趋势深入剖析后构造反映转换主要典型关系为"发展型式"，揭示了经济总量增长与产业结构与城乡人口流动之间的内在联系，即产业人口结构与城乡结构的变动趋势对工业化与城市化变迁影响②。美国经济学家托达罗认为，农业边际劳动生产率始终为正数，农业劳动者城市迁移决策不仅取决于城乡实际收入差异，更取决于城市就业机会，即预期收入与农村实际收入之差，这种流动预期收益理论包含农村城镇化动力思想。萨卡等经济学家从农村城镇化贸易动力的角度进行实证研究，发现发展中国家不仅初级产品出口价格相对于制成品处于弱势地位，相较于发达国家而言，制成品出口价格弱势更为显著③。究其原因，与发展中国家出口品附加值较低，市场需求收入弹性低有关。事实表明，发展中国家必须以更多初级产品出口才能换回既定数量进口品，贸易条件处于绝对弱势。极大地影响国内经济的发展，公共基础设施受限，阻碍城镇规模的扩大④。

国内学者认为我国农村城镇化动力包括内生动力和外生动力，以内生动力作用为主的城镇化称为"内生型城镇化"，而以外生动力为主的城镇化则称为"外生型城镇化"。我国著名社会学家、经济学家费孝通教授在《论小城镇建设》一书中阐述了农村城镇化内生动力，认为内生动力是区域本身所固有的，是对农村城镇化发展性质、方向和特征以及城镇功能、规模起决定性作用的各种自然和人文因素，较好的资源、地理条件，较高的农业生产

---

　① 刘易斯. 经济增长理论［M］. 北京：商务印书馆，2002：265.
　② 刘美平. 中国城乡结构研究［M］. 长春：吉林大学出版社，2004：41－43.
　③ 郭熙保. 经济发展理论与政策［M］. 北京：中国社会科学出版社，2000：279.
　④ 郭熙保. 经济发展理论与政策［M］. 北京：中国社会科学出版社，2000：280.

力水平，较有力的政府支持以及良好的农民素质形成一股内动力促使城镇化水平的提升。

农村城镇化的外生动力，则是指或源于外部各种自然和人为因素的刺激，或由于所采取外向型工业化发展战略，影响农村城镇化的性质、方向、特征及城镇规模、功能，加速或延缓农村城镇化发展进程，外部需求、国外投资与贷款、国家宏观政策等因素起到了决定性的作用（陈彤、宁越敏，2001）①。经验事实表明，多数发展中国家是依靠外生动力推动城镇化发展的，如收入水平较高的巴西、阿根廷和韩国等国家。此外，有关农村城镇化动力，景春梅（2010）从要素流动角度对产业转移引起的劳动力、技术、资本的空间重新整合进行研究；段杰等（2002）从产业结构的转换力、科技进步的推动力、国家政策的调控力和城乡间相互作用力等动力结构角度对农村城市化展开研究；刘再兴（2004）运用计量经济学从区位角度对农村城镇化作出解释，指出城镇是一种以社会生产各种物质要素和物质过程空间集聚为特征的社会生产方式，这一社会经济系统由不同城镇及子系统组成，这种城镇集聚能创造大于分系统社会经济效益，因此成为农村城镇化的动力源泉②。

五、城镇化与产业经济发展

农民无法大规模向非农产业和城镇转移（韩俊，2001；温铁军，2002；林毅夫，2003；张小山，2003），就地城镇化是现阶段解决"三农"问题的可行性路径选择。城镇化与工业化之间是一种相互联系、相互促进的关系。工业化是城镇化发展的基本动力，是城镇化的经济内涵；而城镇化则是工业化发展的前提，是工业化的空间表现形式（姜爱林，2004），同时以转移农村剩余劳动力推动农业现代化。城市人口集聚带来工业品需求的增加，促进服务业规模断的壮大，源于专业化、人力资本积累、信息交流、交易效率等

---

① 陈彤. 城市化理论·实践·政策［M］. 陕西：西北工业大学出版社，1993.
② 王新文. 城市化发展的代表性理论综述［J］. 中国人民大学报刊复印资料《城市经济、区域经济》，2002（8）.

方面的优势将带动城镇经济的增长（程开明，2008）。王贝（2011）指出工业化、城镇化和农业现代化三者之间存在长期协整关系，农业现代化与工业化、城镇化呈反向变动趋势。认为工业化和城镇化不是农业现代化的格兰杰（Granger）原因，而农业现代化才是工业化和城镇化的格兰杰原因，工业化和城镇化发展对农业现代化影响未能显著[1]。

宋元梁、肖卫东（2005）利用向量自回归模型对城镇化与农民收入增长之间动态关系进行分析，指出城镇化是农民收入可持续增加的重要途径，应当作为长期政策来实施。令伟锋（2007）研究结论认为，加速城镇化发展有利于实现规模经济，推动农业经济增长方式的转变。梁春梅、肖卫东（2010）运用协整分析、误差修正模型和 Granger 因果关系动态计量模型对城镇化与农民收入增长关系的长期稳定与短期均衡进行探讨，结论认为两者之间存在长期动态均衡关系，误差修正项对长期稳定趋势偏离起收敛作用，两者间具双向因果关系[2]。李宏岳（2011）指出转移农业剩余劳动力可以减少农民数量而增加农民农业收入，城市数量的增加、规模扩大以及质量提高都将增强辐射带动作用，进一步推动农村产业经济的发展[3]。

六、集聚经济与城市经济增长

客观上看来，目前有关城市增长理论很多从动态角度分析聚集经济对城市经济的影响，但二者间的内在作用机制以及城市经济自身运动规律尚无法深入。将集聚与城市经济增长规模相结合，探索聚集效应影响下的城市增长路径是目前城镇化研究的新领域。前者以马丁·贝克曼为代表，将区位选择理论与克里斯托勒中心地理论相结合，考察建立在劳动分工基础上的城市聚集规模经济与周围腹地经济的关系；而后者则以巴莫尔的"累积非均衡增长模型"为代表，主要分析聚集经济与聚集不经济对城市增长的累积影响。

① 王贝. 中国工业化、城镇化和农业现代化关系实证研究［J］. 城市问题，2011（9）.
② 梁春梅，肖卫东. 城镇化发展与农民收入增长关系分析［J］. 山东社会科学，2011（8）.
③ 李宏岳. 城镇化与农民增收问题研究［J］. 农业经济，2011（4）.

第四节

后发优势相关前沿研究

一、区域后发优势产生的原因

比较优势理论和要素禀赋理论为后发优势理论的产生和发展奠定了思想基础。李斯特从后发国家视角探讨经济赶超战略，认为一个国家由经济相对落后状态向先进工业国的转变，不是在自然历史趋势下自动发生的，而必须借助于国家的力量；而一国经济发展的程度则更多取决于生产力发展程度，特别是工业化的程度，国家作为特殊的政治力量，对推进工业化有着举足轻重的作用。

美国经济学家格申克龙（1962）在总结德国、意大利等国经济赶超成功经验基础上创立后发优势理论，认为落后国家具有先发国家工业化过程中不曾拥有过的优势，可能实现爆发性的经济增长。美国经济学家列维（1966）从现代化理论角度将格申克龙的后发优势论具体化，总结归纳了后发式现代化的利与弊。在对后进国家与先进国家经济发展前提条件异同比较分析后指出，后发外生型现代化与早发外生型现代化的条件有着明显的差异。阿伯拉莫维茨（Abramovitz）创立追赶假说，指出不论是以劳动生产率还是以单位资本收入衡量，一国经济发展初始条件与其经济增长速度都表现出反向关系；强调该假说只是一种潜在优势，而非现实的，当技术差距、社会能力以及历史、现实与国际环境变化能得到充分利用时，后发优势才能成为现实利益。鲍莫尔（Baumol）在阿伯拉莫维茨追赶假说的基础上进一步指出，于贫穷落后国家而言，教育与工业化水平的低下使其难以有效利用技术差距实现经济追赶，多瑞克与格莫尔（Dowrick & Gemmel）的回归模型验证了这一假说的可靠性。希尔曼、南亮进、金永镐将后发优势理论应用于拉美、东亚经济发展实际，并对格申克龙的"后发优势论"和阿布拉诺维茨

"追赶假说"进行修正，使其更具广泛适用性及解释力；日本学者南亮进探讨了日本后发优势从产生到消亡的过程（南亮进，1992）；伯利兹、克鲁格曼（Brezis & Krugman，1993）在总结发展中国家成功经验基础上提出了基于后发技术优势的"蛙跳"模型，指出后发国家可以通过选择性政策干预，采用最初效益不高但极具潜力的新技术，在本国已有技术创新能力的基础上把握新技术和机会，有可能成为赶上甚至超过先进国家的强劲动力。其中，重点强调技术发展可以"蛙跳"式跨越某些阶段，以新技术开发应用带来生产力的大幅提升。范艾肯（Van Elkan，1996）以开放经济为背景，从技术角度建立技术转移、模仿和创新一般均衡模型，指出经济欠发达国家可以通过技术模仿引进与创新实现经济水平的赶超，最终达到一种经济发展趋同的状态。其中，技术模仿生产效率的提高取决于国与国之间的技术差距，而技术创新的有效程度则取决于一国学习能力经验的积累。该均衡模型说明落后国家可以通过大量的技术模仿以缩小与发达国家的技术差距，提高本国的技术水平，技术扩散的外溢效益能增加技术投资，带来经济增长和收入水平提升。更重要的是，从长远来看，不同经济起点国家的人力资本的积累、生产能力以及经济增长速度最终将趋于收敛，各国技术模仿和创新方面回报率将实现稳定均衡。

二、后发优势可持续发展的动力支撑

我国学者从不同角度对后发优势问题展开研究。从发展经济学研究动态来看，郭熙保（2002）认为经济发展取决于生产要素、产业结构和技术创新；林毅夫（1999）则指出，发展中国家可以利用收入水平、技术发展水平、产业结构水平方面差距加速技术变迁，推动区域经济发展。通常情况下，后发优势是基于后发区域与先发区域之间差距而产生的，发展差距越大，后发区域潜在优势就越大，这由后发优势的外生性所决定。从量化的角度来看，两者发展差距称之为"势差"，后发优势很大程度上取决于"势差"的大小①（邹东颖，2009）。当后发优势嬗变发生时，后发区域可能陷入要素成本竞争优势减弱、技术模的溢出效应下降、制度移植适应性降低以及产业结构动态优化难度增大等困境②（马桂婵，2011）。

基于政治经济学研究角度，陆德明（1999）构建了后发优势"发展动力理论"框架，提出了后发国家的发展动力转换假说，认为学习型追赶可以缩小后发与先发区域发展差距，但总有一恒定差距无法消除，要超越这一"最后最小差距"必须更新转换后发区域发展动力，即必须从引进学习转向自主创新。后发优势转化条件包括物质资本投入、人力资本的培养、政府的力量与创新机制建立（高延鹏，2010）。经济落后地区都存在不同程度的后发优势，但这种潜在优势能否成为现实，不仅取决于资源禀赋，同时还取决于技术进步、人才培养与资金流向③（吴金忠，2011）。

基于技术经济学研究角度，施培公（1999）提出后发优势是重要表现就是技术模仿创新，并从资源积累方面对模仿创造后发优势动力机制进行研究。李国平（2004）选取了中国29个省、市、自治区1991～2002年的统计数据，对技术后发优势的存在性进行实证研究，结果表明中国大部分地区不存在技术后发优势，而仅有部分相对较发达地区能够共享先进技术溢出效应，相形之下，落后地区不但不存在技术"后发优势"，相反更多受到与先进地区距离影响、制度因素、资本制约等"吸收能力"制约，这种技术差距对低技术地区生产率增长负面影响较大，技术创新扩散因此对低技术地区生产率增长影响不明显。因此，缩小同先进地区的差距的前提必须首先突破自身发展瓶颈，提升对技术扩散的"吸收能力"。肖利平（2011）以Abramovitz的追赶假说为基础，构建一个包含后进地区技术吸收能力和自主R&D的技术追赶理论模型，研究证实吸收能力直接决定技术追赶速度，过弱的吸收能力将加剧技术落后状态，但后发地区能通过研发积累来保持一定

---

① 邹东颖. 后发优势与后发国家经济发展路径研究［M］. 北京：经济科学出版社，2009.

② 马桂婵. 后发优势嬗变：后发区域跨越发展面临的新困扰［J］. 中共福建省委党校学报，2011（9）.

③ 吴金忠. 后发优势与欠发达地区县域经济发展——以茌平县为例［J］. 金融发展研究，2011（10）.

速度的技术追赶①。

　　基于制度经济学研究视角，金明善（2001）从政策选择、制度安排、结构调整等方面探讨了原主要资本主义国家中的后发国、发展中国家、发展变革中的原社会主义国家等不同类型后发国家利用后发优势追赶、并最终超越发达国家的途径和规律；胡汉昌（2004）从制度变迁角度探讨了制度模仿的必要性与可行性，包括制度模仿内在机理与实现途径相关问题，指出先发国与后发国制度效率差距很大，但基于制度可以人为设计，后发国家因此仍可以利用后发优势，通过学习模仿快速获得高效率制度，而无须经历制度自然演化的漫长过程。杨小凯（2001）探讨"后发劣势"问题中强调后发国家宪政改革的重要性，指出后发国家差距不仅表现在技术层面，制度层面也是个重要方面。为将制度模仿惰性降至最低，应当率先完成较难制度模仿，再进行相对较易的技术模仿。从短期来看，落后国家通过技术模仿实现经济快速发展可以取得较好效果，但从长远来看，必须通过宪政体制改革克服制度后发劣势才能利用发达地区扩散效应，降低欠发达地区创新成本，实现区域跨越式发展②（杨省贵、顾新，2011）。

三、后发优势的主要类型

　　从对后发优势的类型研究看，目前学术界比较认同的是根据性质划分为结构型后发优势、劳动型后发优势、技术型后发优势、资本型后发优势以及制度型后发优势五种。简新华等（2002）认为，后发优势表现为技术引进优势、制度创新优势、结构变动优势、规模扩张优势、人力资源优势；郭熙保（2004）等同样将其归纳为技术的后发优势、资本的后发优势、人力的后发优势、制度的后发优势、结构的后发优势五个方面；曾国安、王继翔（2003）则认为后发优势是多方面的，既有引进先进技术方面的后发优势、

---

① 肖利平．技术追赶机制研究——一个基于吸收能力与 R&D 的理论模型［J］．财经理论与实践，2011（5）．

② 杨省贵，顾新．欠发达地区区域创新体系构建：基于后发优势理论［J］．科技与经济，2011（8）．

也有劳动力资源、资本引进、横向国际分工、工业化国家产业结构升级、跨国公司的发展、学习等经济方面的后发优势，而制度发展方面的后发优势也是一个重要方面。侯高岚（2003）从生产要素利用及配置角度将后发优势概括为资源优化、技术跨越、制度捷径三个方面；何国勇（2004）的研究将其划分为资本报酬递减、结构转变、规模扩张、消费示范、科学技术模仿创新、组织制度和管理技术模仿创新、发展道路模仿创新以及发展压力等；谢彦明（2006）支持后发优势分为资本、技术、人力、制度和产业结构的研究结论。昝凌宏（2010）从生产要素角度把后发优势分为自然资源型后发优势、劳动型后发优势、资本型后发优势、技术型后发优势和制度型后发优势五种，前三种合称为"资源型后发优势"，后两种合称为"知识型后发优势"。综上研究成果可以看出，人力资源是后发优势最重要求生产要素之一，主要包括劳动力数量丰富而成本低廉优势、学习先进知识优势以及人才培养时间缩短优势。我国劳动力成本低廉且后发优势阶段性特征明显，将数量优势转化为高效质量优势是现阶段的关注重点[①]（徐琳，2012）。

第五节

文 献 述 评

农民工创业经济集聚、农村城镇化以及农村后发优势并非各自独立经济现象，彼此之间存在着相互影响、相互作用联系及内在规律，学界对独立因素研究成果较为丰富，但也存在一定的欠缺。具体而言，第一，从城镇化的学术研究看，关于城镇化路径的研究相对较少，且侧重的角度各异，尚未形成统一的观点，细分到农村城镇化路径的研究则更少；对城镇化动力的分析虽与我国城镇化的实践紧密结合，但分类繁杂，尚未形成统一完整的理论体系；在城镇化制度研究方面，研究成果多局限于局部单项制度研究与创新，缺乏对影响城镇化进程制度体系的系统与完整性考虑，且许多制度创新成果

---

① 徐琳. 当前我国人力资源的后发优势研究 [J]. 中国商贸，2012 (5).

已失去时代价值；第二，从创业经济与农村创业相关学术研究看，学者主要侧重农民工返乡创业现状、特点、困境等特征描述，研究视角过于集中，现有文献中对城市化、工业化进程中农民创业规律的研究较为罕见，农民工创业对农村城镇化效应探讨更少涉足，农民工创业效率比较、政策支持具体化研究也是薄弱环节。第三，在后发优势研究方面，针对我国所处的特殊时期和特殊阶段考虑不多，多限于国家层面的范围讨论，多为分析后发优势的概念、内容、表现和实现条件，对城乡经济差距产生的深层次原因、特别是如何实现农村后发优势发展机制探讨不够深入。尽管较多学者基于技术后发优势角度进行研究，但其他要素在后发优势中的作用通常被忽略，技术后发优势实现渠道不具可操作性，后发优势实现机理方面的系统研究和实施战略指导缺乏。第四，集聚经济学术研究多为宏观经济研究，运用集聚经济实证方法来研究某一现象文献较少，特别是运用集聚研究框架分析地区经济发展及城镇化进程思路尚未有学者涉足。当前我国农民工创业受到哪些内生及外生因素的影响？创业收益递增效应之下要素集聚推动农村城镇化机理是什么？农民工创业中的资本创造与扩散对区域后发优势有着怎样内在影响？等等，这些问题都须进行规范及实证分析，才能在保证政策效果及可行性前提下进行推广。本书试图对这些薄弱环节进行深入探讨，提示农村工创业集聚与农村城镇化、农村后发优势相互间的发展规律及可行性路径安排，为政策制定提供有实践价值的参考建议。

第三章

农民工创业特征描述与
成长性研究

第一节
农民工创业理论基础

一、创业过程模型

（一）蒂蒙斯（Timmons）创业过程模型

蒂蒙斯（Timmons，1999）在《新企业的创建》（*New Venture Creation*）一书中构建创业模型（见图 3 - 1），从动态平衡的角度研究创业过程。指出创业者的思想和行为是由态度和行为及其所具有经验、技能、诀窍及各方接触共同决定，因此能够创办高发展潜力企业。机会、资源和创业团队三个要素驱动创业活动整个过程，其中，机会处于首要的地位。创业率先由机会启动，而后组建创业团队，再就是寻求必要的创业资源。

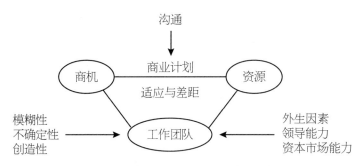

图 3 - 1　蒂蒙斯（Timmons）创业过程模型

第一，商业机会是创业的核心驱动力，创业者及其团队是创业主导者，而资源则是创业成功的保障。创业最初始于商业机会，而非金钱、战略、网络、团队或商业计划，尤其在创业初期，商业机会比任何资源都重要。就其实质而言，创业即为创业者利用其自身创造力，在模糊、不确定的环境中发现商机，并利用企业网络和社会资本组织整合资源，主导企业进行商业机会创造价值的过程。资源与商机间将经历"适应—差距—适应"的动态过程。

第二，创业过程是商业机会、创业者和资源要素匹配平衡的结果，商业计划为创业者、商机和资源要素提供质量的相互匹配及均衡状态下的语言规则。创业者重点就在于商机理性把握、风险认识规避以及资源的合理利用配置，这三个要素处于不断变化中。创业付诸以实践行动之前，机会处于最重要位置，寻找和选择机会是创业决策实施的关键，第二步即为组建创业团队，当创业正式启动之后，寻求和获取各种必要资源成为这一阶段的重点。经验事实表明，成功的创业活动很大程度上取决于创业者能够及时根据创业进展作出调整，创业者应当以其领导沟通保证机会、资源和创业团队的三者平衡，保证创业尽可能处于一个动态平衡状态中。具体而言，基于创业机会通常表现为模糊而不清晰，因此要求创业者对机会作出理性而正确判断；基于市场的不确定性及风险，要求创业者具有风险规避能力；基于资源稀缺性特性，要求创业者具有能力合理配置资源。

第三，创业是一个不断寻求平衡和行为组合的过程，企业发展的可持续性必须建立在一种动态平衡基础之上。在蒂蒙斯创业模型中，机会、资源和创业团队形成一个倒三角形，创业团队处于底边，可见，处于上面两角位置的商机和资源二者平衡是整个梯队平衡的基础。在创业初期阶段，机会相对较多，倒三角会向机会的方向偏斜；随着创业活动发展，创业团队向资源方向偏斜，需要寻求更多发展机会以保证创业发展的平衡。蒂蒙斯的创业模型解释了新创企业的发展过程。企业在发展初期将处于快速增长状态，不断地寻求机会和资源是保证创业要素动态均衡的关键，因此贯穿创业活动的始终。

（二）威克哈姆（Wickham）创业过程模型

威克哈姆（Wickham，1998）创业模型（见图3－2）指出，创业是由创业者、机会、资源、组织四个要素构成的过程，资源、机会、组织之间的动态平衡是创业者有效管理的目标。创业是一个学习的过程，创业者是创业活动的主导者，其作用在于识别确认商业机会、整合管理创业资源及创立领导创业组织，将资源集聚以寻求有利商业机会，实现各要素间有机协调是创业管理的重心，而协调机会、资源及组织间关系则是创业成功的保障，其中，创业组织是实现机会开发与资源整合的载体，通过"干中学"使组织

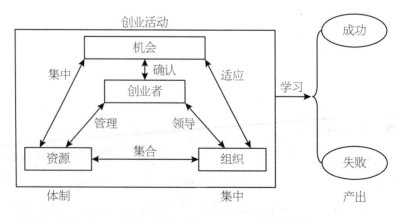

图3－2　威克哈姆（Wickham）创业过程模型

规则、结构、文化、资源得到合理调整，以各要素间的动态平衡保证创业成功，就某种意义而言，对商机作出及时反应、根据变化情势积累调整是创业者的重要职能。

从威克哈姆创业模型可以看出，创业者、机会、资源和组织是创业活动的四个关键要素，其中，创业者与创业学习构成创业活动的重心。对于前者而言，其职责为协调机会、资源、组织三者相互关系，通过寻求机会、管理资源和领导组织完成创业活动；而就决定创业活动最终结果学习来看，尽管创业是以创业者为中心协调机会、资源和组织相互关系，使资源和组织不断适应开发机会的过程，但机会总在不断变化中，组织合理规划、资源合理利用都必须通过学习，通过改善创业者能力来保证创业活动的成功。无论是提高创业者对机会识别、评估与把握能力，或提高其合理分配资源能力，或提高其领导管理组织能力，都必须通过学习得以改进和完善，才能及时对机会和挑战做出反应。可见，创业者与组织不断的学习将贯穿创业过程的始终，它决定了创业活动的产出，决定了资源、组织能否与机会相适应，是创业成败的决定性因素。

（三）萨赫尔曼（Sahlman）创业过程模型

萨赫尔曼（Sahlman，1999）构建创业概念模型（见图3-3），指出创业是人和机会、资源、环境及创业者自身交易行为几大关键要素相互协调、相互作用的过程。其一，管理者、雇员、会计、律师、投资者、生产各零部件供应商以及其他同新创企业直接或间接有关人员，都是为创业活动提供各种资源和服务的相关者，其拥有的经验、技能、知识会对创业活动结果将产生重要影响。其二，机会是企业为保证营利性指而投入资源的活动，不仅仅表现为企业亟待开发的技术、市场，也包括创业过程中须投入资源的相关事物。萨赫尔曼认为创业过程中所有资源投入活动都是机会，包括企业待开发市场、技术及其他创业资源投入。鉴于机会通常与资源消耗有关，创业者因此必须分析机会的营利性，尤其是机会利用后的竞争者与替代品。其三，外部环境是指所有影响机会产出且在创业者及组织管理控制之外的因素，包括资本市场利率、宏观经济形势、政府相关政策、行业进入壁垒等外部环境因素。其四，创业者同资源供应者直接或间接激励分配与风险共担决定创业者交易行为。

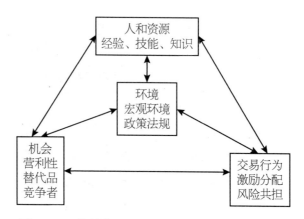

图3-3　萨赫尔曼（Sahlman）创业过程模型

萨赫尔曼创业模型指出外部环境同人、机会、交易行为之间的相互协调是保证和促进创业成功的决定性因素，模型强调要素之间的适应性，基于创业者同利益相关者关系决定交易行为，社会网络对创业影响尤为深远，人、机会和交易行为受到所处环境影响，反过来这些因素也会对环境产生作用。根据萨赫尔曼模型，成功的创业应当包括配置良好的人才资源、管理团队所需知识技能、盈利前景良好商业模式以及健全的激励机制等，创业就是以这些为目标而进行相互协调与作用的过程。

二、创业意识形态模型

（一）创业意识模型

创业意识是创业必须具备的思想观念和精神风貌，是一种发自内心地对创业利益的追求的冲动，也是一种从主观上对创业的利益追求。目前评估企业家创业意识的模型主要有"鸟形模型"和"ACE模型"。模型认为，创业意识受到外部社会、政治、文化及经济环境的影响，而个人历史、个性、能力因素是决定创业理性的思考与直觉思维加工，促使创业意识成为创业行动，就其实质而言，创业意识就是一种企业家意识（见图3-4）。

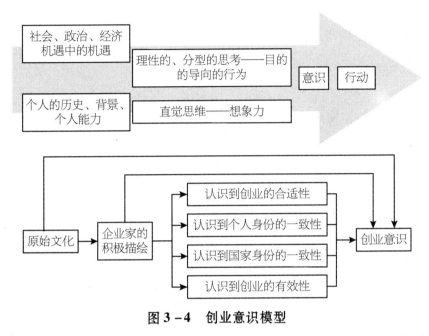

图3-4　创业意识模型

资料来源：Republishcd with permission of pleiuenring Entrepreneurial Ideas：The Case f444（转引自：玛丽·库尔特. 创业行动. 北京：人民大学出版社，2004：25）. VΙanagcmcnt icview form - Vol 13，No. 3，1998.

（二）创业动机模型

美国心理学家亚伯拉罕·马斯洛研究结论认为，人类需要由低级需要和高级需要构成。前者指生理需要，即人类随着生物进化逐渐变弱本能或冲动；后者则指随着生物进化而逐渐显现的潜能。马斯洛在《人的动机理论》一文中提出关于人的动机层次观点，将人的需求细分为生理需求、安全需求、社会需求、尊重需求与自我实现需求几个不同层次，其中，生理需求指人们维持生存的衣食住等最基本需求；安全需求指人类对生存环境、职业安全与劳动保护、社会保障、参与社会活动的安全保障方面的需求；社会需求指情感、归属感以及与温暖与关爱的渴求；尊重需求指希望个人能力得到社会认可，获得一定社会地位的需要；自我实现需求是最高层次的需要，指发挥个人才干以实现理想追求的追求。马斯洛认为，人的需求呈自下而上阶梯递升状况，不同个体的需求层次高低顺序差异性较大，需要基本满足后将出现重心转移。

（三）创业的激励机制模型

创业的一个共同特征就是创新，新事业开创实质上就是一个创新的过程，创新行为产生了新事物的建立，成为创业的主要推动力量。基于对新事业的向往，创业者将突破原有思维模式，通过不同程度创新能力的发挥而进入创业领域。究其激励机制而言，或以改善自身环境为目标，或以政府鼓励和支持为创业外部条件两大类型。通常情况下，改善自身环境是创业产生的最直接动力，即使是追求个人能量增加与价值极大释放，实质上仍然是环境目标改善的体同。基于创业效应的外部性存在，作为社会利益代表的政府能从创业活动中获得经济增长、增加就业等利益，因此具有鼓励和支持创业的动机。事实表明，政府可以通过创造良好外部制度环境推动创业的发展，这种政策支持在某种意义上可以被视为创业社会利益获得的一种回馈。

（四）创业机会及其识别模型

根据奇尔泽纳（Kirzner）理论，市场参与者任何时候都会参与到非均衡的经济体系中去。当创业者认为资源优化配置机会出现时，他们会决定创建新企业或开拓新产品市场。客观上来看，创造性的机会识别活动通常与机会利益活动相关联，涉及人力、物力资源的投入，通常包括感知、发现和创造三个过程。感知是指感觉或认识到市场需求和未得到充分利用的资源、发现是指识别或发现特定市场需求或专门资源配置、而创造则是指以商业概念形式创建独立需求与资源组合。从逻辑上而言，商业概念创造发生在需求与资源感知的之后，这种商业概念创造不仅可以调整现有资源与市场需求配置，更重要的是可以进行企业重组或彻底改革，因此得以创造和传递更多价值。

三、创业影响因素模型

（一）全球创业观察 GEM 创业概念模型

GEM 模型是一个国家经济增长模型，这一模型在分析不同国家创业活动水平和经济增长速度基础上，试图对创业活动水平差异与一国经济增长之间的复杂联系进行解释。其主要观点认为，一定社会、文化和政治氛围将影响创业机会和创业能力，创业活动和新企业的出现为区域经济增长输入稳定持续的活力（见图 3 - 5）。

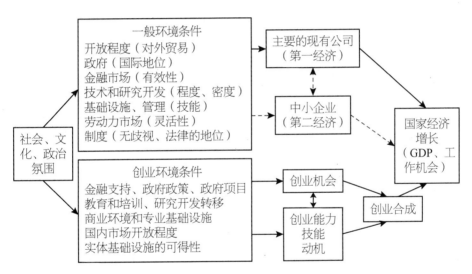

图 3 - 5 全球创业观察 GEM 的创业概念模型

概括来看，这一模型假设所有经济都处在一个相对稳定的政治、社会和历史环境下发展，核心主题是解释"为什么一些国家经济比另一些国家增长得更快?"、"一般国家条件"和"创业条件"两套经济增长机制构成研究目标，其中，"一般的国家条件"指现有大中小企业发展的基础和环境，包括开放程度、政策、金融市场、技术和研究开发、基础设施、管理、劳动力和制度八个方面，反映了作为国际贸易代表的成熟企业在经济增长中地位。

模型潜含假设为：一般的国家条件适当改善将在不同程度上增强大企业国际竞争力，随着这些企业扩张，将为母国经济创造更大产品和服务需求，意味着中小企业将获得更多市场机会。"创业条件"指创业活动的基础和环境，包括与新企业产生和扩张直接相关的金融支持、政府政策、政府项目、教育和培训、研究开发转移、商业环境和专业基础设施、国内市场开放程度、实体基础设施的可得性、文化及社会规范九个方面。GEM 模型研究主要探索创业活动与经济增长的作用，模型论证将其细分"创业机会的出现"与"创业者动机技能"两个部分，认为当市场环境处于动荡变革时，创业活动对经济增长的推动更为显著，这是由企业需要更高创造性、创新性以及市场敏感性所决定。经验事实表明，这一模型最大价值在于能将"一般国家条件"和"创业条件"两套经济增长机制进行互补性有机结合。一方面，"一般国家条件"下的成熟企业通过技术传播、生产扩张生成新企业、增加产品和服务需求，为新企业产生提供更多机会；另一方面，创新企业通过降低成本、加快技术发展、提高组织效率等方式，为大企业提供更强的竞争优势。

（二）农民创业影响因素模型

根据行为科学理论，德国的心理学家卡特·勒温指出行为是由动机产生的，动机又是需要的结果，而需要是个性与环境交互作用的产物，因此，人的行为最终由个性和环境交互作用所决定。这些意义而言，创业行为可以被认为是创业者与创业环境相互作用的产物。人的行为是个性及其所理解环境的函数，公式表示为：$B = f(P \times E)$，其中，B（behaviour）表示行为，P（personality）表示个性，E（environment）表示环境，f 表示函数关系（勒温，1938）。郭军盈（2006）在对 GEM 模型分析的基础上，建立了农民创业影响因素模型（见图 3-6），将农民创业影响因素分解为自身素质、体制性因素和外部环境因素三大类。其中，自身素质包括心理素质和能力素质，能力素质由机会识别能力、管理组织能力、创新能力和资源获取能力构成；体制性因素包括土地制度、户籍制度和教育制度；而外部环境因素则包括社会文化环境、金融支持、政府政策与支持、经济发展水平、基础设施和自然条件。该模型表明，在一定的社会、文化和政治氛围下，体制性因素、外部环境因素以及个人素质在不同程度上影响农民创业意识。外部环境因素决定农民创业机会，农民自身素质决定农民创业能力，农民创业活动是多种因素相互作用的结果。

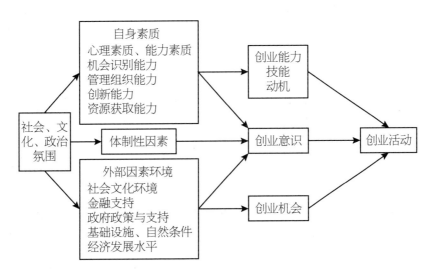

图 3 - 6　我国农民创业影响因素模型（郭军盈，2006）

国务院课题组（2007）在劳动和社会保障部支持下，组织对100多个劳务输出示范县针对农民工回乡创业问题进行大规模问卷调查（即"百县调查"），具体包括除北京、上海、西藏以外的28个省的101个县，并从每个县抽取1个中等水平乡镇的3个行政村，共获得99个县、101个乡镇、301个村、3 026名农民工回乡创业相关问题有效调查问卷。这一调查历时长、范围广，且调查机构权威性高，调查样本代表性强，获得有关农民工回乡创业全面而客观的数据信息，较为清晰地描述了现阶段农民工回乡创业基本情况，并为农村创业型经济发展提供一定理论基础。百县调查样本显示，农民工回乡创业大多是在个人、家庭、宏观社会经济环境等多种因素的影响下，对输出地和输入地进行收益比较后做出的理性选择。城市的打工经历是农民工回乡创业不可或缺的孵化器，打工积累资金、技术和管理经验是实现回乡创业梦想的基本条件。客观上看来，农民工回乡创业大多发生在沿海发达地区劳动密集型产业向中西部地区转移、中西部发展条件环境改善这一宏观背景下，强烈的创业愿望以及与家乡联系成为回乡创业的天然动力，而地方政府对回乡创业的鼓励支持，输入地城乡分割户籍制度及其高昂的生活成本、艰苦工作环境构成了农民工回乡创业的推力（见图3－7）。

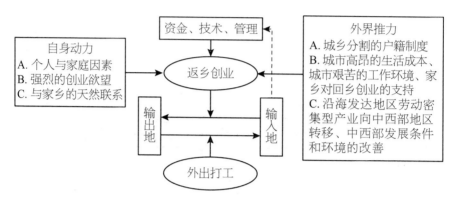

图3－7　我国农民返乡创业影响因素模型（国务院课题组，2007）

第二节
农民工创业现状及特征描述

从20世纪90年代开始，新创企业（Emegring Ogrnaizatino）成为各种新兴产业的主要缔造者，是创造新经济的主要力量，同时也是解决失业问题的重要途径。农民工创业作为我国最大的创业主体，受到理论界与实业界所广泛关注。经验事实表明，与传统意义上的农民相比，返乡农民工是一个比较特殊的群体。长期城市务工经历使他们积累了丰富经验，视野更加开阔，思想先进，劳动技能娴熟也大为增强；而城市繁华生活潜移默化激发了他们致富的欲望，更倾向于有技术含量的工作，且打工资金的积累也使他们具有一定的创业经济能力，希望以交际观念的更新拓宽社会网络，这些都成为农民工创业的动力之源。归纳看来，农民工创业模式主要可分为四大类：第一，复制型创业模式选择。即农民工通过将自己熟悉或打工地经营模式进行全盘复制的创业形式，其创业动机源于发现已掌握技能拥有较有潜力的市场机会，具有以己所长创建新企业的强烈愿望，并基本掌握原有企业经营模式，且相信自己经营成功概率较高。这种创业模式风险小、成功概率高，虽不能创造很高市场价值，但可以实现农民低层级创业，满足温饱型生存创业需求。第二，模仿型创业模式选择。即农民工通过模仿已成功创业的经营方式进行创业。这类创业形式必须建立在一定条件之上。首先，对尝试模仿的企业经营模式，尤其是专业技术有较为详细了解，在进行机会识别与资源整合后评估创业可行性条件，这类创业通常源于于潜在市场及市场机会的突然出现或受亲戚朋友影响后确认为适合创业能力的致富途径优选。经验事实表明，此类创业学习成本高、风险大，不确定性因素较多，市场价值的创造规模不会太大。第三，演进型创业模式选择。即农民工打工经历中掌握某一专业领域的技术特长或通过改进传统产品及工艺进行创新。这类创业通常发生在技术创新后的潜在市场及利润空间拓展情况下，能以拥有专长或技术发明创建新企业，是一种能够创造市场价值的机会型创业，但组织创新困难，需实力规模较大的风险投资。第四，创新型创业模式选择。即农民工根据一些创新构想进行创业。这是一种难度系数很大的价值创造型创业，要求农民创业者不但须具有独特个性特征与强烈创业欲望，更需要具备独特的商业机会洞察力、前瞻性视野与冒险精神，但风险与收益成正比，是一种收益率较高的创业模式。

事实表明，农民工创业者多为农民精英，个人素质相对较高，但在创业机会识别、管理组织以及获取资源方面等方面都表现出创业能力的不足，尤其是创业机会识别能力的欠缺，这与农民工经验和知识难以支持开阔视野，发现更多创业机会有关；并且，政策环境，金融支持与创业者区域经济发展水平上的欠缺也在一定程度上影响农民工创业成本。本书试以湖南省安化县、宁乡县、长沙市、益阳市等农民工返乡创业具典型代表取证意义县市为调查样本取集地进行调研，具体围绕"农民工自身素质"、"农民工创业能力"、"农民工创业区域经济发展"以及"农民工创业金融支持"等方面展开探讨。共发出问卷280份，收回有效问卷268份，样本有效率为95.8%。在研究方法上，本次调查采取了常规问卷调查法与深度访谈法。这种发生在访问者及被访问者个人之间进行的谈话易于发现非表面观察性资料，比较适合对某些敏感性问题的启发性调查，适于了解样本在程度、动机及一些可能不被社会接受想法等方面的非表象化模糊意识，如"农民工创业政策上的不公平"、"农民工创业中政府职能履行存问题"调查多采用此法。

研究采用 SPSS 统计软件（13.0 版本）进行数据进行汇总、整理与分析，应用因子分析法，二元回归分析法等相应分析得出调查结果。农民工个体特征样本数据统计描述如表 3-1 所示。

表 3-1　　　返乡创业农民工个体特征样本数据统计描述

变量	比例（%）	变量	比例（%）	变量	比例（%）
样本地域分布		教育层次		职业分布	
长沙	36.4	小学及以下	6.8	制造业	13.2
宁乡	20.4	初中	36.2	建筑业	30.3
益阳	18.1	高中	42.6	采掘业	24.3
安化	14.5	大专及以上	14.4	服务业	25.5
郴州	20.6			其他行业	6.7
婚姻及子女供养		年龄		性别	
未婚	55.2	20 岁以下	26.4	男性	56.4
已婚	44.8	20~30 岁	39.7	女性	43.6
（以已婚群体为基数100）		31~45 岁	25.5		
无孩	62.1	45 岁以上	8.4		
一孩	31.4	月经济收入		行业连续工作时间	
二孩	6.5	1 000 元以下	28.2	1 年以下	36.2
劳动关系状况		1 001~2 000 元	55.2	1~2 年	24.7
稳定	37.1	2 001 元以上	36.6	3~5 年	28.4
不稳定	62.9			5 年以上	10.7

一、返乡创业者具有一定的知识技能且以中年男性农民工为主

调查结果显示，创业农民工的平均年龄大都处于 25~50 周岁，该年龄阶段农民工占比 69.2%（见图 3-8），平均年龄为 41.6 岁，这与 25~50 周岁年龄段农民工具较强创意愿，且创业能力相对最强有关。在本次调查的

创业农民工中，男性占比 80.9%，女性占比 19.1%，表明目前农民工创业者仍以男性为主，但相比较全国该比重（男性占比 90.9%，女性占比 9.1%①）而言，湖南省女性农民工自主创业意识较强，值得重视的是，夫妻共同创业的占到 26.4%，女性农民工积极协助配偶创业的占到了 28.9%。

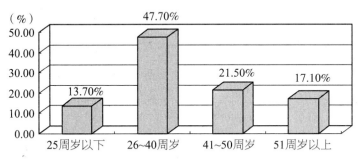

图 3-8　返乡创业农民工年龄状况

返乡创业农民工的知识文化水平普遍高于农村劳动力的平均知识技能水平。调查结果显示，高中以上学历的占到总量的 68.10%（如图 3-9 所示），其中，外出务工的平均时间为 5.8 年，这与农民工创业者年龄较长有关。另外，调查数据表明，外出务工前其接受专门技术培训农民工数理极少，但几乎所有返乡创业农民工都拥有一到两门专门技术，积累较为丰富的经营管理与市场经验，为其返乡创业奠定了坚实的基础。

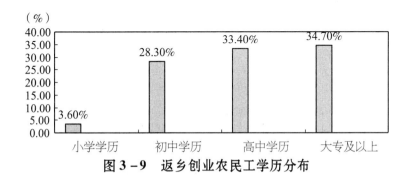

图 3-9　返乡创业农民工学历分布

---

① 国务院研究室课题组．中国农民工调研［M］．北京：中国言实出版社，2006．

二、创业农民工以从事非农产业为主，其行业选择与年龄相关

农民工返乡创业的分布领域比较广阔，包括农业产业化种养殖、特色加工制造、餐饮服务、乡村旅游、运输业等产业。湖南省农民工创业总体分布状况如图3-10所示：第一产业农业占比为27.3%，第二产业工业、建筑业占比34.80%，第三产业服务业、商业占比31.70%，其他的占6.20%。由此可见，创业农民工以从事第二产业为主，第三产业所占比重仅次于第二产业。这一分布状况表明入行门槛较低、资金需求少、技术要求低的第三产业吸引着许多有一定资金、技术、经验积累的农民工返乡发展，值得重视的是，尽管农民工创业多以非农产业为主，但89.6%农民工仍有家庭承包耕地，与农业之间仍存在着一定联系，这意味着创业产业间的转换可能性较高。

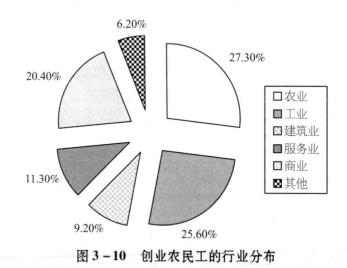

图3-10 创业农民工的行业分布

农民工创业者年龄一定程度上影响着其创业行业选择。年轻农民工从事非农产业经营比重较高，而年纪较长农民工创业者则更多选择农业开发型创业。如图3-11所示，调查结果显示，年龄小于40岁的农民工创业从事非

农产业比重超过农业开发经营，但40岁以上群体农业开发型创业选择比重上升显著。这与第一代和第二代农民工在外出动因、知识结构以及返乡发展境况方面发生重大变化有关。第一代农民工外出动机主要为资金积累，返乡后较多利用资金从事与曾从事过的农业生产进行创业生产，而新一代农民工则更多利用务工所学到的现代工业生产技术和服务理念进行创业，对现代城市生产方式的适应和运用能力增强，对现代工业文明的认同感也在逐步加强，这些都直接影响到创业的发展与壮大。

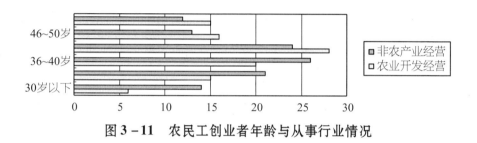

图3-11　农民工创业者年龄与从事行业情况

三、农民工创办企业多为个体和私营性质，且创业规模较小

第一，由于受到资金的限制，农民工创业最主要形式为个体经营，占到总量的62.5%；其次是私营形式，占比为22.8%。此外，股份制形式为8.6%，但该种经营形式主要用于第二产业创业。承包与租赁经营等占到6.1%，主要用于农业产业化创业（见图3-12）。

第二，农民工创业企业的规模普遍不大，以中小企业为主。如图3-13所示，从农民工创业初期投资规模来看，5万元以下的占比为75.8%，其中以1万~3万元占到总量的34.6%，初次投资规模在20万元以上的仅占比5.7%。可见，农民工创业者虽积累了一定初始资金，但总量偏少，难以支撑创业所需资本金。如图3-14所示，从农民工创业企业的用工状况看，用工人在两人以下的高达44.9%，十人以下的占到总人数的72.3%，用工人数在100人以上企业仅占2.4%。可见，在资金与用地条件制约下，农民工创业用工规模较小，在发展前景与吸纳农村剩余劳动力能力上具有较强的拓展潜力。

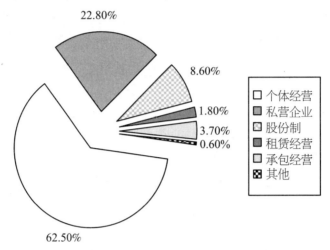

图 3-12　农民工创业企业经营性质

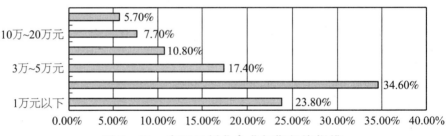

图 3-13　农民工创业企业初期投资规模

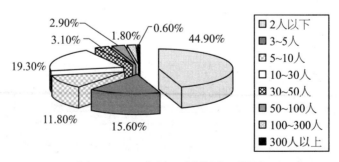

图 3-14　农民工创业用工状况

第三，农民工创业大致可以分成三种类型：一是为解决个人和家庭生存的就业谋生型，占比约为43.9%；二是追求其个人及家庭致富的成长谋利型；三是达到沿海先进企业水平的现代企业。调查数据显示，尽管当前农民工创业大多为温饱型草根创业，但年产值超过1 000万元的企业也占到2.4%，可见，已有一部分农民工创业拥有相当规模及较高的技术水平，发展潜力巨大（见图3-15）。

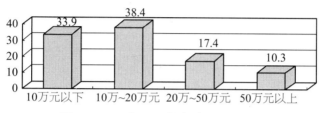

图3-15 农民工创业企业年收入

四、返乡农民工创业的主要资金来源渠道单一

据调查，回乡农民工创业的资金来源渠道中，自有资金占29.5%，亲朋好友借入占27.8%，银行贷款占23.3%，政府投资占14.1%，其他占5.3%（见图3-16）。创业农民工资金源于自有资金和向亲朋好友借入的占到总量的57.3%，通过正规金融结构获得的贷款资金仅占23.3%，表明现阶段农民工创业资金来源渠道狭窄且单一，数额非常有限，这与政府支持力度小有关。创业规模小，抗风险能力低，农民工创业必须面对独自资金链断裂的后果。

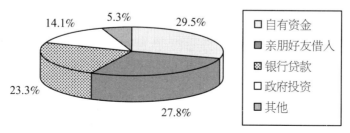

图3-16 返乡创业资金来源渠道

五、创业农民工多选择农村或集镇为创业地和居住地

调查数据显示（见图 3-17），农民工创业者选择在农村腹地创业比重为 42.5%，更多选择在集镇进行企业创办；从居住地选择来看，43.6% 的创业者选择城镇居住。可见，大部分农民工创业者会选择离家较近的村或镇作为创业与居住地，这种区位选择与农村具有天然联系，表明农民工创业型经济发展是农村区域后发优势形成的强劲推动力。农民工创业者对于城镇长期居住具有一定需求，如图 3-18 所示，当前取得城镇长期居住权的农民工创业者占比为 12.8%，在未取得城镇居住权农民工创业者中有 38.9% 希望获得此权利。但就总体而言，农民工创业仍处在城镇化进程中，大多数创业者虽然在城镇创业，但实际上并没有实现举家迁移，且未获得城镇居民身份。

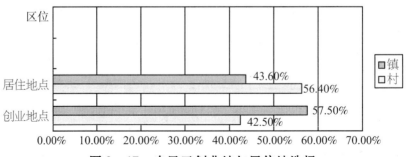

图 3-17　农民工创业地与居住地选择

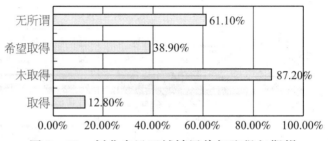

图 3-18　创业农民工城镇居住权取得与期望

第三节

农民工创业能力与环境影响因素实证分析

农民问题是"三农"问题的核心问题，而"三农"问题的解决最终还是取决于人。返乡农民工大多是农民精英，基于个体心理素质与创业意识及风险意识的关联性，这一群体文化层次及心理素质对创业活动影响较大。无论是创业意愿、创业目标，还是创业决策与创业行动，都是农民工个体心理对外部环境的反应，通常以自身感知影响整个创业过程。

一、样本描述与问卷设计

为检验农民工创业相关因素影响，本节试建立计量模型对 268 个样本进行分析。基于因变量是"影响度强"或"影响度弱"的二分变量，拟采用非线性概率 Logistic 回归模型，自变量均独立设定。本书使用 SPSS 软件对多变量进行回归分析，应用 Reg. Coef 回归系数与标准回归系数结果解释模型，当 $p < 0.001$ 时，表明模型拟合优度较高，具有一定现实参考价值。调查样本统计描述如表 3 - 2 所示。

表 3 - 2　　　　　　　　样本指标统计描述

变量	比例（%）	变量	比例（%）	变量	比例（%）
性别		农民工创业年销售收入		农民工创业行业分布	
男性	53.4	10 万元以下	33.9	农业	27.3
女性	46.6	10 万 ~ 20 万元	38.4	工业	25.6
		20 万 ~ 50 万元	17.4	建筑业	9.2
教育层次		50 万元以上	10.3	服务业	11.3
小学及以下	13.6			商业	20.4

续表

变量	比例 （%）	变量	比例 （%）	变量	比例 （%）
教育层次		农民工创业经营类型		农民工创业行业分布	
初中	48.3	私营企业	22.8	其他	6.2
高中	23.4	股份制企业	8.6		
大专及以上	14.7	租赁企业	1.8		
		承包企业	3.7		
		个体工商户	62.5		
		其他	0.6		

二、与农民工创业能力相关联的创业影响因素回归分析

以农民工创业影响度为自变量（影响度高=1，影响度低=0），见表3-3（以下模型独立编码检验均与此相同，不再另做检验），而后以这两个变量为因变量，建立"创业能力"与农民工创业之间二元回归模型，模型拟合结果如表3-4、表3-5所示，Nagelkerke R Square >0.06，Hosmer and Lemeshow 的符合检验 Sig. >0.05，表明模型拟合程度较高，在该统计水平上显著。

表3-3   与创业能力相关联的农民工创业影响度相关

因素模型独立变量编码

Original Value	Internal Value
0.00	0
1.00	1

表3-4   与创业能力相关联的农民工创业影响度相关

因素模型系数多项检验

	Chi-square	df	Sig.
Step	32.412	27	0.103
Block	32.330	27	0.103
Model	32.147	27	0.103

表 3 - 5　　与创业能力相关联的农民工创业影响度相关因素模型检验

Step	-2Log likelihood	Cox & Snell R Square	Nagelkerke R Square
1	263.544[a]	0.142	0.113

与农民工创业能力相关联的回归模型具体形式为：$Y = \beta_0 + \beta_1 X_1 + \beta_2 X_2 + \beta_3 X_3 + \beta_4 X_4 + \beta_5 X_5 + \beta_6 X_6 + \beta_7 X_7 + \beta_8 X_8 + + \mu$（$\beta_0$，$\beta_1$，$\beta_3 \cdots \beta_p$ 为待定参数，μ 为随机误差项，X_1，X_2，$X_3 \cdots X_9$ 为解释变量），其变量设定包括农民工创业机会识别能力、创业管理组织能力、创业创新能力以及创业资源获取能力等解释变量。

根据表 3 - 6 中参数值，二元回归模型可表达为：

$\text{Log}(P_1/P_0) = 0.440 + 2.415$（农民工创业机会识别能力）$+ 1.458$（农民工创业管理组织能力）$+ 2.012$（农民工创业资源获取能力）$+ 1.011$（农民工创业创新能力）。其中，$P_1$ 为农民工创业影响程度高（minored = 1）取值为 1 时的概率，P_0 为农民工创业影响程度低（minored = 0）取值为 0 时的概率。

表 3 - 6　　与创业能力相关联的农民工创业影响度相关因素模型处理

	Reg. Coef 回归系数	标准回归系数 β	自由度	显著度
X_1 创业机会识别能力	2.415	0.824	1	0.024
X_2 创业管理组织能力	1.458	0.636	1	0.021
X_3 创业创新能力	1.011	0.417	1	0.064
X_4 创业资源获取能力	2.012	0.745	1	0.034
Intercept 截距	0.440	—	—	—

模型中各项变量数据统计检验都显著，该结果表明农民工创业成功与否确实受到与创业能力相关联的相关因素影响。根据标准回归系数大小，其关联程度从强到弱依次排序为：（1）农民工创业机会识别能力（0.824）；（2）农民工创业资源获取能力（0.745）；（3）农民工创业管理组织能力（0.636）；（4）农民工创业创新能力（0.417）。其原因可归于以下几点：

第一，创业过程始于创业机会，市场机会或商业机会因此成为创业成功的前提，而创业机会识别，多指创业机会评估及创业机会判断。可见，农民工创业，实质上就是一个农民工识别创业机会并整合资源的过程。在模型解释中，"创业机会识别变量"标准回归系数 β 值最高（0.824），表明创业机会识别为农民工创业影响程度最高因素。

第二，在农民工创业过程中，其自然资源或其他要素资源的获取和配置能力，意味着创业者对所需创业资源获取及整合配置的成功与否。要素资源包括资金、技术、人才、场地、管理技术等，直接参与创业活动；而环境资源则包括政策、信息、文化、品牌、信用等。在创业过程中，创业者需要将这些各种生产要素和生产支持条件有效地配置和组合才能达成创业目标，农民工创业资源获取能力（0.745）影响因此位居其次。

第三，创业需要一定的经营管理知识和技能，农民工经营管理能力、信息辨别能力以及投资分析能力等管理组织能力对创业成败具有一定影响，但基于目前农民工创业体多为规模小、投入低的个体工商户，或是投资规模较小的私营经济，管理组织能力的重要性尚未凸显，模型结果处理中标准回归系数 β 值为 0.636，证实这一结论的可靠性。

第四，农民工创业从本质上是创新的过程，即将创业资源引入新的生产和市场并进行整合的过程。但目前农民工创业多属生存型创业，创新概念尚不明确。模型解释中标准回归系数最小，也从另一角度证实该因素对创业影响度的确不大，至少目前农村创业经济环境中如此。

三、与区域经济环境相关联的农民工创业影响因素回归分析

根据样本统计描述，农民工创业影响因素可分程度高低两个变量（高影响度 =1，低影响度 =0）（见表 3 - 6），而后以这两个变量为因变量，建立"区域经济环境"与农民工创业之间的 Logistic 二元回归模型，模型拟合结果如表 3 - 7、表 3 - 8 所示，Nagelkerke R Square > 0.08，Hosmer and Lemeshow 的符号检验 Sig. > 0.05，表明模型拟合程度较高，在该统计水平上显著。

表3-7 与区域经济环境相关联的农民工创业影响回归
模型系数多项检验

	Chi - square	df	Sig.
Step	36.224	27	0.125
Block	36.145	27	0.125
Model	36.964	27	0.125

表3-8 与区域经济环境相关联的农民工创业影响回归模型检验

Step	- 2Log likelihood	Cox & Snell R Square	Nagelkerke R Square
1	307.443[a]	0.167	0.182

与区域经济环境相关联的农民工创业影响回归模型具体形式为：$Y = \beta_0 + \beta_1 X_1 + \beta_2 X_2 + \beta_3 X_3 + \beta_4 X_4 + \beta_5 X_5 + \beta_6 X_6 + \beta_7 X_7 + \beta_8 X_8 + + \mu$（$\beta_0$，$\beta_1$，$\beta_3 \cdots \beta_p$ 为待定参数，μ 为随机误差项，X_1，X_2，$X_3 \cdots X_9$ 为解释变量），其变量设定包括区域经济发展水平、政策支持、基础设施、产业集群、自然资源条件、文化及社会环境以及金融支持等。

根据表3-9参数值所示，"区域经济环境"与农民工创业影响相关联的二元回归模型可表示为：

$\text{Log}(P_1/P_0) = 0.628 + 1.008$（区域经济发展水平）+ 1.844（政策支持）+ 1.203（基础设施）+ 0.141（产业集群）+ 2.001（自然资源条件）+ 0.856（文化及社会环境）+ 2.103（金融支持）。其中，P_1 为农民工创业高影响度（minored = 1）取值为 1 时的概率，P_0 为对农民工创业低影响度（minored = 0）取值为 0 时的概率。

表3-9模型处理结果可以看出，各解释变量都通过统计检验，显著度均 < 0.05，模型解释有效，表明以上变量与农民工创业均具不同程度的关联性。根据标准回归系数大小，"区域经济环境"与农民工创业影响关联程度从强到弱依次排序为：（1）金融支持（0.846）；（2）自然资源条件（0.812）；（3）政策支持（0.732）；（4）基础设施（0.701）；（5）区域经济发展水平（0.685）；（6）文化及社会环境（0.423）；（7）产业集群（0.011）。

其原因分析如下：

表3 - 9　　区域经济环境相关联的农民工创业影响回归模型处理

	Reg. Coef 回归系数	标准回归系数 β	自由度	显著度
X_1 区域经济发展水平	1.008	0.685	1	0.026
X_2 政策支持	1.844	0.732	1	0.024
X_3 基础设施	1.203	0.701	1	0.048
X_4 产业集群	0.141	0.011	1	0.028
X_5 自然资源条件	2.001	0.812	1	0.033
X_6 文化及社会环境	0.856	0.423	1	0.014
X_7 金融支持	2.103	0.846	1	0.023
Intercept 截距	0.628	—	—	—

农民工创业需要资金的初始投入，而农民工自有积累有限，现有土地制度也决定了农民工不可能以土地经营权为抵押取得资金，模型中"金融支持"变量标准回归系数（$\beta = 0.846$）最高，再次证实融资的成功与否，决定农民工创业的现实可行性。其次，通常而言，地区比较优势、产业选择以及技术进步都与该地区资源禀赋条件有关，基于农民工的经济人理性，在创业过程中，农民将以创业所需资源的可获取性为前提考虑进入该创业领域，"自然环境条件"对农民工创业资源可获取性影响很大，模型中该变量标准回归系数（$\beta = 0.846$）位居其次。在农民工创业过程中，最为关键的因素是创业意识，它是创业风险意识、自信心以及成功欲望的体现，创业成功必需的市场观念、风险意识以及市场敏感性，在很大程度上都与农民工所处于社会文化环境有关，该变量是农民工创业精神的原动力，从模型处理结果看来，"文化及社会环境"解释变量在模型中显著性不强，标准回归值为0.423。很可能与这只是涉及精神层面，而创业可行性更多取决于物质基础有关。相形之下，"产业集群"解释变量的标准回归系数（0.011）最低，可能的原因是，目前农民工创业基本属生存型创业，产业分工合作及规模等级尚不足以形成与各种机构、组织等行为主体的纵横交错网络关系紧，与作为空间集聚体的产业集群相差甚远。

四、与农民工个体素质相关联的创业影响因素回归分析

史蒂夫·马诺提（2003）在肯定创业者的素质也能培养起来的前提下，列出了12种被普遍认为是创业者需具备的素质：适应能力、竞争性、自信、纪律、动力、诚实、组织、毅力、说服力、冒险、理解和视野[①]。作为创业者的农民工，其个体素质将对在很大程度上决定其创业意识、自信心、冒险精神、风险承受能力、毅力及理解力，因此成为创业成功的必备前提。根据样本统计描述，按照农民工创业影响度将其分为强与弱两个变量（影响度强=1，影响度弱=0），以此为因变量建立"农民工个体素质"与创业影响相关联的二元回归模型，模型拟合结果如表3－10、表3－11所示，Nagelkerke R Square > 0.08，Hosmer and Lemeshow 的符合检验 Sig. > 0.05，表明模型拟合程度较高，在该统计水平上显著。

表3－10　与农民工个体素质相关联的创业影响模型系数多项检验

	Chi－square	df	Sig.
Step	37.411	26	0.041
Block	37.240	26	0.041
Model	37.561	26	0.041

表3－11　与农民工个体素质相关联的创业影响模型检验

Step	－2Log likelihood	Cox & Snell R Square	Nagelkerke R Square
1	79.165[a]	0.116	0.278

与农民工个体素质相关联的创业影响回归模型可表示为：$Y = \beta_0 + \beta_1 X_1 + \beta_2 X_2 + \beta_3 X_3 + \beta_4 X_4 + \beta_5 X_5 + \beta_6 X_6 + \beta_7 X_7 + \beta_8 X_8 + + \mu$（$\beta_0$，$\beta_1$，$\beta_3 \cdots \beta_p$ 为待定参

[①] ［美］史蒂夫·马诺提. 青年创业指南——建立和经营自己的公司［M］. 北京：经济日报出版社，2003.

数，μ 为随机误差项，X_1，X_2，$X_3 \cdots X_9$ 为解释变量），其变量设定包括创业理念、文化程度、技能等级、市场竞争意识、心理素质。

根据表 3-12 中的参数值，"农民工个体素质"与创业影响相关联的二元回归模型可表达为：

$\text{Log}(P_1/P_0) = 0.752 + 2.374(创业理念) + 1.953(文化程度) + 0.647(技能等级) + 1.387(市场竞争意识) + 2.111(心理素质)$。其中，$P_1$ 为农民工创业影响度强，minored 取值为 1 时的概率，P_0 为对农民工创业影响度弱，minored 取值为 0 时的概率。

表 3-12　　与农民工个体素质相关联的创业影响模型处理

	Reg. Coef 回归系数	标准回归系数 β	自由度	显著度
X_1 创业理念	2.374	0.874	1	0.052
X_2 文化程度	1.953	0.712	1	0.016
X_3 技能等级	0.647	0.201	1	0.075
X_4 市场竞争意识	1.387	0.549	1	0.012
X_5 心理素质	2.111	0.802	1	0.049
Intercept 截距	0.752	—	—	—

从表 3-12 模型处理结果我们发现，各解释变量都通过统计检验，显著度均 <0.05，模型解释有效，表明以上变量对农民工创业的影响均具不同程度的关联性。根据标准回归系数大小，"农民工个体素质"与创业影响关联度从强到弱依次排序为：（1）创业理念（0.874）；（2）心理素质（0.802）；（3）文化程度（0.712）；（4）市场竞争意识（0.549）；（5）技能等级（0.201）。其原因分析如下：

第一，创业是有风险的，风险承受能力直接决定农民工创业者的收益，而这种创业动机的产生，很大程度上源于创业理念，从某种意义而言，理念是创业成为现实的前提，也将贯穿农民工创业整个过程，模型中"创业理念"变量标准回归系数（$\beta = 0.874$）最高，从另一角度证实这一推论的成立。第二，农民工创业多属生存型创业，创业的过程是机会与风险并存的过程，与其说是立业，还不如说更多是谋生，"心理素质"解释变量（$\beta =$

0.802）在模型中位列其次。相形之下，"技能等级"（$\beta = 0.201$）变量在模型中不显著，可能与农民工创业多属个体工商户形式，规模小，投资少，技能等级对创业成功贡献不大有关。但从长远来看，这一变量的重要性会随着农民工创业规模的增大而强化。

五、模型结论

农民工创业起始与成败取决于多种因素，既有来自外界的影响，也有来自农民工自身的作用。本书通过计量模型分析认为：农民工创业能力、自身素质以及创业区域经济发展对创业成败都具不同程度的影响。具体而言，农民工创业理念、文化程度、技能等级、市场竞争意识、心理素质等自身条件是创业成功的内生影响因素；创业机会识别能力、管理组织能力、创新能力以及资源获取能力在很大程度上影响到创业质量。除此之外，区域经济发展水平、政策支持、基础设施、产业集群、自然资源条件、文化及社会环境以及金融支持等创业环境是创业必不可少的前提基础。

第四节
农民工创业成长性实证分析

当前农村经济社会发展客观现状表明，以家庭联产承包责任制为主要特征的农村实体经济体制推动经济增长的功能已经耗尽，以农民工为主体发展的小微创业企业不仅是在农民工返乡的时代大背景之下对自身生存发展问题的一种解决路径，更在农村实体经济发展中发挥越来越重要的作用。返乡农民工具备外出务工经验，相较普通农民在创办实体农村小企业方面更具生产经营优势，因此本节将研究对象限定在农民工创业大框架之下。魏凤、闫芃燕（2012）依据创业行业特点将西部返乡农民工创业模式划分为"批发零售模式"、"居民服务模式"、"建筑建材模式"、"餐饮模式"及"种养殖模式"五种模式。本节在参考上述创业模式划分基础上，依据湖南省农民工创业的总体行业特征将其分为"生态农业型创业"、"产业移植型创业"、"传统产业改良型创业"及"旅游服务型创业"四种创业类型，其中"生态农业型创业"包括种养殖等现代农业型农民工创业；"产业移植型创业"主要为返乡农民工对沿海等先发地区产业模仿移植进行的创业；"传统产业改良型创业"主要为引进先进技术对创业地的传统产业进行改良的创业；"旅游服务型创业"则包括开发"农家乐"等休闲观光旅游以及创办商贸微小实体服务企业。农民工创业将资金、劳动、技术等优势资源从城市引入农村和欠发达地区，在促进农村实体经济发展、解决农村剩余劳动力就地转移就业等方面发挥日益重要的作用，驱动着农村经济内生增长路径的形成与发展。

成长性关乎农民工企业持续经营能力、经济实力及发展潜力。关于企业成长性影响因素的研究方法，曾小丰（2005）运用单因子和多因子回归分析法探讨环境对科技型中小企业成长的影响[1]；吴业春、王成（2007）运用多元回归分析探讨影响中小企业成长性的因素[2]；张晓东等（2012）综合运用数据量化测评和定性分析评判等方法分析宁夏小微型工业企业成长现状[3]。上述研究为本书的研究方法的选择提供了借鉴。农民工创业作为农村实体经济发展不可或缺的重要新生元素，探明其成长性影响因素不仅是企业运作和政府政策制定实践上的迫切需要，也是"三农"问题与微型企业相关理论研究的一项突破。本节拟在对农民工创业成长性进行因子分析的基础上，采用回归模型对其成长性展开探索，以期达到促进农村创业型经济发展与农村实体经济繁荣目标。

一、研究假设

根据农民工创业现实状况与创业成长性具体特征，本节对影响其成长性的因素提出以下三个研究假设；其一，创业者能力特征对创业成长性存在影响。创业者的受教育程度、自信心及主动性、交际能力、经营管理能力、经验技能以及机会识别能力影响其对新事物、新信息的接受能力及对市场机会的识别把握，同时也关系企业应对市场风险的能力及其发展后劲大小。其二，创业企业内部因素对企业成长性存在影响。员工工作效率、员工流动性、员工培训状况、市场占有率、产品价格优势以及企业文化水平关系企业的生产效率与生产成本，影响创业企业的生产、营运状况。其三，外部环境因素对农民工企业的成长性存在影响。家庭劳动力越多给予农民工创业的帮助及后备支持越多；家庭负担越轻，创业者可用于创业活动的资金越丰裕。此外，政府支持、银行贷款都能在制度上、资金上为其提供帮助，合作组织在技术上、销售上能够给予农民工创业不同程度的帮助。

二、模型选择、变量选取及数据来源

（一）模型选择

国外普遍采用企业近三年来的收入、利润、资产及销售量的平均增长率评估其成长性，而国内研究对该方法运用较少（孟静，2010），用于评价农民工创业成长性的应用则更少。鉴于此，本节结合农民工创业规模小、属小微企业范畴的实际特点，将收入增速、资产增速、总产值增速、利润增速以及销售量增速作为评价生产型农民工创业成长性的变量。此五变量间的相关性与其对成长性的代表性并不明显，可采用因子分析法来进行分析。通过因子分析将"收入增速"、"利润增速"、"销售量增速"为代表的因素 $F1$ 确定为"营运成长性"，将以"总产增速"为代表的因素 $F2$ 确定为"生产成长性"，将以"资产增速"为代表的因素 $F3$ 确定为"后备成长性"。

多项 Logistic 模型可应用于分类反应变量的类别为三类及以上且类别之间无序次关系情况。基于对农民工创业成长性表现因素因子分析，将营运成长性、生产成长性以及后备成长性作为被解释变量，具体而言，将"营运成长性"定义为 $y=1$，"生产成长性"定义为 $y=2$，"后备成长性"定义为 $y=3$，将"总成长性"定义为 $y=4$，并将总成长性作为对照组。以下公式中，p 为影响因素作用于某种成长性的概率；$\alpha_n(n=1,2,3,4)$ 为常数项；x_k 为解释变量，表示第 k 个影响农民工创业成长性因素；β_{nk} 为模型 n 中第 k 个影响因素的回归系数。

$$\ln\left(\frac{p_1}{p_4}\right) = \alpha_1 + \sum_{k=1}^{k} \beta_{1k} x_k \; ; \ln\left(\frac{p_2}{p_4}\right) = \alpha_2 + \sum_{k=1}^{k} \beta_{2k} x_k \; ; \ln\left(\frac{p_3}{p_4}\right) = \alpha_3 + \sum_{k=1}^{k} \beta_{3k} x_k$$

（二）变量选取

依据研究假设，试选择创业者特征因素、企业内部因素以及外部因素三类 17 个变量作为模型解释变量（如表 3-13 所示）。

表 3-13   模型使用变量及说明

变量名称	代码	变量定义	预期方向
创业者特征因素			
文化程度	X_1	小学及以下 = 1，初中 = 2，高中 = 3，大专及以上 = 4	+
自信心及主动性	X_2	差 = 1，一般 = 2，强 = 3	+
交际技能	X_3	差 = 1，一般 = 2，强 = 3	+
经营管理能力	X_4	差 = 1，一般 = 2，强 = 3	+
经验技能	X_5	是否具备相关经验技能，有 = 1，无 = 0	
机会识别能力	X_6	差 = 1，一般 = 2，强 = 3	+
企业内部因素			
员工工作效率	X_7	差 = 1，一般 = 2，强 = 3	+
员工流动频率	X_8	频繁 = 1，一般 = 2，不频繁 = 3	−
员工培训	X_9	无培训 = 1，有培训 = 2，经常培训 = 3	+
市场占有率	X_{10}	差 = 1，一般 = 2，强 = 3	+
价格优势	X_{11}	是否具有价格优势，是 = 1，否 = 0	−
企业文化	X_{12}	是否形成企业文化，是 = 1，否 = 0	+
外部性因素			
家庭劳动力	X_{13}	家庭中无充足劳动力 = 1，一般水平 = 2，十分充足 = 3	−
家庭负担	X_{14}	重 = 1，一般 = 2，轻 = 3	
政府支持	X_{15}	差 = 1，一般 = 2，强 = 3	+
银行支持	X_{16}	差 = 1，一般 = 2，强 = 3	+
合作组织	X_{17}	支持效果，差 = 1，一般 = 2，强 = 3	+

注："+"表示正向影响，"−"表示负向影响。

（三）数据来源

本节采用课题组于 2013 年 6~8 月在湖南省永州蓝山县、益阳安化县、郴州嘉禾县、岳阳岳阳县等农民工创业活跃县的实证调研数据，永州蓝山县农民在承接沿海地区产业梯度转移创业及绿色农产品种植创业等方面较为典型；益阳安化县农民创业在旅游服务、建材加工、特色种养以及商贸加工行业较为典型；郴州嘉禾县开展"百厂返乡计划"，在承接产业梯度转移型创业较为典型；岳阳市岳阳县 2009 年建立"农民创业园"，代表着典型的"生态农业型"农民创业，因此上述取证地均具典型取证意义。共发放问卷312 份，回收问卷 284 份，其中有效问卷 269 份，有效率 86.2%。数据样本特征统计描述如表 3-14 所示。

表 3-14　　　农民工创业样本基本特征统计描述

变量	比例（%）	变量	比例（%）	变量	比例（%）
样本地域分布		教育层次		创业类型分布	
蓝山县	26.3	小学及以下	12.1	生态农业型	34.2
安化县	23.8	初中	46.5	产业移植型	33.1
嘉禾县	25.4	高中	34.6	传统产业改良型	32.7
岳阳县	24.5	大专及以上	6.8	婚姻及子女供养	
性别		年龄		未婚	38.6
男性	79.3	20 岁以下	4.6	已婚	61.4
女性	20.7	20~35 岁	40.8	（以已婚群体为基数 100）	
		36~45 岁	45.5	无孩	10.7
创业形式		45 岁以上	19.1	一孩	57.6
个体经营	62.5	创业前家庭年收入		二孩	31.7
私营企业	22.8	1 万~2 万元	28.4	创业时间情况	
股份制	8.6	2 万~3 万元	27.5	1~2 年	15.3
租赁经营	1.8	3 万~5 万元	22.7	3~5 年	32.6
承包经营	3.7	5 万~10 万元	17.1	6~10 年	37.4
其他	0.6	10 万元以上	4.3	10 年以上	15.7

（四）计量结果及分析

本节采用 KMO 及 Bartlett 球度检验衡量成长性指标对因子分析的适用性。检验结果表明，KMO 值为 0.816，成长性变量间具较强相关性，适宜进行因子分析；Bartlett 球度检验统计量为 125.971，相应概率 Sig. 为 0.002，接近于零，说明各变量间偏相关性较弱，能够有效提取到公因子（见表 3 – 15）。

表 3 – 15　　　　　　因子分析适用性 KMO 充分性检验和 Bartlett 球度检验

KMO 充分性检验		0.816
Bartlett 球度检验	Approx. Chi – Square	125.971
	Sig.	0.002

接下来采用 Varimax（方差极大法）进行因子分析，由于在进行旋转分析之前所提取的公因子的载荷意义并不明晰因此进行多次旋转，结果如表 3 – 16 和表 3 – 17 所示。

表 3 – 16　　　　　　旋转前后因子载荷

变量	旋转前因子载荷			旋转后因子载荷		
	F1	F2	F3	F1	F2	F3
收入增速	0.726	0.459	0.254	0.769	0.286	0.306
资产增速	0.575	0.396	0.896	0.103	0.325	0.912
总产值增速	0.453	0.782	0.347	0.258	0.793	0.265
利润增速	0.829	0.236	0.498	0.857	0.381	0.182
销售量增速	0.665	0.478	0.579	0.786	0.214	0.204

表 3 - 17   旋转后方差贡献结果

因子	初始特征值			提取平方和载入			旋转平方和载入		
	合计	方差的%	累积方差的%	合计	方差的%	累积方差的%	合计	方差的%	累积方差的%
F1	2.899	57.978	57.978	2.899	57.978	57.978	2.743	42.857	42.857
F2	0.743	14.852	72.830	0.743	14.852	72.830	1.151	23.028	65.885
F3	0.651	13.013	85.843	0.651	13.013	85.843	1.048	20.958	85.843
F4	0.420	8.402	94.245						
F5	0.288	5.755	100.00						

设定因子初始特征值为 1，只提取到 1 个重要公因子，其对总方差的贡献为 57.978%，表明其对方差的解释力度缺损，无法反映大多数原变量信息。旋转后特征值 > 1，其原变量因子载荷数据说明，第一个公因子 F1 主要由生产型农民工创业 2010~2012 年收入、利润的平均变化率决定，其所体现的农民工企业成长性包含在企业收入增速、利润增速和销售量增速信息中，此三变量集中反映企业在生产经营的一个阶段获得的经济利益，反映企业营运成长性；因素 F2 反映农民工企业 2010~2012 年总产值的平均增减变化，总产值代表生产型农民工创业的生产能力状况，反映其生产成长性；因素 F3 在资产增减变化上有较大载荷，资产是企业拥有或控制、预期将给企业带来经济利益的资源，是企业为了在将来取得更好成长而积蓄的力量，其增加表明企业具备成长性能力。综上所述，本节将"收入增速"、"利润增速"、"销售量增速"为代表的因素 F1 确定为"营运成长性"，将以"总产增速"为代表的因素 F2 确定为"生产成长性"，将以"资产增速"为代表的因素 F3 确定为"后备成长性"。

三、农民工创业成长性影响因素分析结果

本书利用 SPSS20.0 对 269 个样本数据进行多项 Logistic 回归模拟，估计结果如表 3 - 18 所示。该模型似然比卡方的观测值为 102.793，拟合优度检验统计值为 2 815，说明解释变量总体与模型线性关系显著，能较好拟合总

体样本数据。从表 3 - 18 中各估计变量系数及显著程度来看，创业者能力特征因素、企业内部因素及外部环境因素对生产型农民工创业成长性均有显著影响，且三个研究假设中的 17 个变量影响程度具有不同特点，结果如下：

表 3 - 18　　　　　　　　农民工创业成长性影响模型结果

变量	营运成长性模型		生产成长性模型		后备成长性模型	
	回归系数	发生比率	回归系数	发生比率	回归系数	发生比率
截距	- 1.768		- 2.549**		- 3.879**	
创业者特征因素						
文化程度	0.208	1.546	0.157	1.042	0.436*	1.543
自信心及主动性	0.476*	1.863	0.067	0.854	0.389	1.964
交际技能	0.854**	2.486	0.104	1.115	0.165	0.985
经营管理能力	0.692**	0.982	0.443	2.586	0.276	1.498
经验技能	0.376	1.523	0.698***	3.637	0.154	1.204
机会识别能力	0.687***	1.486	0.398	1.671	0.201	1.051
企业内部因素						
员工工作效率	0.469	1.752	0.876*	3.026	0.179	0.991
员工流动频率	- 0.246	0.536	- 0.572*	1.483	- 0.127	1.004
员工培训	0.367	0.679	0.791**	2.964	0.639**	3.757
市场占有率	1.204***	2.973	0.376	2.421	0.647	3.931
价格优势	0.682*	0.863	1.432	3.869	0.483	2.486
企业文化	0.391	1.246	0.684	2.763	0.953**	4.736
外部性因素						
家庭劳动力	0.740***	1.938	- 0.876**	4.961	- 0.660***	4.932
家庭负担	- 1.395***	3.856	- 0.939**	5.027	- 0.864**	6.712
政府支持	0.779**	4.145	0.896	3.574	0.956*	2.871
银行支持	0.668	2.985	1.253***	6.918	0.583	3.792
合作组织	1.472***	3.729	0.967*	4.569	0.558	2.158
χ^2 统计值	102.793					
拟合优度检验统计量	2 815					

注：*、**、*** 分别表示在 10%、5% 和 1% 的水平上显著。

（一）创业者特征因素对农民工创业成长性有正向影响

第一，从农民工创业营运成长性看，创业者特征因素中，自信心及主动性、交际能力、经营管理能力及机会识别能力分别通过10%、5%、1%水平下的显著性检验。其可能解释为：创业者的交际能力、经营管理能力及机会识别能力越强，其接受新事物、新信息的能力越强，更能够洞察市场、把握机会，提升企业营运成长性，并且，创业者自信心及主动性越强，应对创业风险能力越充分。第二，从农民工创业生产成长性看，经验技能变量的回归系数通过1%水平下的显著性检验，这是由于农民工企业大多规模较小，创业者在生产过程中仍发挥顶梁柱作用，其自身经验技能显著影响企业的生产成长性，并对企业生产起着关键性基础作用。第三，从农民工创业后备成长性看，文化程度变量回归系数通过10%水平下的显著性检验，意味着文化程度越高的创业农民工越能够对创业进行合理详细的规划，为企业发展提供充足的后劲，因而文化程度高低决定着创业农民工发展潜力大小，关系着企业收益曲线走势。

（二）企业内部因素对农民工创业成长性影响显著

第一，从农民工创业营运成长性看，市场占有率和价格优势变量分别通过1%和10%水平下的显著性检验，由于较高的市场占有率为企业生产提供有力市场保证，驱动企业生产总值的增加，市场占有率高的企业能有效缩短产品生产销售周期，加速资金周转；具有价格优势的企业其产品能够迅速打开市场，有效提升营运效率。第二，从农民工创业生产成长性看，雇工工作效率、雇工流动频率及雇工培训等变量对企业生产成长性分别通过10%、10%以及5%水平下的显著性检验。通过数据分析发现，雇工工作效率高低直接关系企业生产效率高低，雇工培训则意味着其工作技能、思想观念等各方面综合素质的提升，二者对企业生产成长性积极影响较大。值得重视的是，雇工流动频率对企业生产成长性影响为负，这可能与劳动力频繁流动对企业日常生产、人员管理等环节带来成本损耗降低企业管理效率有关。第三，从农民工创业后备成长性看，雇工培训和企业文化均通过5%水平下的显著性检验，这与雇工进行培训意味着企业人力资本投资，而这种人力资本积累收益将随时间而递增；相比之下，企业文化作为内部软环境，营造企业归属感能有效降低劳动力流动，保证创业生产的稳定运行。

（三）外部因素对农民工创业成长性影响显著，且以正向影响为主

在影响创业成长性的外部因素中，最显著的特征是家庭劳动力与家庭负担变量同时通过对营运成长性、生产成长性以及后备成长性检验。由于农民工创业属小微企业，在资金、雇工结构、经营场所、经营规划等方面很大程度受家庭因素影响，甚至出现"企业和家庭不分"的情况，家庭劳动力数量与家庭负担因此，很大程度上影响农民工企业的成长性。第一，从创业营运成长性看，除家庭劳动力和家庭负担外，政府支持和合作组织也分别通过5%和1%水平下的显著性检验，政府政策支持能够在制度设计、设施提供等方面为农民工创业提供便利，因此能有效促进农民工企业的成长；合作组织以专业化视角面向市场，不仅能够促进企业营运成长性的提升，而且能够提供技术支持推动生产的组织化、规范化、技术化，促进其生产成长性快速提升。第二，银行支持显著地影响创业企业的生产成长性。作为资金投入量相对较大的生产型农民工创业，除通过非正式渠道融资外，银行贷款正式融资渠道必不可少，且是推动企业成长强效动力。第三，从企业后备成长性看，政府支持通过10%水平下的显著性检验，可见政府制度、基础设施、服务等支持不仅为现有农民工创业提供发展的有力动力及后续发展的良好保障，而且推动着潜在农民工创业成为现实。

（四）结论及建议

本章利用湖南省四个农民工创业活跃县的实证调研数据，运用因子分析将农民工创业成长性确定为营运成长性、生产成长性及后备成长性三类，继而运用多项 Logistic 模型实证分析了农民工创业成长性的影响因素，得出以下结论：创业者的交际能力、经营管理能力、机会识别能力、市场占有率、价格优势、家庭劳动力、家庭负担、政府支持及合作组织等因素显著影响农

民工创业的营运成长性；农民工创业者经验技能、雇工工作效率、流动频率、培训、家庭劳动力、家庭负担及银行支持等因素显著影响其生产成长性；创业者的文化程度、雇工培训、市场占有率、企业文化、家庭劳动力、家庭负担以及政府支持等因素显著地影响农民工创业的后备成长性。经验事实表明，成长性关系到企业生存与竞争能力，关系到创业成败，研究认为，应当从以下几方面提升农民工创业成长性：

第一，通过税收减免、财政投入等方式降低农民工创业成本，打破农业人口落户城镇的体制性障碍，对创业农民工实行"零门槛"准入政策，逐步实现城镇公共服务均等化。并且允许农民工在依法、自愿互利及有偿等原则下实现自由流转农村土地，保证创业用地。第二，大力创办创业教育与职业培训，形成正规化学校教育与社会化职业技能培训相结合的立体化、系统化创业教育培训体系以满足各层次创业者实际需要，系统性地提升创业农民工的交际能力、经营管理能力、机会识别能力及自信心、主动性。第三，通过改革农村金融机构、引入竞争激励机制、放宽农村金融市场准入、发挥政府担保作用以及推进金融机构创新服务等路径提供促进成长性的金融支持。第四，作为人们劳动创造效益后回报的劳动报酬是一种最基本的激励制度，农民工创业者应建立起完善的奖惩制度对在生产、销售、策划环节有贡献员工予以奖励，促进其主观能动性发挥并降低流动性，保证企业生产与发展的连贯性及成本降低。第五，建立和完善创业社会服务体系，设置创业社会服务、中介机构，为创业农民工提供创业辅导、技术培训、市场拓展、借贷担保及法律援助等服务，减少创业投资成本。创业农民工的信息获取能力较低，应加快建立包括政策、技术、市场等信息在内的与农民工创业有关的投资信息网络和发布渠道，提供创业生产、销售等环节的有效信息。第六，完善农民工创业配套保障机制，建立健全农民工公共服务体系，落实对创业农民工保险、子女入学、医疗计划生育等方面公共服务，以对其基本生产权利的保障推动创业型经济的发展。

第四章

农民工创业城镇集聚机理及路径选择

  集聚对城市的社会、文化、经济、生态等各方面产生着深远的影响，产业集聚是决定着城市形成和发展的最根本力量，直接构成了制约城市发展的第三种经济力量。农村城镇的发展与扩张取决于资金、劳动力等生产要素的集聚能力，基于产业间企业联结的外部性，而非同一产业内部的企业关联，当新增生产需求达到一定规模时，初级产品或原材料供给上游企业快速发展，农村腹地得到空间上的拓展，劳动力工资报酬递增，集聚区规模扩大。事实表明，农民工创业生产聚集主要源于对成本节约与设备及生产配置合理目标追求。首先，相关生产企业将逐渐在某一特定地域集中，因其产生的聚集经济效益使得货物流动生产联系、机器设备及工具提供以及流通、销售等营销联系有序进行；其次，城镇劳动力市场的形成不仅吸引到当地的自由劳动力，更能通过同类集聚专业性企业吸引熟练型人才，加速知识、技术和信息快速流动；企业间分工合作交流促进区域内产业整体生产规模的拓宽，人口与消费需求的集中也使最初地域空间汇聚更多产品需求，创业企业间区位选址的接近因此将带来经济利益与成本节约。就投入与产出而言，农民工创业集聚不仅在一定程度上改变了通常意义上的技术约束与经济约束，同时也改变了经济活动的市场约束，对生产函数、成本函数及需求函数产生巨大影响，城镇经济生产函数因此表现出典型的非线性齐次性特征。可见，农民工创业的增长尤其是集群性创业体的形成，很大程度上得益于熟练劳动力市场、中间产业及技术外溢以及专业服务性等经济集聚带来的外部性。城镇化经济在某种意义上可以被认为是农民工创业众多行业集聚的外部性产物，随着农民工创业的增多，综合生产网络成本下降，集聚利益优势日益显著。

根据默德尔（1957）循环和累积的因果理论，产业集聚在城市产业内易于形成累积效应，在空间上则易于形成较强的扩散效应。创业集聚的深化促使企业集聚规模不断扩大，空间累积与扩散效应影响集聚区周围经济的发展。首先，集群内部复杂的联系促使小城镇内企业或部门迅速增长，进而影响带动区内相关企业及部门的增长；当城市系统雏形开始形成后，各产业部门相互间的联系推动其他有关部门迅速成长。集聚化规模效益使其对集聚区外企业吸引力进一步增强，新中间投入使用者、生产商和供应商加入，专业化集中累积效应推动其他相关部门成长，城镇系统因其集聚化良性循环被导入新的产业部门，城镇规模及经济实力因此获得快速发展。其过程如图4-1所示。

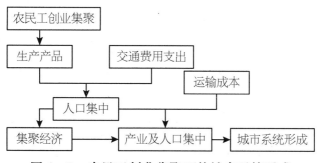

图4-1　农民工创业集聚下的城市系统形成

农民工创业对城镇化发展的推动，究其实质而言是一种自下而上的城镇化道路，是农村社区、农民创业者、农村劳动力等民间力量发动的一种自发型经济形态。小城镇发展动力源于数量庞大的农业剩余劳动力的非农转移，是建立在资本和农产品等收益最大化目标之上的农民比较利益驱动产物；从另一角度而言，小城镇的发展可以被视为非农化获利动机驱动下的农民工自发创业，是就地取材、就地生产、就地销售本地化经济框架下的农村工业化过程，农民工创业者观念意识，尤其是商品意识及思辨能力影响小城镇聚集发展。多元化的城镇经济结构对新的经济活动吸引力增大，农民工创业向特色产业培育、专业化产业区发展等地域集聚，在循环与累积因果效应下，推动城镇壮大为周边地区重要资源转换中心、价值增值中心以及物资集散与资金配置中心，这是一种源于企业规模最优、产业规模与区域集聚体规模最优的城镇社会聚集行为。

第一节

与农民工创业生产效率及交易成本相关联的城镇集聚机理解释

阿尔弗雷德·韦伯的在工业区位理论中指出，集聚因子是基于集团集中而产生的降低生产与销售成本的获益，集聚经济因此成为企业区位选择的重要影响因素，具体包括生产性规模集聚与社会性地域聚集两种，基于生产企业内部扩张所形成的生产性规模集聚主要优势在于在节约费用的同时能合理配置生产设备，表现为更高层级的社会性地域聚集则通常以城市规模的外部经济表现。从经济学角度看，集聚（agglomeration）是指经济活动在地理空间上的群集，是经济活动者为了获得某些优势条件或利益而向特定区域聚集的过程。集聚的产生，或是归于历史原因，或是基于供应链的存在（迈克尔·波特），其形成与发展动力主要源于各种成本的降低和生产率提高。农民工创业是一个企业、人口及其他相关要素不断集中的过程，企业间联系十分密切，非农产业增长与城镇化关联性显著，这与关联性企业空间上的大量集中有利于创业中间投入产品的规模经济实现有很大关联。首先，区位上的靠近能以其集聚效应降低运输成本，农民工创业者因此通常选择经济活动频繁的小城镇创建企业。事实证明，经济相对发达、交通相对便利的小城镇集聚创业是农民工的理性选择,尤其是当创业成熟到一定程度时,这种区域集聚的累积效应将以加速度促进非农产业向中心地带接近。农民工创业企业或通过自由选择与其他企业共享经济资源,获得如专用设备或技术共同合作、劳动力市场和金融市场共同开发、信息资源共同利用的企业外部利益;或通过创业与其他企业形成单项或多项协作,推动产品生产社会化与专业化,降低企业经营成本。更为重要的是,当企业为追求共享基础设施、劳动力市场等外部规模经济形成产业集聚时,某些不具备内部规模经济实现条件的农民工创业小企业,可以通过集聚效应降低交易费用,最终实现外部经济。

一、基于生产效率的农民工创业城镇聚集

(一)基于技术专业化的农民工创业生产聚集

根据经济学一般原理,适度生产规模下的分工优势即指生产单位产品生产成本最小化,这种分工深化将带来消费的多样化,产品品种也将随分工水平的提高而增加,产品分摊固定费用的最优取值是这一优势取得的核心。研究假定农民工以适度规模创业时,n 种不同操作单位生产费用相同,此时单位生产成本曲线表现为一组斜率不同的曲线族 $k_i (i=1, 2, \cdots, n)$,如图 4-2 与图 4-3 所示,其中,图 4-3 为图 4-2 单位生产费用的投影。

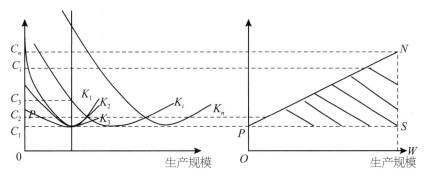

图 4-2 专业化分工条件下的农民
工创业生产费用

图 4-3 农民工创业企业单位
生产费用投影

在 n 个农民工创业企业中，假定只有 n_1 以技术专业化分工协作达到适度规模生产，单位生产费用为 C_1，其余的操作都没有达到最适生产规模，此时的单位生产费用分别为 C_2，…，C_i，…，C_n，且 $C_n > C_{n-1} > \cdots C_i \cdots > C_2 > C_1$。假定农民工创业企业用独立生产方式，所有流程均为自行完成，梯形 OPNW 面积为单位产出生产成本；如果企业采用专业化生产方式，产业价值链不同环节由不同专业性创业体生产，每个企业都只从事产业价值链中某一特定环节生产，而把未达到适度规模的 $n-1$ 种操作交由其他企业完成，这种基于专业化分工所带来的创业群体间竞争合作将打破原有单体企业纵向整合式经营结构，产出单位生产成本因此扩张为 OPSW 面积，三角形 PSN 面积部分即为集聚状态下的分工劳动收益增量，也是有序竞争与合作过程中的农民工创业集聚群的生产规模最优，这一过程取决于农民工创业集聚过程中获取技术、设备、工艺、管理、劳动力要素配置优化的技术专业化程度。

在市场深度细分下的技术专业化条件下，集聚将带来消费品种类的增加与企业产品差异化程度的提高，前者使企业区位选择更倾向于接近原材料和能源市场，而后者则因产品替代性下降而促进企业间协作关系的形成。在分工与专业化条件下，农民工创业企业产出非单个企业个体行动，而是由多家企业依据各自优势共同协作完成，当集聚区域中所有创业企业都采取类似行动时，分工与专业化协作体系将逐渐形成。经验事实证明，生产聚集条件下的技术专业化促使农民工创业者水平提高，来企业抗风险能力及生产灵活性大幅提升，且伴随工人学习曲线的变化，企业内部成本节约与效率优势明显性化，所有农民工创业者都将从地理集聚中获得技术专业化的范围经济与专业化利益。

（二）基于农民工创业运输成本节约的生产联结

节约交通运输成本是产业集聚形成的最初诱因，地区自然资源优势利用因此成为产业集聚形成的原始动力，土地、矿产、地理位置等自然资源以及劳动力资源差异是早期产业与企业集聚的主要利益驱动。根据等差费用曲线，产业集聚与区域经济增长很大程度上取决于对区域集聚效应的追求。如果以原区位为中心，将到达该区相等运费散点连接起来划出等高运费曲线，再在等高运费曲线找出各自一条决定性等差费用曲线，这条曲线上迁移所增加的运费与集聚获得的成本节约正好相等。农民工创业迁移位置选择在这一曲线之内意味着能节省的成本超出增加费用。假定在不考虑生产集中所带来的运输成本节约与规模产出利益情况下，农民工创业生产预算线为 B 点，最大效用等效用线为 u_2，此时农民工创业实质性产出较低；但如果考虑到运输成本生产联结效应，或有为机器修理与制造厂提供专业服务，或有较为完善的劳动力市场提供劳动力，或享有购买原料便利与公用设施和道路便利等，基于多个创业企业集聚规模可以带来利益或节约成本这一优势，此时农民工创业收入预算线将外移至 A 点，创业等效用线也将上移至 u_1，如图4-4 所示。

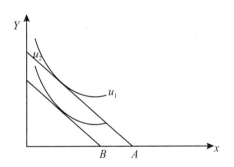

图4-4　农民工创业运输成本生产联结效应

企业重要目标之一就是对规模经济的追求，但规模经济是一个动态过程，并非只是一个抽象固定的规模区间，本身受到技术、市场及产业特征影响。农民工创业以其运输成本经济推动产业与行业间地理接近，成员企业基于彼此间的接近而形成生产销售完整的分工体系，这种产业内合理分工协作在节约运输费用的同时提高了资金投入效率，生产需求增加，生产规模扩张，产品品种大幅增加，生产工艺也因此大为改进。

二、基于交易成本优势的农民工创业生产聚集

交易成本是提高专业化分工水平、提高生产率以及产业集聚形成的市场

决定因素，主要取决于资产专用性、不确定性和交易次数。资产专用性意味着投入生产资产再配置难度增大，而原材料、供应商专用性程度提高，则意味着市场上买卖双方替代难度的加大，伴随产业集聚数量的上升，交易双方依赖度还会进一步强化，尤其于交易产品数量大且要求保持交易连续性的产品生产而言，供应及销售的连续与稳定性更为重要。农民工创业企业呈需求多样化，且自给能力有限，很难自行降低企业成本。相形之下，同类产品生产企业的集聚能带来需求的急剧增长，利润驱动下的供应量增加将带来交易成本的大幅降低。这种创业集聚在使农民工创业者在获得成本节约利润的同时衍生出新的相关产业，联合型大企业形成使生产链条上的各环节获益，准规模优势因此产生。

（一）创业网络直接渠道下的交易成本节约

通常情况下，农民工创业可分为谋生型、成长谋利型、经营集约型几种。尽管目前创业仍以投资少、规模小且运作简易的温饱谋生类型居多，但随着创业集聚的强化，发展空间和利润空间较大的产业群组在不断增加，具有一定规模的谋利型创业加速扩张，供应或销售过程中的有效安排和协调使相关费用明显降低。基于原始资金不足、融资路径不畅通以及小规模经营劣势，理性农民工创业者在人力资源、财务资源、技术资源、信息资源获取上将尽可能不经过中间商，而是直接从集聚网络中获取，这在一定程度上节约交易成本。

研究假定 S 为原材料及其他要素供给集聚区域，农民工创业边际成本曲线为 MC_2，D 为中间商需求曲线，显而易见地，在一个竞争的市场，价格和边际价值相等，D 因此也是中间商边际收益曲线 MR_1，MC_1 则为派生出来的中间商边际成本曲线，MR_2 为由 D 派生出来的生产要素及其他原材料产边际收益曲线。当集聚区域内企业相互间交易能达成契约安排时，不但可以节省交易成本，市场交易价格也更接近最优，农民工创业企业将根据边际效益等于边际成本原则（$MR_2 = MC_2$）来决定最终交易量。当市场交易在 E_1 点上达到均衡时，集聚生产条件下的产出量为 Q_1，市场交易均衡价格 P_2 很大程度上取决于中间商的边际收益曲线。此时集聚效率越高就越能通过与加工者、销售者批量稳定交易而减少中间环节，也越容易在市场上直接找到供应商或购置企业，即使通常情况下只能搜寻到小批量、非连续的交易者。当企业找到能完全满足需要的大批量、连续性的且质量稳定性强的交易伙伴，则意味着销售渠道稳定、外部交易成本降低的集聚效率最优达成。当创业分散生产时，农民工创业者与中间商交易只能以个体身份进行，中间商的讨价还价能力很强，交易价格处于 P_1 与 P_2 上下限之间，此时处于弱势地位的农民工创业者不得不接受 E_3 为均衡点，即原材料与其他要素供给量 Q_2 均取决于 $MR_1 = MC_1$，价格 P_1 由生产边际成本曲线 MC_1 所决定（见图 4 - 5）。

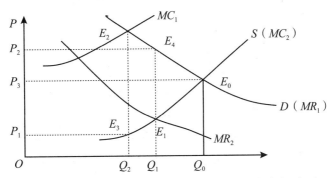

图 4 - 5　集聚条件下农民工创业与中间商市场交易

由此可见，集聚决定着农民工创业者与中间商之间的谈判力量均衡，在这一地理集中的过程中，交易渠道的稳定将形成交易规模及交易率上的专用性，区域内企业相互间信息成本、搜寻成本、合约谈判及执行成本都将得到不同程度的降低。

（二）创业组织结构下的交易效率提升

在集聚区域内，农民工创业企业一方面可以利用其地理接近优势通过合同、协议和股份合作制，将与上下游企业之间交易内容及交易关系固定下来，简化谈判程序以节省内部交易费用；另一方面，集聚组织结构也有利于加工者、销售者联结的渠道稳定，以减少交易频率降低外部交易成本。事实表明，当农民工创业企业通过集聚区域内组织效率进行市场搜索时，交易次数将大幅缩减，如图 4 - 6 和图 4 - 7 所示。

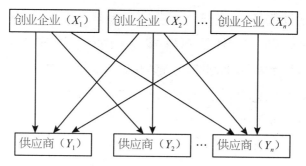

图 4 - 6   分散状态下的农民工创业企业市场交易

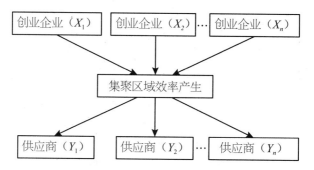

图 4 - 7   集聚效率下的农民工创业企业市场交易

假设市场中有 X 个农民工创业企业，Y 个中间品或原材料供应商，X 个企业须与 Y 个供应商发生交易联系。在创业分散经营状态下，农民工企业交易次数为 $X \times Y$；而创业集聚效率下的交易次数为 $X + Y$，这样，可减少交易的函数表达式为：

$$F(x, y) = x \times y - (x + y)$$

$\frac{2f}{2x} = x - 1$，$\frac{2f}{2x} = y - 1$，$x = 1$，$y = 1$，函数有极小值 -1，不符合农民工创业集聚的一般情况，舍去。

这样有：$F(1, 1) = F(1, 2) = F(2, 1) = -1$，$F(2, 2) = 0$，$F(2, 3) = F(3, 2) = 1$

当 $X \geq 2$，$Y > 2$ 或 $X > 2$，$Y \geq 2$ 时，有 $F(x, y) > 0$。

由此推导出的结论是：在农民工创业集聚区域内，市场中企业数量大于或等于 2、中间品或原材料供应商数量大于或等于 2 时，基于集聚交易效率，企业交易次数将少于分散状态下的企业单独交易次数，且随着 X、Y 的增大，与交易相关的搜寻费用相应减少。参与交易的农民工创业企业越多，交易市场越复杂，建立在集聚效率上的市场机制在交易费用上节约成效就越明显。

从以上分析可以看出，集聚是保证交易效率的前提基础，农民工创业聚集提高了批量购买和销售规模。集聚区内创业企业面对面接触、战略信息相互交流、长期或短期转包合同、原料投入产出联系都在一定程度上增加市场稳定性，甚至因的交易费用的降低在一定程度上消灭"中间人"的存在。就此意义上而言，集聚可以被认为是创业交易成本节约的一种组织结构优化，也是交易信用取得的优势途径。

第二节
与农民工创业地理空间相关联的城镇聚集机理解释

在农民工创业过程中，知识外部性、中间投入品共享、风险分担、基础设施共享及其他不可分性的存在能推动产业层面形成规模报酬递增。根据地理位置上的集中有利于生产与交易实现这一规律，创业规模的壮大将促使企业内部平均成本随之下降，生产率与竞争力获得大幅提升。一方面，生产上的集中有利于公共基础设施使用成本及分摊费用的降低；另一方面，企业彼此间靠近可以降低中间投入品运输费用，劳动力自由流动在很大程度上推动创新和技能快速扩散。尤为重要的是，劳动力市场的共享，在使创业获得劳动力稳定供给的同时，农村劳动力非农就业机会增加。可见，农民工创业地理位置的接近具有显著的正溢出特征，即使在生产技术规模报酬保持不变状况下，劳动生产率也将因集聚外部性而获得普遍性提升。

一、基于运输效率的农民工创业区位选址

经验事实证明，集聚动因在于利益增长或成本节约的追求，企业间的靠

近动力取决于集聚在收益与成本上的比较。从农民工创业看来，其企业集聚与专业化分工、地理性临近、组织性临近、群内组织相互关系等组织形态关联十分密切，这是由历史、传统及地理位置等因素差异所产生的劳动力供给空间分布不均所决定。企业集群性的壮大具有运输成本、信息成本、搜寻成本以及合同谈判与执行成本等空间交易成本节约的功能，能便利地获取必要技能型熟练劳动力。农民工创业关联企业在城镇相对发达区域集聚，一方面逐渐产生专业化服务性行业，出现熟练劳工市场以及先进附属产业，且随着区域内相关产业企业数量增多，农民工创业者可以通过垂直关联实现与供应商、客户之间业务沟通，创业得以通过水平关联控制产品质量；另一方面，集聚区创业与其他经济实体间合作表现出较为明显的柔性和动态变化特征，地理上的接近使关联企业得以建立信誉机制与信赖关系，极大地减少了机会主义行为的发生，因此能以其共同价值观获取公共或私营部门投资带来的好处。

随着现代交通运输条件的改善，地区资源可以满足生产基本供给，人员流动也使劳动力成本趋于平均，企业生产对资源的依赖性大为削弱，传统区位因素重要性因此大为降低。但是，作为以利润最大化为目标的企业生产，在选址上首先考虑的仍然是资源供应的便利，交通网发达的城镇地区附近、原材料产地仍然是创业区位首选，这与我国农村正处于工业化中前期阶段，交通运输成本在总成本中所占比重很大，靠近原料产地或交通便利地域能为高利润提供保障有关。基于运输成本生产联结，物流成本较高的制造业与粗加工业这一集聚特征尤为显著。农民工创业主要集中于工业、建筑业、商业服务业以及种养殖业等劳动密集型行业，基于创业拓展的空间集中，特定地理区域内将表现出劳动、资本、物质等要素的集中，单个企业相互联系、相互影响趋于紧密。在土地、矿产、地理位置自然资源优势区位进行创业，将推动同类产业在空间上集聚，企业间能相互购买或出售产品，经济活动以多种互补方式和途径促进，相关部门企业数量增加，产品运输成本下降。当适度规模区间的生产效率提高到一定程度后，集聚区内创业关联企业将形成自然专业化分工，以相同或相关企业原材料、半成品和成品运输成本下降拓展利润空间，企业区位选址的科学合理是这一集聚优势成为现实的关键。

假定在一维线性经济体中，总人口沿线均匀分布，分布长度标准化为1，商品消费也等于1，其中，农民工占总人口份额为 $1-\mu$，消费品份额为 $1-\mu$。在固定成本既定且边际成本不变条件下，农民工创业企业生产成本基本相似，其差异多体现在运输成本上。研究试选择 s 区位使生产与运输成本最小化，当所有企业都集中于 $r(0<r<1)$ 区位时，城镇系统雏形便开始出现；在农民工人口分布密度保持不变状况下，人口的增长将加速创业边界的扩张。

假定创业经济区域长度为无限，农民工均匀分布于 $-S-S$ 区间，分布密度为 d，且所有农民工创办企业都集中于中心区位0。基于创业者经济实力上的局限，企业选址考虑的首要问题就是如何降低运输成本，实现既能向城市销售、又能减少农业区运输成本的合理布局。O 是周边城市，O 到 S 是农村市场范围，消费品在农民工创业企业可供给之前由城市提供。

假定农民工创业者选择区位 s 建厂，那么仅有 $O-S/2$ 区域内产品需求由城市提供，意味着创业将满足 $S/2-S$ 区域某市场需求，如图 4-8 所示。

O　　　$s/2$　　　s　　　　　S

图 4-8　基于运输经济效益的农民工创业最优区位选择

（1）0 到 $s/2$ 范围内消费需求由城镇自行满足，运输平均距离为 $s/4$；

（2）$s/2-s$ 区域内市场需求由农民工创办企业满足，运输平均距离为 $s/4$；

（3）当 $s-S$ 区域内市场需求同样也由农民工创办企业满足时，运输平均距离为 $(S-s)/2$。

根据运输成本最小化原则，总运输成本为：

$$TC = \tau d\left[\frac{s^2}{4} + \frac{(S-s)^2}{2}\right]$$

对上式求导，运输成本最小化区位为 $s=2S/3$，表明农民工创办企业的最优区位为距农村边界的 2/3 处。

当这一区域没有农民工创业产生时，$0-S$ 区域内消费需求只能由城市满足，产品运输平均距离为 $s/2$，总运输成本为 $\tau dS^2/2$；当农民工选择该区域创业时，农村供给的平均距离只有 $S/6$，总运输成本也降至 $\tau dS^2/6$，减少了 $\tau dS^2/3$。考虑到农民工创建新企业所需固定成本 F，该区域创业条件为：

$$\tau dS^2/3 = F$$

或者说，当 S 达到临界值 S^* 时有：

$$S^* = \sqrt{3F/\tau d}$$

将同样标准应用于所有农民工创办企业，意味着只要 S 达到临界值 S^*，人口与企业聚集就将在 $2S^*/3$ 的地方出现，即生产要素向地理位置优越、交通便利、资源丰富区位集中。无论在何种情况下，与其他企业生产协作、接近原料地与市场始终是企业经济利益实现的目标。也正是基于产业集聚丰厚的正外部利益，城镇系统将在区位距离 $2S^*/3$ 位置出现，市场潜能函数达到歧点，意味着城镇系统形成初始条件已渐趋成熟。F 越大，集聚中心与地理间距越远，相反，运输成本 τ 或农业人口密度 d 越大，集聚中心间距离越小，且随着创业产业集聚的扩张，该区位城镇化进程加速。

从以上分析可以看出，创业过程中的产业集聚增强了小城镇持续自我增强动力机制，也是城镇地域向外延伸与扩展的主要原动力。在城镇系统的开放性与中心区域经济溢出效应共同作用下，农民工创业集聚将促使一般企业向优势企业集中，众多小微企业向工业区集中，城镇与域外空间经济贸易联系增强，小城镇地理空间进一步拓宽。经验事实证明，当农民工创业集聚发展到一定程度时将形成集体品牌优势，这种品牌纽带能以低成本优势融入其他营销网络，形成专业化分工及生产交易合作外部经济，实现销售共享与品牌生命周期延续。当越来越多的企业受益于产业集聚时，农民工创业者会增加资本投入，资本要素向该地区流动，劳动力与中间产品需求都将大幅增加，企业间的协商合作推动城镇规模的扩张。

二、基于公共基础设施共享的农民工创业城镇聚集

巴顿曾指出："当人口和工业在地理上集中于某一特定区域时，公共设施费用较人口平均分散更为低廉，服务设施趋于完善、环境也更趋于舒适。"韦伯也从微观企业的区位选择角度指出，集聚能共享基础设施，如煤

气、自来水管道、街道等资源，正是这种外部效应使单个企业成本下降，一般经常性开支成本大幅降低。通常情况下，公共产品供给多建立在空间布局集中基础之上，农民工创业者在空间布局上会从沉淀成本与资金使用效率方面考虑，无论是充分利用公路、桥梁、码头和供电、供水、通讯系统等公共产品，还是通过以水、电、能源等基础设施供给减少经常性支出等，都源于公共基础设施共享所产生的集聚正外部性，也是集聚形成的最直接推动力。

假定某集聚范围内农民工创业企业生产函数为 $y = zf(k)$，其中 y 为企业实际产出，z 为共享基础设施效率，k 为企业平均资本存量，基础设施效率共享表现为生产函数中 z 值的变动，在资本折旧率为 δ 情况下，农民工创业企业可用资源为当期产出与未折旧资本存量之和，即 $zf(k) + (1-\delta)k$，该资源函数代表创业企业下一年生产可资利用全部资源，向右下方倾斜的直线为创业资源约束线，如图 4-9 所示。

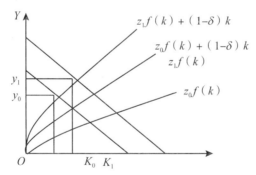

图 4-9 创业集聚地公共基础设施共享下的资源利用效用

假定创业初始阶段的生产函数为 $y = z_0f(k)$，资源函数为 $z_0f(k) + (1-\delta)k$，这一时期的均衡点为 A，均衡资本存量为 k_0，创业产出为 y_0。基于基础设施供给的保证，z 由 Z_0 上升到 Z_1，此时的创业生产函数与资源函数分别变动为 $z_1f(k)$、$z_1f(k) + (1-\delta)k$，在创业资本存量为 k_0 条件下，企业产出将上升至 y_1，此时的企业总资源也随之增加到 $y_1 + (1-\delta)k$，资源供给线向上方移动，表明次年可用于生产的资本积累增加，此时农民工创业企业可以以递增后的新资源供给线 $f(k_1, c_1)$ 点上进行生产组合。当资本存量为 k_1 时，创业产出继续上升至 y_2，相应的资源供给线向右方移动，直到另一均衡点。

从以上分析中可以看出，在农民工创业资金欠缺、实力薄弱的现阶段，城镇创业可以共享人口与产业集中区内基础设施，道路、交通、水、电等物理设施，或是法规、政策及其他公共服务等上层建筑供给，都能在不同程度上以成本节约获得报酬递增。就某种意义而言，集聚是生产性基础设施、人文基础设施、生活性基础设施以及流通性基础设施共享的前提，而道路交通、电力设施、专业市场、信息、人才等资源集中进一步加速了创业集聚的发展。

三、基于劳动力市场配置优化的农民工创业城镇聚集

产业集聚使劳动力成本更接近市场价格。在农民工创业过程中，一定数量企业在某一特定区域的集中，可以吸引较多专业化人才和各种层次劳动力，这种地理空间上的集中不但能为企业节省大量劳动力工作搜寻费用，企业也能随时获得所需熟练劳动力供给。建立在劳动者生产条件改善、工资奖金待遇提高基础上的劳动市场共享，劳动成本更接近市场价格，劳动力资源也更能得到充分利用，劳动力供求双方都将因此获得集聚经济利益。

假定某区域内已聚集若干农民工创业企业和就业者，企业与个人均为利益最大化追求理性经济人，生产中只使用劳动一种要素，集聚区域内人口充分就业，经济活动由企业和个人两个市场主体完成，企业可以自由选址建厂，劳动力可以自由流动，集聚区域内农民工创业企业技术生产方式函数式为：$Q = F(L)$，Q 为企业产出，L 为劳动要素投入，其中 $L = A + bq$，A 为固定投入，b 为边际劳动投入，q 为企业产品产量。

假定农民工创业集聚区有一个关于人口规模函数的决定：$S(N) = N_h + N_i S$，即创业集聚过程中的区域规模由既有劳动力 N_h 和潜在劳动力 N_i 共同决定，其中 N_h 取决于区域内所有企业利润最大化下的劳动力规模，$N_i = f(\Delta W_1, W_0)$，$\Delta W = W_1 - W_0$，W_1、W_0 分别表示发生集聚前后的市场平均工资，当 $\Delta W > 0$ 时，$F' > 0$，此时区域内潜在劳动力因其工资收入的增加而成为现实劳动力。当原区域有 K 个企业时，每个企业提供产出量为 q_0 产品并获得市场平均利润 $\theta(\theta > 0)$，即每一企业都有：$p_1 q_0 - w_0 (A + bq_0) = \theta$，

此时的城镇规模为：

$$S_0(N) = k(A + bq_0)$$

当区域内的农民工创业产业集聚形成后，创业规模的壮大使企业产出达到 $q0 + \Delta q$，此时企业利润函数为：

$$p_2(q_0 + \Delta q) + W_1(A + b(q_0 + \Delta q)) = \varepsilon$$

令 $0 \leqslant \varepsilon < \theta 0$，新创企业进入后的市场平均工资为

$$W_1 = \frac{p_2^i q_0 + \Delta q - j - \varepsilon}{A + bq_0 + b\Delta q}$$

于是，$W_1 - W_0 = \dfrac{p_2(q_0 + \Delta q) - \varepsilon}{A + bq_0 + b\Delta q}$

将两式联立可得

$$W_1 - W_0 = \frac{(p_2 - p_1) + (\theta - \varepsilon) + (p_2 - {}^b W_0)}{A + bq_0 + b\Delta q}$$

假定其他条件不变，仅考虑劳动力市场变化，令 $p_2 = p_1$，则上式变型为：

$$W_1 - W_0 = \frac{(\theta - \varepsilon) + (p_2 - {}^b W_0)}{A + bq_0 + b\Delta q}$$

当假设有 $\theta - \varepsilon > 0$ 成立时，b 为边际劳动投入，w_0 为每一劳动的边际产出即劳动力价格，bw_0 显然就是企业为每一劳动付出的边际成本。在企业获得 θ 单位平均利润条件下，企业产品定价遵循成本加价原则，有 $p_1 - bw_o x > 0$。由上述条件可知，$\theta - \varepsilon > 0$，$p_1 - bw_0 > 0$，或 $\Delta q > 0$，$A + bq + b\Delta q_o > 0$，因此有 $w_1 - w_2 > 0$。就此意义可以认为，随着农民工创业的壮大，在 $w_1 > w_0$ 这一企业市场进入状态下，集聚区域内劳动力市场平均工资水平显著提高，劳动力向城镇集聚，区域总人口迅速增加，有：

$$S_1 = (k + 1)(A + b(q_0 + \Delta q))$$

两者相较，显然 $s_1 > s_2$。依据 $S(N) = N_h + N_i$ 和 $N_i = f(\Delta w)$ 可知，农民工创业集聚区内人口规模大幅增加主要源于工资水平的提升增大了差距，引起 N_i 的增加，这将吸引更多劳动力的进入，此时函数表达式为：

$$A + b(q_0 + \Delta q) = k(A + bq_0) + N_i$$

整理可得：

$$N_i = A + bk\Delta q + b(q_{0+}\Delta q)$$

从以上分析可知，产业集聚首先是增加了城镇对劳动力的需求，使得劳动力需求曲线右移，而劳动力需求曲线的右移又导致新的均衡工资水平提高，N_i 的增加主要取决于产业集聚所带来的增产，图 4 – 10（a）为农民工创业集聚前劳动力市场初始变化，图 4 – 10（b）为农民工创业集聚后的劳动力市场引致变化。产业集聚使得劳动力工资水平提高，劳动力总收入的增加。一方面，意味着农民工创业可获取更多劳动力供给，劳动力市场达到新的均衡；另一方面，在边际消费倾向不变的情况下，劳动力用于生活的支出将增加，商品需求即增加，市场总需求也随之增加，城镇集聚规模将进入新一轮扩张。

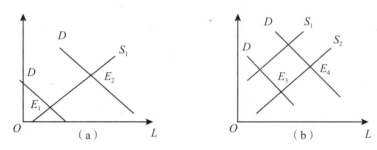

图 4 – 10　农民工创业企业集聚前后的劳动力市场变化比较

第三节

与农民工创业外部经济相关联的城镇聚集机理解释

一、农民工创业生产网络不同生命周期阶段的聚集策略博弈

当产业集聚到一定规模时，区域内各企业间将形成分工与专业化协作关系，这是产业集聚外部性所决定的。在新制度经济学中，经济行为植根于网络与制度之中，农民工创业产业集聚实质上也是一种网络经济组织形式，是

一种建立在农民工创业企业间、企业与行政机构间合作关系上的企业网络系统，表现为以企业间经济流为基础、独立于市场之外的创新组织形式。在这一企业网络中，产品与服务市场供给充足，与创业原材料或其他生产要素供应商地理上的接近能极大地降低成本，形成规模经济效率，并且，劳动力供给较分散市场更具稳定性。创业网络各节点间的关系链既是信息与知识传递渠道，又是扩散过程中价值创造与知识增值的纽带，各网络节点间的联系表现为可观察到的物资和劳动力要素传送的显性关系传输、与人与人之间非正式交流活动中知识、信息资源流动的隐性关系传输。正是基于这两种形式的存在，当农民工创业企业集中到一定程度时，将形成交易网络和社会网络两种集聚，也是基于集聚效应的分工与专业化。这里所谓"交易网络"，是指发生在市场交易或知识技术创造活动中的正式合作关系；而"社会网络"，则是指在共同社会文化背景基础之上建立的创业企业相互间、创业企业与其他企业之间、政府或企业内部人员之间的非正式人际关系网络，具传递和扩散隐含经验类知识作用。农民工创业集聚表现为同类产品企业在某一地区集中，通过市场获得更多技术和经济信息，在不断改进技术，不断创新产品过程中因此形成相互竞争合作网络。在这个网络中，产品的完成不是任何单个企业行为，而是由众多企业依据各自优势选择最具竞争力的价值生产活动，信息、技术、人才、资金以及政策等资源要素流动频繁，管理、劳动力等资源和信息的互补。就某种意义而言，这是企业产品策略选择的动机，也是不同行为主体相互作用中取得"整体大于局部之和"效果的根源。

假定于某农民工创业企业而言，生产产品需要 N 个不同初级产品，企业将面临一个决策问题：即是生产所有 N 个初级产品，还是将部分初级产品外包，或从市场上外购？这在很大程度上取决于集聚网络的状况。通常情况下，影响农民工创业决策的因素主要包括内部化平均成本（IC）与外部化平均成本（OC）两部分，前者是指企业自行生产某产品所耗费的单位成本，曲线呈 U 形分布，表明管理成本、创新及内部交换成本随产量增加而先降后升；后者则由平均交易成本（TC）与外部化价格（OP）两部分构成，$OC = TC + OP$，TC 为交易过程中的事前准备、事中交易过程以及事后执行监督过程中所产生的平均成本，而 OP 则是与企业外包、外购某一初级产品成本之和，具体指信息搜索、交易谈判、交易实施以及交易监督控制所产生成本等。农民工创业网络经济系统的阶段性特征明显，就某种角度而言，也可以认为是创业生产网络构建中的集聚策略博弈。

（一）创业生产网络构建阶段的聚集策略博弈

在农民工创业初期阶段，集聚态势不明显，城镇土地利用与结构类型上表现出单一，但随着创业规模的壮大，集聚区域将吸引更多人口与产业集中，因此带动相应配套商业区发展，城镇土地利用与结构功能布局也趋于合理化，城镇化加速发展。现假定某初级产品 i 的企业内部化平均成本曲线（IC）与外部化平均成本（OC）相交 Q_1 和 Q_2（如图 4 – 11 所示）。

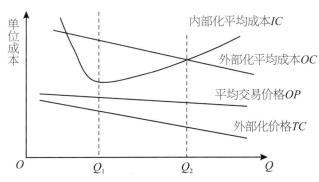

图 4 – 11　农民工创业企业网络构建初期城镇集聚

当 $Q_1 < Q < Q_2$ 时，企业内部化平均成本低于外部化平均成本，基于经济人理性，农民工创业者将自行生产，此时不需要更多的企业网络。随着创业企业的扩张，在生产 N 个相似初级产品时，要实现成本最小化，必须建立在企业内部生产与交换活动整合基础之上，因此通常表现为一种全能型企业生产；当 $Q < Q_1$ 或 $Q > Q_2$ 时，创业内部化平均成本高出外部化平均成本，农民工创业者将选择从市场直接购买，而不再采取自行生产，这种生产方式必须具备一定的外部环境支持，此时交易成本与外部化价格均随交易量增加递减，曲线呈近似直线分布，集聚网络开始形成。

（二）创业网络成长阶段的聚集策略博弈

农民工创业生产能力局限性较强，U 型内部化平均成本曲线基本相似，外部化价格不可能如图 4-11 中表现出斜率的持续降低，当交易量增大到一定程度后就不再下降，平均交易成本也会在某一位置趋于稳定，甚至可能由于外购厂家的增加而上升，从修正后的图 4-11 可以得出图 4-12。

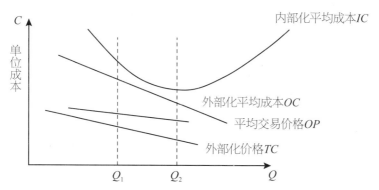

图 4-12 农民工创业企业网络成长阶段的集聚影响

从图 4-12 中可以看出，当 Q 增加到一定程度后，外部化平均成本甚至可能高出企业自行生产的内部平均成本，在两类成本有两个交点情况下，当 $Q > Q_2$ 时，企业可能选择自行生产 Q_0 件初级产品，从市场上购买剩余的 $Q - Q_0$ 件初级产品，成本的降低推动创业集聚网络加速进入成长阶段。

（三）创业网络成熟阶段的聚集策略博弈

当农民工创业企业与其他相关企业建立良好分工协作关系时，平均交易成本和外部化价格都将产生不同程度上的降低，甚至外部化平均成本可能低于内部化平均成本最小值，如图 4-13 所示。

基于成本最小化原则，农民工创业者将采取初级产品外购，而非自行生产。假定产品生产过程中 Q 个初级品中有 $Q-1$ 件都属于该情况，那么，创业者将理性放弃这些产品生产，而是专注于其中最具竞争力产品，且与其他企业"结盟"以保持产出的最大化。当集聚区域中的所有农民工创业企业都采取相似行动时，具专业化分工与相对规模经济的企业网络进入成熟阶段，此时每个企业都能从集聚网络中获益，市场需求扩张推动小城镇发展。

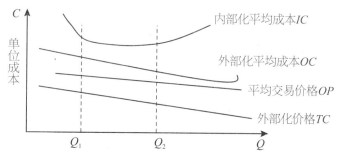

图 4 – 13　农民工创业企业网络成熟阶段的集聚影响

从以上分析可以看出，集聚网络是一个开放系统，也是一个农民工创业者可通过网络拓展获取企业内部与行业外部经济利益的有利环境。当这个网络体系植根于当地经济和社会生活之中时，集聚区域内产业链条上下游各环节间能选择性地与市场交易网络、供应商网络、分包商网络等其他企业组织结成的稳定关系，这种价值创造推动集聚经济循环累积效应的扩张。首先，农民工创业具有交易网络优势。尽管信息技术已打破知识传递的地域性界限，且降低信息沟通成本，但隐含经验类知识的传递和扩散仍需面对面沟通。农民工创业在地理空间上的临近，能促进企业相互间以正式或非正式渠道分享知识与信息交流，尤其是信息技术无法替代的缄默性技能传递，网络面对面沟通交流加速了信息交换和技术扩散。事实表明，农民工创业企业集聚规模与市场的直接联结，使企业可以直接通过集聚区内已形成的市场进行产品销售，企业存货减少、营销成本大幅降低。可见，农民工创业交易网络在一定程度上拓宽市场范围，加速资本周转，提升集聚区域内产品竞争力。其次，农民工创业具有社会网络优势。同一区域的农民工创业组织往往具有相同或相似社会文化背景与价值观，这与企业网络能提供纷繁复杂的信息，特别是获取企业对持续成长起关键作用的隐含经验类知识有关。事实上，尽管农民工创业多为较低层次的温饱型创业，基于地理上的接近，集聚区内的创业企业，尤其是承接经济发达地区产业转移的企业生产，较易与其他相关组织或个人建立稳定社会网络，获取企业成长所需的技术、信息、资金以及市场等要素资源与知识创新外溢效应。值得重视的是，企业集聚促进了专业知识尤其是隐含经验类知识的传播扩散，经常性的面对面交流能够快速学习新知识和技术，有助于企业间在生产问题与市场机会观点上达成一致，形成独特创业文化。

这种社会网络中供给既是有组织的，又是独立的，长期交往中建立起信任关系与相关社会制度安排可以将机会主义行为大幅降低，缩小企业相互间的软距离或心理距离，在获得外部经济效益的同时保持行业内部固有的灵活性，更重要的是，这种创业社会网络不仅能获取成长资源，同时也增强了农民工创业者对机会的感知与成长信心，实力相对薄弱的农民工创业者因此得以通过企业规模经济溢出而获得比较优势。

二、投入与产出外部效应下的农民工创业城镇聚集

马歇尔用外部经济概念解释了经济活动的地理集中，指出厂商范围以外的产业、区域乃至整个世界的生产经济外部性是地理空间集聚重要原因，其中，外部经济更多地以规模经济表现。客观上看来，当农民工创业生产聚集到一定程度时，基于产业集聚外部驱动与创业者经济人理性，同类企业和产业将纷纷加入集聚体，关联性上下游企业及相关从业人员也会向这一中心地带集中，商业、餐饮、娱乐、服务、通讯等需求增加，创业进入更高层级的地域聚集阶段。在这一阶段中，集聚区域内部的专业化劳动力市场共享、辅助性行业发展以及知识技术溢出正外部性将带来利润空间的扩张。在创业集聚区内，农民工企业相互间距离的临近在很大程度上降低企业运输成本，企业产业链的拉长与经济活动范围的拓宽使企业可以免费，或花费很少获得某些产品、劳务及服务，成本节约增加了企业整体收益，外部经济特征显著。

现假定农民工创业利用劳动和资本两种要素进行生产，生产函数为 $Q = f(K, L)$，生产成本函数为：$C(K, L) = B + cq$，其中，B 为企业生产当中投入的固定成本，c 为每增加一单位产品的边际成本。当内部平均成本由 CI 降低到 CI' 时，农民工创业集聚使企业长期平均成本由 C 降低到 C'，如图

4 – 14 所示。

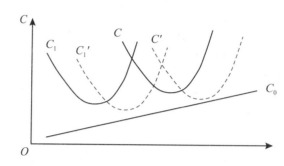

图 4 – 14　农民工创业集聚下的企业成本与收益变动

在创业集聚初始时期，企业组织保持相对独立状态，组织管理成本基本不发生改变，而生产成本以及创新成本有一定程度的降低，企业成本函数中的边际成本 c 在农民工创业集聚到一定程度后开始走低，此时企业成本函数为：

$$C_1 = B + c^q$$

可见，农民工创业聚集将带来该区域企业整体成本的下降，可能接近或甚至于达到最低成本状态，使一些无法获取源自生产工具、技术、原材料产出效率的企业，也能通过外部合作获得规模经济，此时企业内部成本的降低将带来总成本的节约。

假定创业企业市场价格集聚前后没有变化，农民工创业集聚之前的利润可表示为：

$$\pi_0 = pq - C$$

创业集聚后企业利润则变动为：

$$\pi_1 = pq - C_1$$

从 π_0、π_1 函数表达式可以看出，农民工创业集聚后的企业内部利润有一定幅度的提升，这将诱使资本与劳动要素加速集聚，资本、人力、资源、技术等生产要素在创业区域高度组合，当同类产业空间集聚到一定规模时，企业数量的增加，整体规模增大，单个企业也因其专业化分工与生产交易合作而获得外部规模经济。可见，正是基于集聚所产生的地域优势，相关企业得以分享知识和交流信息，加速非农产业集中与农业规模化实现。

第四节

农民工创业城镇聚集相关路径选择

农民工创业是一种"小资本、大集聚"的农村实体经济能，借助创业集聚力吸引人才流、资金流以及信息流，在衍生新企业的同时带动相关产业发展。经验事实表明，无论是基于特色产业、块状经济，或是基于产业集群形成的创业集聚，其核心都是通过关联企业在地域上的集中，以其规模效应改善区域基础设施条件、降低企业成本，克服城镇化常见的资金与技术短缺的生产活动。

一、"产业承接型"农民工创业路径下的城镇集聚

美国学者弗农（Raymond Vernon）的产品生命周期理论认为，工业部门及工业产品都将不可避免地经历创新、发展、成熟、衰退等不同生命周期发展阶段。创新活动通常发生于高梯度地区，随着时间推移和产品生命周期变化，这些新行业、新产品、新技术将逐渐向低梯度地区转移。就某种意义上而言，正是产业发展区域性梯度差异的存在，使得产品、产品系列乃至产业类别的生产系具整体上实现地域空间转移的可能。日本学者赤松要（Kan-ame Akamatsu）"雁行发展模式"理论证实，产业梯度转移将带来区域专业化分工、地理及组织性临近、群内组织关联以及协同溢出效应，最终将以产业集聚实现资源禀赋、要素价格与区域经济发展水平的均衡。尽管理论界对梯度发展具有不同的认识，但小城镇与大中城市之间、甚至不同区域小城镇之间存在产业及技术的梯度转移是不争的事实。承接大中城市产业转移是位于都市圈辐射区的农村工业发展的一条重要路径，更是广大农村腹地、远离都市圈农村创业型经济发展的机遇。国内劳动密集型产业转移理论、中心一外围理论、产品生命周期理论、梯度转移理论、雁行模式理论、

· 111 ·

边际产业转移理论、古典区位理论与新经济地理理论都从不同角度上证实了这点。

（一）"产业承接型"农民工创业路径选择

根据边际产业转移理论，当经济发达区域出现劳动力成本上升、资源短缺等规模不经济状况时，产业转移是产业结构调整升级的可行性路径选择。农村地区自然资源丰富、土地成本低且拥有数量众多廉价劳动力，某些地区还蕴藏丰富的金属资源，是经济发达地区产业梯度转移首选区域。客观事实表明，在市场需求不确定或难以预见时，高梯度企业将先进设备或技术管理转移给具一定技术能力农民工创业企业是种明智之举。具体可归于以下几个原因：一是技术标准化与定性化使生产对劳动力素质要求降低，这也是农民工创业得以承接产业转移的重要前提；二是作为低梯度地区的农村劳动力充足廉价、土地和原材料资源丰富，尤其在交通发达、基础设施相对健全区域，农民工产业承接的创业成功率很高；三是农民工创业多选择农业生产加工型、工业加工型与服务型创业，这些都是适于雁阵式产业梯度转移的生产模式。鉴于小城镇梯度的局限性，目前农民工创业多承接耗电耗水量大、资源消耗大、利润低的生产制造环节，如塑料、纺织、服装、轻工、传统家电制造业等劳动密集型产业，以处于产品生命周期衰退期产业居多，但农民工创业者产业定位明确，能将区域产业发展梯度与自我实力有机结合，创业产出量及市场份额因此达到相对最优。更为重要的是，在高梯度产业转移的同时，企业通常会将较低水平技术生产一并转移，具备一定特长技术的农民工创业者可以通过引进相匹配适宜技术，强化企业"点"上的聚集构建产业链而成为非一体化外部规模经济中的受益者，中间产品生产机会的获取也使其能以高度化、高效化、合理化创业"链"延伸形成配套优势。

（二）产业承接型农民工创业加速城镇要素集聚

在承接高梯度地区产业转移过程中，农民工新建企业多以集镇和县城的区位选址，一方面可以利用城镇区域相对发达的经济、土地与信息资源，利用区域已拥有的技术基础、基础设施以及相对完善环境容量等优势加速人口城镇集聚；另一方面也可以应用城市打工经验技术积累，以传递扩散机制推动城镇化扩张。基于以上种种原因，无论是作为创业者的农民工，或是作为就业者的普通农村劳动力，都具备向劳动密集型产业、资源型产业集中的动机，这一产业集聚效应推动多层次城市系统形成。第一，农民工创业技术与资本新生产函数的导入推动城镇空间集聚。在创业承接产业转移过程中，发达地区的先进技术和资本引入，使共享人员接触、信息交换、长期或短期分包以及投入产出联系成为可能，农村劳动力因此获得了解、学习、模仿以提升当地技术发展水平机会。事实上，农民工创业者很多都有沿海发达地区打工经历，有的甚至是企业的基层技术管理人员，在技能及劳动能力上具有良好延续效应。当承接诸如自行车、纺织品、玩具、简单的电子元件等劳动密集型产业创业时，能迅速以新生产函数导入促使原有产业转型，一定程度上强化了劳动分工，也为外部规模经济收益递增创造条件。这里所谓"规模收益递增"，是指作投入递增函数的产出所体现出的内部规模经济，可以通过垂直一体化或水平一体化方式实现，也可以由非一体化企业间的交易外部经济达成。技术可分性与市场不确定性决定了产业承接型创业不单纯为农村经济发展注入大量资金，同时也推动了人口与产业地理上的集中，推动了技术及管理经验的地区扩散，成为城镇产业集聚的源源不断的动力之源。第二，农民工创业产业集聚优化城镇产业结构。城镇化是分工协调、交易费用节约、交易效率提高的过程，农民工产业转移承接推动当地城镇化发展，而这种作用力很大程度上源于产业结构的优化。经验事实证明，当大量相关企业集聚于同一地区，尤其是运输成本低、产品制造时效性弱或贴近于内陆销售市场及原材料产地的产业在空间上形成集聚时，将降低交易协商与搜寻成本，与下游企业的稳定关联能将个体处置障碍大幅降低。农民工创业承接产业关联度越大，产业发展带动性就越强，分工与交易发展推动城镇产业结构的升级替代。

二、"块状经济型"农民工创业路径下的城镇集聚

"块状经济"概念是 80 年代费孝通教授从实践及社会学角度提出的，

也被称为"集聚综合体"、"地方性产业集群"、"柔性生产体"或"专业化产业区"。指某一特定领域中大量联系密切企业及相关支撑机构在空间上集聚，学术界将其界定为介于市场和层级之间的空间组织形式。农民工创业具有地域集中性与起源自发性"集聚综合体"特征，在基础设施建设、市场拓展方面具规模经济潜质，表现出"块状经济"式乡村小工业集聚格局。第一，农民工创业以其小规模经营、民间资金、进入门槛低、交易成本及退出成本低的优势缓解小城镇融资矛盾，机械设备和原料的集中供应与配套服务也使技术、人才缺乏困境得到一定程度上缓和，更重要的是，随着创业群落企业集聚的增多，相应配套专业市场商品信息汇聚力不断增强，创业得以从中获取信息分享、学习和模仿的无偿分利，"块状经济"集聚效益趋于显性化；另一方面，农村小城镇地价低且政府力量及各方管制相对薄弱，这些都有利于创业实体间的合作与竞争，有利于通过降低成本、提高组织效率创造商品价值。第二，"块状经济"是一种人脉基础上形成的地区性商圈（何梦笔，2000），农村信任与规则将成为农民工创业的稳定知识利用与创造基础，对经济的影响更接近"差序格局"概念，超出"经济人"理性原始假定。尽管在纯粹市场经济状态下，这种以"块状经济"形成血缘、学缘、乡缘网络集聚联结很难实现宏观意义上的知识共享，但因此生成的农村社会网络将在不同程度上淡化小城镇信息不足、设施落后、技术不足负面影响，创业活动中形成的人文基础网络也将以非正式制度及规则推动要素的城镇空间集聚。

三、"特色经济型"农民工创业路径下的城镇集聚

在地区长期发展过程中，资源文化、技术管理以及环境方面都会沉淀成为某种特有优势，进而形成具区域特色的产业或产业集群。这里所谓"特色产业"，即从地区比较优势出发，根据本地在某一阶段自然资源、劳动力、资本相对份额要素禀赋结构优势，通过构建某一产业或产品经济增长极所形成的主导产业，具市场化、规模化、一体化、集约化特征（路富裕，2001）。经验事实证明，一个地区要取得高于平均水平经济效益，获得持续

发展的动力源泉，必须谋求某一方面或某一领域具持久性的特色竞争优势。在农村城镇化过程中，以规模经济形成"产业集群"是特色产业发展的理想状态（宁夏统计局课题组，2001）。农民工以"特色产业"为目标选择进行创业，实质上就是依据本地要素禀赋选择个性化特色产业，选择具独特性的品牌形象、技术特点生产经营，这种"特"多体现在两个方面：一是从传统秘方、历史文化、自然特点、经销网络等区域特色资源入手，通过研究创造高附加值产品与挖掘深加工潜力，通过服务营销以及广告成本节约加速新技术产品成果转化，以资源、知识、管理、技术等要素的集中强化创业成本优势与商业化运作；二是在区域生产技术和工艺水平条件下，农民工以独特的自然禀赋或现代农业技术为依托，以市场经济运行方式为手段，围绕特色产品、特色资源或特色产品进行创业，尽管受到文化程度与经济实力的局限，但随着创业经营群体的扩张，生产加工、科技开发、商业服务，信息传播发展将促进相对完整的低层次产业体系形成，"纵向型产业城镇集聚"与"横向型产业城镇聚集"出现。前者是指围绕已基本形成的特色产业，在上游、中间、下游企业间以城镇聚集形成完整生产链；而后者则是指基于同类或相似企业聚集形成专业生产与销售中心。但无论采取何种创业方式，资源优势都与特定区域相关联，都应当是为农民工创业主体最擅长的生产经营，具有鲜明的地域性、不可替代性与可持续发展性。

第五章

农民工创业人口集聚区位
选择与空间均衡

　　人的社会性是建立在集聚与聚居前提之上的，城镇化因此首先体现在人的空间集聚上。就其本质而言，城镇化是一个以人为中心的、以产业为驱动实现人口及生产要素聚集，是以其规模经济影响地域空间结构演变的过程。在社会学的定义中，更多强调农村居民能够享受城市物质文化生活文明，引导农民摆脱旧生活方式的这一人口集聚意义。认为城镇化是一个人们不断被吸引到城镇中并被纳入城镇生活组织，最终带来城镇生活方式改变的过程；在人口学中，城镇化被定义为人口向城镇集中，带来城镇数量及其区域内人口数量不断增加的过程。这一界定强调人口集聚引致空间地域结构变动内涵，指出因大量乡村人口向城镇地区集中促使农民转变为城市人，人口比例增加而导致城镇规模的扩张；较人口学定义而言，人类学将城镇化理解为城市生活方式的形成、强化及传播过程，侧重于集聚人口而在思想、观念、生活方式以及文化素养方面的全面转化。归纳来看，无论哪种定义，城镇化都是基于经济增长对规模效益追求，空间数量上增多、区域规模扩大、职能和设施完善的过程，也是城镇经济关系、生活方式与社会文明向农村渗透的过程。通常情况下，围绕人的发展所需要的一切自然、社会、经济要素集聚程度越高，城镇经济规模就越大，产生的效益也就越明显。

人口城镇流动通常包括劳动力短期转移与长期转移两种。农民工创业人口迁移将带来经济要素在地域上的重新布局，表现为农村人口"城镇非农就业"与"长期迁入居住"，前种情况通常被称为"劳动力转移"，而后种情况则被称为"人口转移"。客观上来看，农民工创业发生在小城镇或农村腹地，农业劳动力以个体形式进入非农产业，较经济发达城市而言，更易实现举家迁移，创业因此较易吸纳人口迁徙与集中。就此意义上而言，农民工创业是一种推动非农产业集聚发展，并带动农村剩余劳动力城镇转移的活动，也是在减轻农村自然资源负载率的同时加速农村人口非农转型的载体。事实表明，无论是以发达城市近郊，还是以发展中的小城镇或农村为腹地为创业区位选择地，农民工创业者都能以其产业空间集聚引导农业人口向小城镇集中。基于经济预期，农村劳动力首先从迁出地流向创业集聚地，待条件成熟之后再举家迁徙定居，这种人口集聚有的源于以农村家庭工业作坊承袭传统工艺内生型创业，有的则源于沿海经济发达地区产业承接的外生型创业。在市场竞争前提下，农民工创业以先进技术导入与农村传统产业能力释放实现劳动力集聚帕累托优化，很大程度上取决于创业区位选择，取决于创业经济要素集聚的市场对称均衡。

第一节

劳动力市场对称均衡下的农民工创业人口集聚

比较利益的差异是农业劳动力流向非农产业的内在动力，区域间的经济利益差异则是劳动力迁移的首要原因，其中以工资差异为最显著（希克斯，1932）。通常情况下，生产要素进入生产与流通环节都是建立在与其能力及贡献相匹配报偿基础之上，倘若所在系统无法足额满足，该要素则退出市场。拉文斯蒂恩（E. Ravenstien，1880）最早在"推拉理论"中阐述了人口迁移的原因，指出生活条件改善是人口流动的目标，由"推与拉"两股力量决定，其中，"拉力"为流入地有利的生活条件改善相关因素，而"推力"则包括距离远近、物质障碍、语言文化差异以及移民本人对以上因素价值判断等可能的不利因素（Lee，1964）。舒尔茨的"迁移成本—效益"理论将迁移视为一种能带来某种经济收益的投资行为，西蒙·库兹涅茨（1979）也提出了经济发展与人口流动相互依赖观点。

在劳动力流动中，以最小成本获取最大社会地位提升通常是人们离开熟悉农业、生活圈的迁移目标，这种提升可能是经济地位的改善，也可能是政治地位的提升，但无论哪种情况，都会本能地涌向高回报率地区，"成本－收益"比较是决策的关键。在过去较长时期内，农村推力远远超出拉力，农村劳动力输出量远远大于回流，农村人口大规模城市迁移使"推拉"理论表现出暂时性失效。其中，"推力"与收入过低、发展机会缺乏、经济文化落后有关，而"拉力"则可归结于收入高、发展空间大、经济文化生活发达等多种因素。作为一种具有自我意识与判断力的劳动要素，农村劳动者对报偿十分敏感，农村剩余劳动力转移可以被视为农民依赖已有社会资源获得更高社会或经济地位的行动，流动决策因此很大程度上由可提供上升流动机会所决定。事实上，城乡二元户籍制度的存在使农村人口非完全理性城市转移弊端日益明显，农村劳动力城市务工必须面对现实与经济预期、生活目标以及心理定位上的落差。因此，尽管小城镇创业预期收益与就业机会均低于经济发达地区，但因无须背井离乡，不会遭遇各种针对歧视，推动农村劳动力流入城镇，为农民工创业提供可持续性的劳动力供给。

一、基于劳动力工作搜寻成本最小化的农民工创业人口集聚

根据费尔浦斯等（1970）职业搜寻理论，在信息不充分条件下，农村劳动人口是通过工作搜寻来了解工资水平分布，是在工作搜寻边际成本与可能获得边际收益比较基础上作出迁移决策。可见，无论是选择劳动力"两栖"转移还是彻底迁移在很大程度上都取决于迁移成本与效益比较，取决于不同迁移方式获利能力的比较。客观上来看，"两栖"迁移型农村劳动力

在获得打工收益的同时并不丧失农村收益，但这种流动必须建立在距家较近的某特定区域；而对于彻底迁移者来说，尽管就业区域不会受到制约，但距离使其只能获得城镇收入，而无法同时兼顾农业经济收益，迁移机会成本因此变得十分重要。客观事实表明，农民工创业多以集镇为中心，邻近于农村腹地，其集聚地既不同于典型城市，又有别于农村典型中间地带，具有承上启下的重要作用。究其原因，一方面是基于创业门槛与转移风险较低；另一方面，则是因为较易获取廉价劳动力供给。有数据显示，相对近距离迁移可使农村劳动力流动获得乡土环境心理保障，而人们彼此接近能使企业生产性与商业服务性投资降低一半以上，于劳资双方而言，都能达到职业搜寻成本的帕累托最优。现以农民工创业集聚地劳动要素提供为依据构建劳动力迁移成本模型，研究假设如下：

假设1：创业集聚区内劳动力市场信息不完全，不同创业者因经济实力以及企业发展状况的差异而劳动报酬给付水平不同，如果要获取满意报酬的工作，农村劳动力必须进行市场搜寻。

假设2：为寻找工作所花费时间越长，劳动力就越能在农民工创业企业找到相对满意工作，获取工作报酬越高，但随着劳动力市场职业搜寻时间的增加，找到高工作报酬的概率降低。

假设3：农村劳动力在农民工创业企业获取有关报酬及工作信息需要花费成本，随着搜寻时间的延长，职业搜寻成本也随之增加，职业搜寻时间的边际成本递增。

基于农村劳动力在空间上的分散，人口迁移因此也表现为一种以集镇为中心的辐射状布局，其流动偏好决定集聚中心的地理区位。当农村劳动力向创业集聚地转移总量为 N，且表现出连续性时，存在一个一维空间 $X = (- \infty ，+ \infty)$，区位密度均为1，就业机会成本为 $R_A > 0$，就业机会的提供者为农民工创业企业，那么，作为人口流出地的 x 区位劳动力收入预期为：

$$U = \mu (z ， s) + I_x$$

其中，z 与 s 代表各种工作组合及数量，I_x 代表居住于 x 区位的人口相互影响，其预算约束为：

$$z + s R (x) = Y - Y (x)$$

基于经济人理性，为节约成本费用，劳动者将本能地倾向于近距离迁移，$T(x)$ 为农村人口流动迁移成本。现将模型考察区域设为 $[-b, b]$，其中 b 与 $-b$ 为均衡条件下的集聚边界，工作提供的组合由方程中的 z 表示，z 也可表示为 $z = Z(s, U - I_x)$，此时农村人口流动的边际替代函数为：$\psi(x, U) = \max \dfrac{Y - Z(s, U - I_x) - T(x)}{s}$，其中，生存效用函数 u 为 $u(z, s) = z + \alpha\log s$，$\alpha$ 为农村人口流动偏好下的就业权重。假定每个农村劳动力在向农民工创业集聚地迁移过程中都存在一定社会联系，而这种社会关系网络由集聚地全部居住人口构成，该区域间效用函数保持不变，即为 $I_x = I$。

根据成本－收益分析法，当农村劳动力在创业集聚地职业搜寻收益大于搜寻成本时，职业搜寻是种理性行为，最优职业搜寻时间取决于边际收益与边际成本的比较。当边际收益大于边际成本时，继续工作搜寻是种明智选择；当职业搜寻时间超出最优时段后，失业则成为理性选择；而在边际收益与边际成本趋于相等时，农村劳动力将停止工作搜寻。假设这种集聚发生通常是基于时间、金钱权衡而体现为人口迁移，迁移成本为距离的线性函数，那么，每个农村劳动力从原居住区 x 流迁到在创业集聚地 y 所花费的迁移成本为：

$$T(x) = \int_{-b}^{b} t\,|x - y|\,n(y)\,dy$$

由此可推导的结论为，当创业集聚地 y 区位人口密度为 $n(y)$，迁移成本 $T(x)$ 取决于中 $|x - y|$，即迁移距离很大程度上决定劳动力从 x 到 y 区域的流动成本。当流迁距离越远时，工作搜寻机会成本越高；相反，选择以家庭为中心近距离流动所产生的流动成本越低，作为低层次的生存型创业，农民工创业集聚区位将更临近农村腹地，而非发达城市中心，这也从另一角度证实农民工创业具备成为小城镇支撑的可能。

二、基于报酬收益递增驱动的创业人口集聚解释

(一) 经济预期驱动下的农村劳动力迁移

美国发展经济学家托达罗指出，农村劳动力城市转移决策是建立在

"预期收入水平"最大化目标之上，城乡预期收入差成为农村劳动力迁移的决定性因素。在农民工创业过程中，收入预期与就业率的均衡决定人口流动。经验事实证明，基于比较利益的驱动，当农民工创业集聚地工资期望值大于农村腹地时，即使只是收益报酬相对较高，但只要拥有超出劳动力输出地的较好就业岗位或机会，就对农村人口流动产生拉力效应，反之，人口流动则停止。为研究农民工创业就业吸纳中的人口集聚问题，尤其是对非技能型普通劳动力迁移动机的考察，现试以报酬收益递增驱动下的农村人口流动为前提，构建农民工创业集聚区域人口集聚模型。研究假设如下：

假设1：假定某地由 $r = A$、B 两个区域组成，A 为劳动力输出地，可能是经济相对落后的农村腹地、也可能是其他区域；而 B 则为创业集聚中心，劳动要素包括技能熟练型与非技能型劳动力两类，区域 r 中的产出为 Y_r，创业生产在 $Y_r = E(H_r)F(H_r, L_r)$ 函数下进行。

假设2：H 与 L 为固定值，H_r 表示区域 r 中技能型劳动力数量，有 $H = H_A + H_B$，L_r 表示区域 r 中非技能型劳动力数量，有 $L = L_A + L_B$，在 r 区域中，农民工创业企业劳动力总量为 $P_r = H_r + L_r$。基于教育所产生的人力资本，技能型劳动力较非技能型劳动力更易产生区域间流动（Shields，1989），在某种意义上也可以认为，技能型劳动力的集聚能力相对较强。

假设3：为探讨农民工创业活动中不同类型劳动力就业集聚效应差异，考察拟在对称区域内进行，即农民工创业就业集聚空间格局为 $L_A = L_B = 1$ 分布。

假设4：劳动力输出地与创业集聚地两区域生产函数相同，均由具固定性收益和边际产品递减效应的新古典生产函数 $F(H_r, L_r)$ 与外部性函数 $E(H_r)$ 构成，当时 $F(H_r, 1) = f(H_r)$，有 $f'(H_r) > 0$，$f''(H_r) < 0$，且稻田条件 $f'(0) = \infty$ 成立。

假设5：农民工创业集聚区域存在一个正的工资率 w^*，当迁移劳动力在该区域工资水平实现最优时，在 λ_1^*，$\cdots$，λ_R^* 地理空间上达到人口集聚均衡，此时 $\omega_r \leq \omega^* (r = 1, \cdots, R)$ 或 $\omega_r = \omega^* (\lambda_r^* > 0)$。

农民工创业市场是一个完全竞争性市场，产品价格可标准化为1。根据金斯伯格、帕帕乔治和蒂斯（2003）的研究成果，基于函数 $\omega_r(\lambda_1, \cdots,$

λ_R）在（λ_1，$\cdots$，λ_R）的连续性，在区域 $\Lambda \equiv \{(\lambda_1, \cdots, \lambda_R); \sum\limits_{s=1}^{R} \lambda_r = 1$，且 $\lambda_r \geqslant 0\}$ 上将保持持续均衡，r 区域内所有劳动力工资均由其边际生产力决定。在外部性 $E(H_r)$ 给定条件下，有：

$$w_r^H = E(H_r) f'(H_r)$$

其中 $r = A$，B，即区域 $r(r = A, B)$ 农民工创业企业劳动力 $j(j = H, L)$ 效用为：

$$U_r^j = u(w_r^j) + e_r(P_r)$$

$u(w_r^j)$ 为源于工资 w_r^j 的间接效用，$e_r(P_r)$ 为取决于 r 区域劳动力集聚消费总量的外部性。假定农民工创业集聚区域内技能熟练型劳动力与非技能型普通劳动力都具有相同函数的消费外部性，则有：

$$e_r(P_r) = v\left(P_r, \frac{P_r}{S_r}\right)$$

$\dfrac{P_r}{S_r}$ 表示 r 区域人口密度，S_r 表示该区域物理面积或公共基础设施与生活设施消费量。当不同技能水平劳动力在集聚区域中的就业空间分布相同，即 $S_A = S_B = S$ 时，迁移行为通常源于效用差异的驱动，此时有：

$$\dot{H}_A = [u(w_A^H + e(P_A))] - [u(w_B^H + e(P_B))]$$

H_A 和 H_e 总为正值，因此，当 $\dot{\lambda} = \lambda_r(\omega_r - \overline{\omega})$，$r = 1$，$\cdots$，R 时，表明农村劳动力迁移决策通常建立在高工资水平吸引上，无论是技能熟练型劳动力或是非技能型劳动力流动均服从该原则。$\dot{\lambda}_r$ 为有关时间 λ_r 的派生变量，ω_r 为与分配（λ_1，$\cdots$，λ_R）相对应均衡工资，此时区域内平均工资水平为 $\overline{\omega} = \sum \lambda_s \omega_s$。

这一结论表明，基于经济人理性，农村劳动力将从低工资区域向高工资区域迁移，工资差 $\dot{H}_A = u(w_A^H) - u(w_B^H)$ 是迁移决策的决定性因素，这是农民工创业集聚效应产生且持续发展的前提条件。

（二）创业企业工资水平差异推动人口集中

根据产业集聚一般原理，农村劳动力可以依靠血缘与地缘关系减少劳动力搜寻成本。农村劳动力地理空间上的集聚，一方面较大程度地降低了创业风险；另一方面也使这一群体专业素质获得大幅提升，劳动力工资水平因此提高。即使在失业率仍然存在、劳动者不可能完全就业情况下，较经济活动分散布局而言，就业吸纳优势也十分明显，但不同工资水平下的人口集聚差异性显著。现建立数理模型，就工资水平差异下的农民工创业劳动要素流动问题进行考察，研究假设如下：

假设1：农民工选择初具城镇雏形区域作为创业地，已聚集若干企业与所需基本劳动力，劳动为唯一生产要素，该区域人口为充分就业。

假设2：创业集聚区域内经济主体为农民工创业者与流动劳动力，农民工创业者与农村流迁人群均为利润最大化追求的理性经济人，创业者可以自由选址建厂，农村劳动力也可以自由流动。

假设3：创业集聚区域内所采用生产技术为 $Q = f(L)$，Q 为企业产出，L 为劳动要素投入，$L = A + bq$，A 表示固定投入，b 是边际劳动投入，q 是单个创业企业产品产量。

假设4：创业集聚区域内人口规模函数决定为 $S(N) = N_h + N_i$，即农民工创业产业集聚规模由劳动力 N_h 与潜在劳动力 N_i 共同决定，其中，N_h 取决于集聚区域内企业利润最大化时的劳动力数量，$Ni = F(\Delta W)$，$\Delta W = W_1 - W_0$，W_0 和 W_1 分别表示集聚前后市场平均工资，当 $\Delta W > 0$ 且 $F' > 0$ 时，基于工资收入的增加，潜在劳动力将转变成为农民工创业企业劳动力供给。

假设5：创业集聚区域内已有 K 个农民工创业企业，每个企业提供产出量为 q_0 的产品，并获取市场平均利润 $\theta(\theta > 0)$，当所有企业利润达到 $p_1 q_0 - w_0(A + bq_0) = \theta$ 时，城镇规模可表示为 $S_0(N) = k(A + bq_0)$。

某特定区域形成农民工创业集聚以后，如果再有新企业进入，必将带来原有企业产出的改变，此时的产出量为 $q_0 + \Delta q$，企业利润函数则变动为

$$p_2(q_0 + \Delta q) + W_1(A + b(q_0 + \Delta q)) = \varepsilon$$

令 $0 \leq \varepsilon < \theta$，新企业进入后的劳动力市场平均工资将变动为

$$W_1 = \frac{p_2^i q_0 + \Delta q - j - \varepsilon}{A + bq_0 + b\Delta q}$$

$$W_1 - W_0 = \frac{p_2(q_0 + \Delta q) - \varepsilon}{A + bq_0 + b\Delta q}$$

将城镇规模函数 $S_0(N) = k(A + bq_0)$ 代入此式，可得

$$W_1 - W_0 = \frac{(p_2 - p_1) + (\theta - \varepsilon) + (p_2 - {}^bW_0)}{A + bq_0 + b\Delta q}$$

假定只考虑劳动力市场的变化，那么，当 $p_1 = p_2$ 时有

$$W_1 - W_0 = \frac{(\theta - \varepsilon) + (p_2 - {}^bW_0)}{A + bq_0 + b\Delta q}$$

根据上述假设，有 $\theta - \varepsilon > 0$；b 为边际劳动投入，W_0 为劳动力价格，bW_0 即为农民工创业企业劳动要素支出的边际成本。在 θ 平均利润条件下，企业产出有 $p_1 - bW_0 > 0$，当 $\theta - \varepsilon > 0$，$(p_1 - bW_0)\Delta q > 0$ 且 $A + b_q + b\Delta q_0 > 0$ 时，有 $W_1 - W_2 > 0$。表明随着新企业的进入，集聚区域内劳动力市场平均工资随之提高，劳动力向特定区位集聚。就此意义上而言，$W_1 > W_0$ 可以被认为是源于农民工创业下的企业集聚，劳动力自由流动带来总人口的增加，人口集聚推动该区域的规模化发展。根据集聚区域内充分就业的假设，此时的城镇人口规模为

$$S_1 = (k + 1)(A + b(q_0 + \Delta q))$$

很显然，$S_1 > S_0$。根据 $S(N) = N_h + N_i$ 与 $N_i = F(\Delta W)$ 可得：

$$(A + b(q_0 + \Delta q)) = k(A + bq_0) + N_i$$

从以上分析可以看出，农民工创业集聚区域内的人口规模增加更多源于工资水平的提高，换言之，在 $N_i = A + bk\Delta q + b(q_0 + \Delta q)$ 中，N_i 变动很大程度上归结于工资差别，劳动力市场均衡也是基于这一差别而发生变动。图 5 - 1（a）为农民工创业集聚之前的劳动力市场供求状况，图 5 - 1（b）则为创业集聚之后的劳动力市场引致变动。

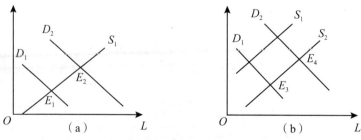

图 5 - 1　农民工创业集聚下的劳动力市场变动

农民工创业集聚劳动力需求增加促使供给曲线发生右移，工资报酬因此提高。在开放经济系统中，基于自身利益最大化，要素所有者将本能从回报率低地区转移到高回报率区域，这一地区差异将形成要素空间流动边际成本，而这些必须满足：

$$\left\{ Y^R \geq Y^S + GtD_{SR} \right\} \cap \left\{ \max(U_{(Y^s)}^S) \leq \max(U_{(Y^s)}^R) \right\}$$

R 为劳动力迁入地，即为农民工创业集聚区域；S 为迁出地，可能是农村腹地，也可能是其他经济相对落后地区。

（三）农民工创业集聚区福利水平变动

根据空间经济理论中有关帕累托改进观点，在发达地区劳动要素稀缺而欠发达地区劳动丰裕状况下，闲置劳动力自由流动将带来区域经济的增长，也会带来劳动力福利水平的整体提升。农民工创业劳动力供给包括非农产业劳动者与农业劳动者，非农领域取决于均衡工资水平，为探讨创业集聚发生一般规律，现就创业劳动力福利水平变动与区域经济影响关联性进行考察。

假设1：农民工创业集聚空间内任何要素都不存在闲置情形，进入创业生产的只有投入资本与劳动两种要素，k 地区（$k = R, s$）总体生产函数以柯布—道格拉斯形式体现，即 $Q_k = A_k (N_k)^\beta (K_k)^\varphi$，其中，$A_k$ 为区域性参数，β、φ 为既定参数，$\beta > \varphi$ 代表技术水平，该函数式表示相对于农村劳动力输出地而言，农民工创业产出劳动弹性通常高于资本弹性，而在农村腹地或其他经济相对落后区域则相反。

假设2：在规模报酬递增假定下，农民工创业同一集聚区域内部各种产品生产技术相同、农民工创业企业支付工资率相同，产品生产边际流量及资本成本相同，单位产品劳动投入量（劳动生产率）、流量资本投入量（资本产出率）也相同。

假设3：农民工创业集聚区域内的边际产品劳动投入量、边际产品资本投入量（边际成本）与生产技术均直接相关，技术水平采用基数值表示，有 $d(\alpha_k)/d(A_k) < 0$。边际产品劳动投入量即指劳动生产率倒数 α_k；而边际产品资本投入量，则为隐含边际成本的资本产出率倒数 c_k，两者间关系可表

示为：$\alpha_k = \alpha_0 (A_k)^{-\lambda}$，$c_k = c_0 (A_k)^{-\psi}$，其中 λ、$\psi > 0$，λ、ψ 为常数，α_0 和 c_0 则分别为基期技术水平 $A_0 = 1$ 下的边际劳动产出率与边际资本产出率。$A_k (= 1, 2, \cdots)$ 为以 k 地区基数表示的技术水平，数值越大则技术水平越高，数值越小则技术水平越低，λ、ψ 可视为边际产出劳动投入量对生产技术的弹性或边际产出资本投入量对生产技术的弹性。在现阶段的中国农村，无论是城镇人口集聚区的农民工创业，或是偏远农村腹地的农民工创业都表现出资本稀缺与劳动富裕特征，技术进步对于边际产品在劳动需求及资本需求的影响弹性较大，即 $\lambda \geqslant \psi \geqslant 1$。有

$$\frac{d\omega^*}{dr_b} = \frac{\mu\omega^*}{\sigma - 1} \left[\sigma(\mu - \rho)(\tau^M + \tau^T) + \frac{\tau^T}{\exp(\tau^T r_b) - 1} \right] \qquad (5.1)$$

从上式可以看出，当农民工创业集聚引力场黑洞条件 $\rho \leqslant \mu$ 成立时，随着创业区域人口规模的增加，非农产业劳动者经济状况处于不断改善中；当黑洞条件不成立时，上式右端第一项为负值，第二项则随着 r_b 的增加从正无穷减小至零，即随农村劳动力 L 的减少而减少。此时的 ω^* 呈钟形分布，表明在农民工创业企业中，随着人口规模的增加，非农产业劳动者实际工资表现出先增加而后减少的变动规律，在特定人口规模 L^0 处达到福利水平最大化。基于集聚空间所有点都服从 $r \leqslant r_b$，流动劳动力迁移成本为 $R(r) = p^T(r) - c^T w(r)$，实际收入取决于

$$\omega^L(r) = [p^T(r) - c^T w^*(r)][P(r)]^{-\mu}[p^T(r)]^{-(1-\mu)} \qquad 0 \leqslant r \leqslant r_b$$

因为

$$\omega^* = w^*(r)[P(r)]^{-\mu}[p^T(r)]^{-(1-\mu)}$$

所以可以得出

$$\omega^L(r) = \omega^* \left(\frac{p^T(r)}{w^*(r)} - c^T \right) \qquad 0 \leqslant r \leqslant r_b \qquad (5.2)$$

整理可得

$$\omega^L(r) = \omega^* c^T \{ \exp[\mu(\tau^M + \tau^T)(r_b - r)] - 1 \} \qquad 0 \leqslant r \leqslant r_b \qquad (5.3)$$

从上式可以看出，随着 r_b 的增长，右端的第二项也将随之增长，即劳动力 L 的增长将带来此项的持续性增长，农民工创业活动中的非农产业就业与收入水平随着人口规模的扩大而增加，可以认为在单一集聚中心条件下，当 $\rho \leqslant \mu$ 时，农民工创业非农产业就业福利水平表现为总是增加。

假定式（5.1）右端等于零时，可得

$$r_b^0 = \frac{1}{\tau^T} \left[\log\left(1 + \frac{1}{\sigma(\rho - \mu)} \frac{\tau^T}{\tau^M + \tau^T} \right) \right] \tag{5.4}$$

此时的 r_b 为农民工创业集聚区域最佳就业规模，随 P 的增加而减小，即随产品差异度增大，非农产业就业人口数量呈上升趋势。从以上分析可知：在农民工创业呈单一集聚中心条件时，在 $\rho > \mu$ 情况下，人口集聚规模达到一确定值之前非农产业福利水平表现出先上升而后下降。

下面我们再来分析农业领域的农民工创业劳动者福利的状况。将式（5.1）与式（5.2）联立可以得到

$$\frac{1}{\omega^L(r)} \frac{d\omega^L(r)}{dr_b} = \frac{\mu}{\sigma - 1} \left[\sigma(\mu - \rho)(\tau^M + \tau^T) + \frac{\tau^T}{\exp(\tau^T r_b) - 1} \right]$$

$$+ \frac{\mu(\tau^M + \tau^T)}{1 - \exp[-\mu(\tau^M + \tau^T)(r_b - r)]} 即$$

$$\frac{\sigma\mu^2}{\sigma - 1}(\tau^M + \tau^T) > 0 \tag{5.5}$$

r_b 取任何值该式均成立，于所有农业领域农民工创业企业中的劳动力 L 而言该式同样成立。从以上分析可知：在农民工创业单一集聚中心条件下，人口集聚规模的增加将带来农业从业人口福利水平的增加，当 L 超出 L_0 规模时，农民工创业来自土地收入将持续增加，其福利水平也随农业用地的扩张而持续提升。

综上所述，倾向于收入递增是农村劳动力流迁决策的核心，经济收入因此成为农村劳动力转移的决定性因素。在经济理性前提下，农民工创业集聚地与劳动力流出地之间的预期收益差不仅影响转移者动机，也决定着转移方式的选择。首先，农村劳动力向农民工创业集聚地迁移量表现为预期收入差距的增函数，说明预期收入差距导致了农村人口向创业集聚区域单向转移，且呈不断扩大态势；其次，农村劳动力流动决策取决于预期收入差距，当两地实际收入之差大于零时，迁移将持续扩大，且预期收入差越大，进入农民工创业企业农村劳动力就越多。

三、基于农民工创业劳动价值判断的人口空间集聚

（一）产出收益最大化条件下的农民工创业企业集聚

劳动力是一项重要的生产要素，作为一种具有自我意识与判断力的人化要素，劳动者对报偿敏感性很强，通常会根据"成本—收益比"选择去留，因此不断涌向高回报率单位或地区，这种市场流动性是由生产要素的高回报追求本能所决定。在农民工创业过程中，劳动报酬率是获取扩大再生产劳动力供给的关键，正是这种必然性的双方价值判断导致农村劳动力与农民工创业主体朝向某一特定区域集聚。假定在规模报酬递增条件下，劳动工资率、边际产出流量投资率相同，农民工创业活动需支付包括存量资本投资 F_k^q、流量资本投资 $c_k r_k^q Q_k^q$ 以及劳动投入成本 $\alpha_k w_k^q Q_k^q$ 在内的三种成本，其中，c_k 是 k 区位创业企业的边际产品资本投入量、r_k^q 则为该地区 q 企业的资本投入回报率。在劳动投入成本中，w_k^q 为 k 地区劳动报酬率工资、α_k 为该区位某企业边际产品劳动投入量的劳动生产率倒数，而 Q_k^q 则是 q 企业产出，此时生产 Q_k^q 数量产品的生产成本为：

$$TC_k^q = F_k^q + \alpha_k w_k^q Q_k^q + c_k r_k^q Q_k^q$$

根据产品生产服从规模报酬递增规律，在农民工创业经济实力欠缺状况下，某区位很可能都生产同类产品。假定每个企业专业化生产一种产品，企业数量、产品种类数量以及生产地点基本类似，下面我们从利润最大化目标出发，考察 q 区域生产某特定产品的代表性企业。假定该企业单位劳动成本工资为 w_k^q，产品出厂价为 p_k^q，利润可表示为：

$$\pi_k^q = p_k^q Q_k^q - (F_k^q + \alpha_k w_k^q Q_k^q + c_k r_k^q Q_k^q)$$

其中，c_k^q 是 k 地区 q 产品生产企业的资本边际产出，Q_k^q 是 K 区位 q 企业的生产量。假定每一个企业都在给定价格指数下选择出厂价格，在利润最大化条件下单个产品价格为：

$$p_k^q = (\alpha_k w_k^q + c_k r_k^q)/(1 - 1/\sigma)$$

其中，σ 是产品替代弹性，农民工创业集聚中心地 q 企业的最大化利

润为：

$$\pi_k^q = \left(\alpha_k w_k^q + c_k r_k^q \right) Q_k^q / (\sigma - 1) - F_k^q$$

假定企业总是根据利润来决定重要决策，那么，利润为零时即为企业进入或退出生产领域、扩大或缩小生产规模时的均衡条件，产出收益最大化目标下的农民工创业 K 区位 q 企业的集聚决策条件即为：

$$Q_k^q = (\sigma - 1) F_k / \left(\alpha_k w_k^q + c_k r_k^q \right)$$

上式表明，农民工创业可以增加就业机会，吸纳外来人员流入，劳动力在地理上的集中使集聚利益劳资双方共享。

（二）工资定价博弈下的劳动力市场均衡

马歇尔在《经济学原理》一书中指出："在经济发展阶段中，地方性工业因技能型劳动力提供而受益"。在孤立的劳动力市场上，企业较易获得一般劳动力供给，但某种特别技能劳动力需求难以满足，而具备这一熟练技能的劳动力往往也难以找到适合岗位。在高回报或低机会成本的驱使下，农村流动人口本能地向预期收入最优区域集中，逐渐形成较为完善的劳动力市场，企业因此能获取相匹配的劳动力供给。事实表明，在相对健全的劳动力市场中，企业较易找到所需优秀劳动力资源，而工作搜寻者也能在此获得就业机会，依据其技能获得较好的工资水平定位。可见，劳动力集聚一方面可以节约工作搜寻成本，同时也为企业源源不断地提供劳动要素来源，但这些都是建立在劳资双方工资定价博弈之上的行为，劳动力市场的对称均衡在一定程度上因此取决于劳资双方的匹配度。

客观上来看，农民工创业活动多属劳动密集型产业，劳动需求量大，由非技术和半技术工人构成的初级劳动资源决定创业发展。为获取扩大生产所需的劳动力，尤其是特定工种的劳动力资源，农民工创业者会有意识地将拥有这一技能的劳动力聚集地作为企业区位选择；而对于农业领域劳动力流动而言，自我意识及判断力决定了他们将本能地以其报偿敏感性向该区域聚集，血缘、地缘社会网络关系通常是工作搜寻的支撑，劳动力共享市场于劳资双方都十分有利，空间均衡的稳定多取决于技能熟练型与非技能型劳动力的初始分布。研究试构建模型，在对工资定价博弈下的农民工创业劳动力市场均衡定量分析基础上，深入探讨农民工创业集聚地空间均衡稳定条件。研究假设如下：

假设1：农民工创办企业能形成一个集聚地带，有 M 个创业企业位于该集聚地，这些企业只考虑劳动力类型，在技术空间 C 中，企业 i 的技术需求可以表述为 $r_i = (1 \cdots M)$。

假设2：劳动力是唯一投入品，且一旦作为成本支出后，其生产规模报酬保持不变。

假设3：有一数量为 N 的连续劳动力群体，其技术类型各不相同，劳动力特征只与技能相关，不作等级划分，每个劳动者提供一个单位劳动，在技术空间中的分布表示为 $r \in C$。

农民工企业生产产品各不相同，企业对不同技术专长的劳动力需求差异性也很大，只有在劳动者技能与生产需求相匹配时企业才能正常营运，因此企业将寻找要求适配的劳动力，而具技术异质性的劳动力也需要找寻与其相匹配的就业空间，因此，当企业 i 就业劳动力技能与 r_i 之间的差值函数不相匹配时，工资定价博弈由此产生。

在劳动力技术异质且市场完全饱和情况下，农民工创业企业很难分辨应聘者所拥有的技术类型，但基于经验数据统计能了解劳动力技能的粗略分布。现将农民工创业企业所需技能空间 C 视为周长为 L 的圆，所有具这一技能的劳动力沿该圆周连续且均匀分布，劳动力市场边界取决于劳动力市场饱和度 Δ 与劳动者技术分散程度 L 两个参数。当劳动力市场处于均衡状态时，L 与 Δ 须满足 $N = L\Delta$ 条件，当农民工创业企业用工需求 r_i 均沿圆周 C 分布时，技术空间中相邻企业间的距离为 L/M。

技能熟练型劳动力与非技能型劳动力最大的区别就在于专业技能的拥有，而这些通常建立在"干中学"或"职业培训"基础之上，换言之，技能型劳动力学习成本支付明显高出普通劳动力，对工资水平要求也同样较高。模型设定劳动力在技能学习上所支付费用的函数式为 $s|r - r_i|$，$s > 0$，劳动生产率为 g。

如果农民工企业 i 与相邻企业提供的工资水平分别为 w_{i-1} 和 w_{i+1}，而企业 i 工资水平最接近流动劳动力期望，那么，企业 i 的劳动力供给集合将位于这两个端点之内，其上限与下限分别为 $\bar{r}_i$ 和 $\bar{r}_{i+1}$。当企业处于 $\bar{r}_i$ 位置时，i 与 $i-1$ 处工人净工资相等；同样，在 $\bar{r}_{i+1}$ 位置上，企业所提供工资水平在 i 与 $i+1$ 处相等。作为具劳动力需求的 i 企业，既了解该技能获取所需培训成本，也了解市场上劳动力用工情况，因此成为 $\bar{r}_i$ 和 $\bar{r}_{i+1}$ 值的决定者，其中，r_i 即为等式 $w_i - s(r_i - \bar{r}_i) = w_{i-1} - s(\bar{r}_i - r_{i-1})$ 的解，有：

$$\bar{r}_i = \frac{w_{i-1} - w_i + s(r_i + r_{i-1})}{2s}$$

基于生产要素对高回报本性的寻求，生产或流通环节中劳动要素的获取必须与其能力及贡献相匹配的报偿。在农民工创业集聚区域中，企业 i 之所以能够吸引技能水平处于区间 $(\bar{r}_i, r_i]$ 内的熟练劳动力，就在于它能提供比企业 $i+1$ 更高的净工资收入，而技能水平处于区间 $[r_{i-1}, \bar{r}_i)$ 内的熟练劳动力更愿意到企业 $i-1$ 工作。正是基于这种"成本 — 收益"的双方价值判断，农民工创业者与当地农村劳动力都将向特定区域集聚，因此有：

$$\bar{r}_{i+1} = \frac{w_i - w_{i+1} + s(r_i + r_{i+1})}{2s}$$

从以上分析可以看到，企业 i 的就业集合将由技能水平处于区间 $[\bar{r}_i, \bar{r}_{i+1}]$ 的劳动力组成，该区域技能型熟练工人的集聚将带来工资回报的大幅提升，处于这一区域内的普通劳动力工资水平也将随之大幅增长。在某种意义上我们可以认为，在既定利润决定函数式为 $\prod_i = \int_{\bar{r}_i}^{\bar{r}_{i+1}} \Delta(g - w_i)\mathrm{d}r = \Delta(g - w_i)(\bar{r}_{i+1} - \bar{r}_i)$ 时，集聚开始表现出规模经济特征。基于生产外部性效应，于农民创业者而言，将因此获得更多、更符合生产需求的稳劳动力供给，一方面保证企业生产正常营运；另一方面可以根据生产需要降低劳动力雇佣量、减少工资成本及劳动保障支出；而本地农业劳动力，也将因创业集聚而减少工作搜寻成本，提升专业技能。

随着创业集聚中心的扩散，集聚区域内的信息、思想扩散与传播将带动外围区域发展，劳动力流动将达到空间均衡，但并非所有均衡都是稳定的，生产外部性影响农民工创业集聚地劳动力市场，这一空间均衡持续稳定须满足以下条件：

当方程 $E(H_r) = \exp(\varepsilon H_r)$（$r = A$，$B$）给定，生产函数为 $F(H_r, L_r) =$

$H_r^{\alpha}L_r^{1-\alpha}$ 或 $f(H_r)=H_r^{\alpha}$，$r=A$，B（ε 为一个正常数），其中 $0<\alpha<1$ 时，且效用 u 为 $u(w_r^H)=\log(w_r^H)$ $r=A$，B。当 $\varepsilon>\dfrac{2(1-a)}{H}$ 时，农民工创业活动表现出较强生产外部性，在区间 $[0,H]$ 上为连续递增，且随着居住在同一区域农村劳动力的增加，相应的外部性强度还将进一步被强化。基于普通劳动力数量的增加将降低外部边际生产力效应，该集聚区域内工资水平会趋于下降，生产格局也因此趋于分散，劳动力市场的对称均衡不稳定。当 ε 与 α 分别很小或两者同时很小时，劳动力市场均衡会逐渐消失，最后只剩下一个单一的离散均衡，$\varepsilon H=2(1-\alpha)$ 表现出非连续性特征，如图 5-2 所示。可见，在生产外部性强到一定程度或劳动力成本很低时，或者两种条件同时存在的情况下，农民工集聚区域劳动力市场均衡将被打破，技能低下的初级农村劳动力更容易找到工作。在边际消费倾向不变条件下，劳动者报酬收益增加还将带来商品需求上升，劳动力流动向心力增强，集聚生产规模进一步扩张。当生产外部性足够强时，创业集聚地"中心－边缘"结构布局会趋于显性化，新的小城镇雏形随之出现，人口聚集效应被进一步强化。

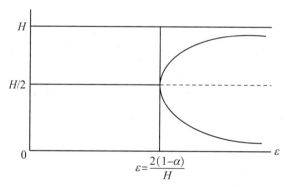

图 5-2　农民工创业集聚区域的劳动力市场对称均衡

四、小结

农村劳动力向创业集聚中心流动驱动源于经济利益，很大程度上可归结于区域内所存在的报酬递增效应，农民工创业能以其集聚力持续不断地吸引农村人口流向。劳动力及人才以其专业技能在集聚区域内频繁流动，将带来知识、技术和信息多种生产要素流动。一方面，农村剩余劳动力向非农产业转移，农民工创业企业因劳动力资源在地理空间上的集中而节约异地搜寻成本，这种同类企业的专业性集聚使人力资源培训与技术创新成本大幅降低；另一方面，农民工创业产业集聚将推动农产品加工业、服务业、信息流通业或其他制造业迅速发展，以"干中学"方式提升当地劳动力专业素质，也吸引更多技能熟练的劳动力涌入。这种源于人口集聚所产生的经济利益，不但包括多种生产利益，也包含迁入人口的消费利益，更重要的是，在农民工创业过程中，劳动力聚集在改变农村就业结构的同时，还将带来农村人口素质与乡土意识的多元化转变，当地产业集聚规模因此得以扩张，城镇化速度加快。

第二节

不同区位选择下的农民工创业人口集聚模型论证

农民工创业地理空间效率通常表现为"本地化经济"与"城市化经济"两种形式，而获益程度在很大程度上取决于区位选址。藤田等（Fujita et al.，1997）指出，在劳务市场上尚无某特定企业占据垄断地位情况下，新企业进入很可能推动该区位成为一个小型开放经济中心，当新增企业规模壮大或集群扩张或到一定程度时，该区位可能发展成为一个人口与产业集聚中心。经验事实表明，经济实力相对雄厚农民工创业者倾向选址于大城市周边，这与大城市多部门多样化，拥有高度流动的技能型劳动力，能获取大量竞争性供应、及时且相对准确信息等，但这类创业需要更高层次创新产品与更大市场容量，农民工创业者须承担更高风险。客观上看来，农民工创业活动更多发生在经济欠发达区域，一方面与现阶段农民工创业者资金积累不足且技能管理落后有关；另一方面，在大城市近郊、周边小城镇或农村腹地的创业时能吸引生产设施物质资本、劳动力人力资本及技能管理等知识资本的流向，在技术条件简单行业中，技术素质低下农村劳动力较易获得就业机会，创业新增需求将带来就业岗位倍增。为考察不同区位下农民工创业人口集聚对城镇布局结构的影响；试构建空间经济模型深入探讨。

一、研究假设

（1）假定农民工创业活动能吸纳大量农村剩余劳动力，进而在该区域形成人口集聚。这些农村劳动力主要由三类人群构成：一是农村就业无法能解决的适龄劳动人群，二是在农村生产力持续降低情况下的劳动力挤出，三是由于机器引进生产力提升而产生的失业人口。

（2）以一个线性区域作为考察对象，所有农民工创业企业布局于该区域中心地带，是研究区位空间 $X = (-\infty, \infty)$ 的原点。考察区域中心地假定为 0，农民工创业集聚地为 y_e，未转移前的农业人口原属区位为 x。

（3）假定农民工创业布局区位选择标准不同，就业主体的差异使创业对当地就业影响效应也存在差异。在人口自由流动条件下，经济发达中心城市就业主体为大城市流向的农村剩余劳动力，发展中小城镇就业主体由回流城市农民工与部分偏远农村流出劳动力构成，而农村腹地就业主体则多为当地转移人口。

（4）假定农村流动人口消费为一固定量，标准化为 1；商品消费为变动组合 Z；基于消费品量基本恒定，劳动力效用水平也可以用商品消费 Z 表示。为获得超出 $\bar{Z}$ 的效用水平，劳动力将理性迁移至经济相对发达地区。根据区位报酬递增原理，无论是流向经济发达中心城市的打工者，还是发展中小城镇的农业人口流动，只有在效用水平均为 $\bar{Z}$ 时才能保持非流动状态，当区位迁移人口增加到一定规模时，效用水平逐步缩减，劳动力会重新流动，直至重新达到 $\bar{Z}$ 水平。

二、基于发达城市近郊区位的农民工创业人口集聚模型论证

基于经济实力低且先进技术缺乏，农民工创业多涉足于劳动密集型产业，这与单位资本可提供低层级就业岗位较多有关。经验事实证明，发达城

市区位创业选择尽管交通便捷，直接受到城市正能量辐射，但经济实力无法与城市产业竞争，创业优势不明显；相形之下，距城市密集区30～50公里处小城镇在空间层次上处于城市效应溢出区域，能通过产业集聚吸引农村人口，较易发展成为创业发生集聚中心。

假定在某一给定区域中，e 为农民工新创企业，预期产量为 $\overline{Q}$、产品价格 $\overline{p}$，企业发展所需劳动力量为 $\overline{L}$，以此生产目标确定创业区位与劳动力工资支付。当农民工创业企业 e 布局于 y_e 位置，且劳动力工资支付为 w_e 时，企业利润函数为：

$$\prod_e = \overline{p}\,\overline{Q} - w_e\overline{L} - (ay_e + c)\,\overline{Q}$$

a 为农民工创业企业单位产出获得的服务成本，c 代表其他要素投入的边际成本。当农民工新创企业 e 位于城市密集区近郊小城镇时，这些新增企业将与区域内原有企业共享已有劳动力资源。劳动力由这类小城镇劳动力 N^* 与部分农村流动人口构成，劳动力需求曲线向右移动 $\overline{L}$，成本也向上移动，如图 5-3 所示。

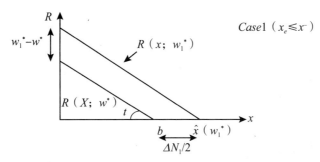

图 5-3　基于发达城市近郊区位选择的农民工创业人口集聚

当流向发达城市近郊区位 y_e（$i=0$，e）的农村劳动力预算约束为

$$\overline{z} + t|x - y_i| + R(x) = w(y_e)$$

农民工创业企业人口集聚边际效应为：

$$\psi(x;\ w) = w - \overline{z} - tx$$

在劳动力市场出清条件下，该区域新的均衡工资为：

$$N^d(w) + \overline{L} = N^d(w)$$

其中，t 为单位交通费用，$R(x)$ 为某特定区位 x 的土地成本，$w(y_i)$ 为农民工创业区位 y_i 工资水平，如图 5-3 所示。

根据人口迁移一般规律，农村剩余劳动力流动很大程度上取决于该区位能为其提供多少上升空间，决定经济与社会地位提升的就业机会因此成为流迁决策考虑的重要因素，其中，就业机会获取的各种成本、区域内平均工资水平在流动决策中起根本性作用。当集聚区域内工资水平为

$$w_1^* = w^* + \frac{\overline{L}}{\frac{1}{\theta} + \frac{2}{t}}$$

农民工创业产生的就业增长为：

$$\Delta N_1 = \frac{\overline{L}}{1 + \frac{t}{2\theta}}$$

很显然，发达城市近郊这一特定区位农民工创业新增就业必然低于劳动力总量，这意味着因此产生的就业增长 ΔN_1 与 $\overline{L}$ 表现出正相关关系。这一结论表明两点：一是当农民工创业扩张带来就业需求 $\overline{L}$ 增大时，ΔN_1 就业供给规模将相应扩大，农村剩余劳动力集聚加速；二是在其他条件不变情况下，农民工创业区位与城镇中心地相距越近，企业成本就越低。从以上分析可知，农民工创业属生存型创业的现阶段，小规模的低层级经营决定了发达城市近郊这一特定区位很难形成大规模人口集聚，但市场力作用会在不同程度上加剧地区间的不平衡。

三、基于发展中小城镇区位的农民工创业人口集聚模型论证

农民工创业以个体私营为主，规模小且实力不强，位于大城市圈内的小城镇因此成为创业首选。以发展中小城镇为中心的创业区位布局，用地结构及布局具有小城镇一般特点，且显著超出农业社会的组织化程度，兼具城镇动态发展与传统乡村习俗双重优势。农民工创业劳动密集型企业吸纳大量当地劳动力，非农产业转移使这一群体逐渐转变成为城镇居民。在较长时期内，这种介于城市与农村的过渡地区通常表现出独立发展特征，但作为农村

人口流动的重要聚集地，这类小城镇紧邻城市，直接受到资金、技术、信息的经济辐射，具未来城市组团发展潜质。

假定农民工新创企业布局于 x^- 和 x^+ 之间，即 $x^+ = \dfrac{(N^* + \overline{N})}{2}$，也就是发展中小城镇周边邻近区域。在农民工创业劳动力供给构成中，$y_e < x^+$ 为本区域劳动力，$y_e < x^-$ 表示其他地区的农村流动人口，主要由其他省份外出务工者或农村腹地偏远地带的农村劳动力组成。当农民工创业壮大到一定程度，企业集群成为市场重要支撑时，这一区位的劳动力市场则由原有劳动力市场与农民工新创企业 e 产生的劳动力市场两部分构成，即成本曲线中的两个波峰，如图 5 – 4 所示。

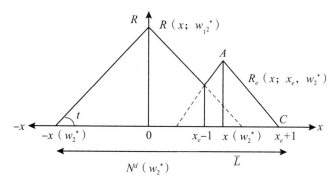

图 5 – 4　基于发展中小城镇区位选择的农民工创业人口集聚

在新创企业 e 中，农民工雇佣劳动力多以城郊为中心形成集聚，当机会成本标准化为零时，农民工创业将影响到该区位的人口集聚线性扩散距离：

$$b = \frac{w - \overline{z}}{t}$$

相较于发达城市近郊与经济落后农村腹地而言，这一居中区位劳资双方"成本 – 收益"比均可达到相对最优。首先农村劳动力无须背井离乡外出打工，流动迁移成本节约；其次，因劳动力源于本地供给，农民工创业者能以较低工资获取所需劳动资源。当劳动力市场均衡条件为 $\overline{z} + tx + R(x) = w$ 时，区位边际均衡函数为：

$$\psi(x;\ y_e,\ w(y_e)) = w(y_e) - \bar{z} - t\,|x - y_e|$$

其中，w 表示农民工企业进入该区域之前的劳动力工资水平，且 $x \in \psi$；而 $w(y_e)$ 则为农民工企业所支付工资。基于劳动力市场边界区位边际均衡函数必须相同，此时农民工企业均衡工资为：

$$w_2^*(0) = w_1^* - A(\theta)(y_e - \bar{x})$$

很明显，当农民工创业布局远离中心区域时，该函数会趋于下降，工资水平可表示为：

$$w_2^*(y_2) = \frac{w^* + 2\bar{z} + 2t\bar{L}}{3} + \frac{A(\theta)t(N^* + \bar{L})}{6} - \frac{[1 + A(\theta)]t}{3}y_e$$

其中，$A(\theta) \equiv \dfrac{1}{\left(2 + \dfrac{3t}{2\theta}\right)}$，就业机会增长为 $\Delta N_2(y_e)$，这一增长量小于 $\bar{L}$，

但总是大于 $\Delta N_1(y_e)$。

从以上分析可以看到，返乡农民工选择发展中的小城镇作为创业区位，一方面是从吸纳大量技术素质偏低剩余劳动力就业考虑，能以技术条件简单的传统产业创业获取就业优势；另一方面，也可以将资金、技术管理经验及先进市场观念导入农村，在土地紧缺、劳动力成本上升的现阶段，沿海地区生产成本较高的资源密集型、劳动密集型产业大举内迁产生大量就业机会，这种"草根"力量将带来农村工业的扩张，加速农村人口向城镇集聚。

四、基于农村腹地区位的农民工创业人口集聚模型论证

根据我国区域建制划分，城乡网络呈"县城镇—中心镇—集镇—乡村"四级结构分布。农民工选择临近农村腹地为创业区位，尽管不能以其规模集聚效应进行人口与生产力科学布局，也很少能受益于大中型城市人才、资金、信息、物质能量的正溢出效应，但这种创业模式为那些不具备外出打工能力的农村剩余劳动力提供了低门槛、灵活性较强就业机会的同时，也为农民工创业者提供了低成本廉价劳动力供给，劳动力就业供给函数为：

$$N^d(w) = N^* - \frac{A - w}{\theta}，\text{其中，}A \text{ 和 } \theta \text{ 都为正常量。}$$

当农民工创业企业选址于远离城市中心的农村腹地，与其边界 b 距离为 $\dfrac{\overline{L}}{2}$ 时，劳动力几乎不存在迁移供给，而是由当地农业人口转移提供，如图 5−5 所示。

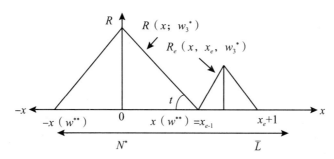

图 5−5 基于农村腹地区位选择的农民工创业人口集聚

客观上来看，农民工在农村腹地创业更多与农业生产、加工、流通等环节相关联，极大地促使农业再生产产前、产中、产后的纵向链条连接，生产要素的集聚使农村经济得以通过市场机制组织农产品生产、加工和销售，这种有别于传统农业模式的创业使农村劳动力就业范围不再局限于农业生产部门内部，且基本不会对城市劳动力供给造成影响。

在市场竞争不强状况下，农民工企业可能成为当地产业的领导者，成为当地经济发展的强劲支撑。此时支付工资可表示为：

$$w_3^* = \overline{z} + \frac{t\overline{L}}{2}$$

劳动力市场均衡状态下的出清工资为：

$$w^* = \frac{At + 2\,\overline{z}\theta}{t + 2\theta}$$

与其对应的劳动就业均衡则为 $N^* \equiv 2(A - \overline{z})/(t + 20)$

劳动力需求函数为：

$$N^d(w) = N^* - \frac{w - w^*}{\theta}$$

综上所述，在劳动力总量为 $\overline{L}$ 情况下，农民工创业者在农村腹地新建企业，能较好地消化和吸收劳动力转移。无论于经济落后偏远农村而言，或是于经济相对发达的县镇或城郊区位来说，基于创业集聚带来的就业增长都将达到最优，这种就业增长在一定程度上成为农村剩余劳动力向有组织、有纪律的农村职业阶层转变的动力，集聚产生的合作与竞争将加速农村城镇化发展。

五、结论

结论1：集聚是城市的发展根本，经济集聚既是城市产生的根源，又是推动城市发展的基本动力。农民工创业活动引导资金、劳动等生产要素形成空间上的集聚，专业化分工递增效益与生产扩张就业增长能以其潜在商业利润形成规模经济，但这种集聚区位的空间均衡须服从以下条件：

（1）当 $a\overline{Q} > t\overline{L}$，$y_e^* = 0$ 时，农民工创业应当以发达城市近郊作为创业地理选址，且以此为中心形成人口城镇集聚；

（2）当 $t\overline{L} \geqslant a\overline{Q} > \dfrac{t\overline{L}[1+A(\theta)]}{3}$，$y_e^* = x^-$ 时，农民工创业应当以发展中的小城镇作为创业地理选址，且以该均衡区位形成人口集聚；

（3）当 $\dfrac{t\overline{L}[1+A(\theta)]}{3} \geqslant a\overline{Q}$时，$y_e^* = x^+$，时，农民工创业应当以偏远农村腹地为创业地理选址，且在该均衡区位内形成人口集聚。

结论2：农民工创业工资率随着与经济相对发达区域距离的增加而降低。基于 y_e 上利润函数呈线性分段，当利润函数由公式 $\prod_e = \overline{p}Q - w_e\overline{L} - (ay_e+c)\overline{Q}$ 给定时，企业须在劳动力供给与利益最大化间平衡工资率，工资曲线因此表现出向下倾斜，农民工创业企业的集聚效应会随之减弱。

结论3：小城镇是农村经济发展的阶段性产物，也是一个极其复杂的社会经济累积过程。农民工创业作为区域网络中的一个重要节点，能吸引周边地区产业与人口的有序集中，或以特色产品加工业为载体，或以较强生产能力为支撑提供就业机会，以其相对较高收入、技能开发及公共服务优势成为要素集聚中心。基于地区间工资差别与劳动力流动相互间"循环累积因果关系"，在农民工创业过程中，生产要素吸纳会在一定程度上影响农村地区资金及其他资源配置，以发达市为区位的创业活动影响最为显著。从吸引农民工回流创业与保护农村高素质劳动力出发，应当重点培育小城镇尤其是农村腹地创业经济，通过扩散溢出效应带动农村区域发展。

第三节

农民工创业人口集聚的空间均衡决定

在生产力发展不同阶段，区域空间结构表现出阶段性演变。约翰·弗里德曼（John Friedmann）的"核心—外围"理论认为，城镇化是人口和非农活动在城镇环境下的地域集中，是国家或区域空间系统中的一种复杂社会过程，包括乡村地域向城镇地域的转化、城镇地域向外扩张以及城镇内部地域的不断演变更替。农民工创业初始阶段，农村居民点呈自然散布格局，农业区域表现为一种均质性结构。随着创业经济的壮大，某些区位或因自然资源优势或因产业承接优势成为人口集散地，并逐渐发展为城市。

一、农民工创业人口集聚的适度规模边界

城市是一个多种职能的复合体，不同职能组合将产生不同经济效应，城市经济因此表现为一种动态型经济。为获得尽可能高的经济效益，农民工创业者、农村劳动力都会从自身利益出发向中心地集中，通过产业、资金、信息等要素联结组成不同集聚体，但这种地域组合总处于不断变动中，而非静态配置。农民工创业是一种以经济发展为目标的本土化企业创立，也是一种基于农村内生要素形成的发展驱动，能集中资源以强化区位优势与极化效应，能最大限度地避免无序竞争与内耗的发生，但这种规模扩张并不能长期稳定持续，也不能无限制地承载起农村经济、社会、管理与服务的发展，这都归结于创业人口集聚规模边界的存在，也是决定城镇良性发展的关键。为研究农民工创业人口集聚的适度规模边界，探讨不同类型劳动力就业集聚的效应差异，研究试构建空间经济模型，基本假设如下：

假设1：某地由 $r = A$，B 两个区域组成，A 为劳动力输出地，可以是经济

相对落后的农村腹地或其他区域，B 为创业集聚中心，区域产出为 Y_r，劳动要素包括技能熟练型与非技能型劳动力两种类型，生产服从 $Y_r = E(H_r)F(H_r, L_r)$ 函数。

假设 2：H 与 L 为固定值，H_r 表示区域 r 中技能型劳动力数量，有 $H = H_A + H_B$，而 L_r 则表示区域 r 中非技能型劳动力数量，有 $L = L_A + L_B$，区域 r 中的农民工创业劳动力总量为 $P_r = H_r + L_r$。通常情况下，基于教育所产生的人力资本，技能型劳动力较非技能型劳动力更易产生区域间流动（Shields，1989），在某种意义上也可以认为，技能型劳动力的集聚能力相对较强。

假设 3：考察拟在对称区域内进行，即农民工创业集聚格局假定为 $L_A = L_B = 1$ 分布。

假设 4：农民工创业集聚区域存在一个正的工资率 w^*，当迁移劳动力在该区域中工资水平达到最优时，在 λ_1^*，$\cdots$，λ_R^* 地理空间上可以达到人口集聚均衡，此时 $\omega_r \leqslant \omega^*$（r = 1，$\cdots$，R）或 $\omega_r = \omega^*$（$\lambda_r^* > 0$）。

根据赫尔斯利和斯特兰奇（1991）的研究结果，在 $w^*(M) = g - sL/M$ 企业均衡工资相等条件下，$w^*(M)$ 关于 M 递增，基于企业市场进入能带来技术与工作匹配度提升这一基本规律，位于集聚中心地带的农民工企业将拥有较强公共产品提供能力，该外部性将带来工资水平的普遍提升，这与企业数量能增加集聚区域内劳动力需求有关。企业不得不支付更高工资，技能型劳动者能选择最优工资水平及岗位，当集聚中心企业数量达到一定程度时，工资水平将极大地接近劳动力生产率竞争水平 g，企业数量都会随着劳动力市场（L）密度（Δ）与分散度扩张增加，但其增速各不相同。

当企业利润与进驻成本和为 $\prod{}^*(M) = s\Delta L^2/M^2$ 时，集聚区域内的企业均衡数量为：

$$M^* = L\sqrt{s\Delta f}$$

此时劳动力就业长期均衡的工资水平为：

$$w^* = g - \sqrt{\frac{sf}{\Delta}} = g - \sqrt{sf\frac{L}{N}}$$

当创业利润处于接近于零的某一临界点时，企业进入市场必须支付某一量度正固定成本，新增企业进入减少，这些决定了集聚区域存在一个适度规模边界。

集聚中心劳动力市场规模扩张很大程度上取决于工资水平的提升，农民工创业集聚区域内的报酬递增因此也取决于较高工资率的匹配，这些都可归结于创业集聚规模是在劳动力报酬预期递增与迁移成本权衡下的理性决定。从上述函数式可知，w^* 关于 N 严格递增，即使加入劳动力 L 要素后也将保持不变，长期均衡工资将随劳动力市场密度（Δ）增大而增加，但短期均衡工资则随劳动力市场规模扩大递减。可见，当 L 和 N 以同样规模递增时，均衡工资将不会受到影响，换言之，在农民工创业集聚区域中，在劳动力技能差异决定人口规模条件下，基于工资水平对集聚规模的决定性作用，劳动密度及技术水平将对参数 L 和 Δ 形成决定性影响。

为对 H_A 进行动态研究，令 $\dot{H}_B = -\dot{H}_A$，有：

$$\dot{H}_A = u\left[E(H_A)f'(H_A)\right] - u\left[E(H-H_A)f'(H-H_A)\right] \equiv \phi(H_A)$$

其中，$f'(0) = \infty$，且 μ 单调上升。在农民工创业集聚特定区域内，技能型工人人数增加到一定程度时，生产外部性正效应由边际成本下降负效应所决定，有：

$$\frac{E'(x)}{E(x)} < \frac{-f'(x)}{f(x)} \qquad x > 0$$

基于拥有熟练技能的农民迁移概率通常超出非技能型普通农民，因此，所有技能型工人集聚某一区域状况基本不可能出现，ϕ 单调下降成为空间均衡的唯一充分条件，也是创业集聚区域劳动力市场均衡的前提。当 $H_A \to 0$ 时有 $\dot{H}_A < 0$，且 ϕ 在 H_A 处连续，根据中值定理，在 $\dot{H}_A = 0$ 及 $0 < H_A < 1$ 上至少存在一个劳动力市场均衡空间分布。从图 5 - 6 中可以看出，农民工创业集聚下的劳动力市场呈对称均衡分布，u 表现为严格上升，函数 $E(x)f'(x)$ 关于 x 严格下降。

二、创业人口集聚的规模均衡决定

A. G. 罗宾逊（E. A. G. , Robinson）企业规模理论认为，在大规模经营条件下，经济利益很可能被高额管理费用与低下的管理效率所抵消，因此存

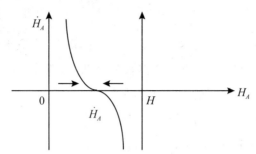

图5-6　农民工创业集聚下的劳动力市场对称均衡

在最佳规模，即现有技术条件下，利润率、利润额、附加价值额、人均附加价值生产率等指标实现最优、长期平均费用为最低的企业规模。农民工创业经济扩张将带来某一特定区位人口集中，生产与消费将随之增加，更多企业进入，该区位逐渐成为最具潜质的城镇发展区位。

（一）创业人口集聚规模均衡决定条件

根据最优城市规模理论，最佳城市人口规模是人均成本的函数，两者间呈 U 型分存关系，取决于城市服务设施投资与城市运用等费用支出，集聚效益作为城市规模的函数因此被考虑进来（金相郁，2004）。经验事实证明，最优集聚规模并不单纯是公共成本的函数，除经济因素之外还涉及各种非经济因素，但这些因素多取决于社会偏好函数，并且，最优城市规模并非静态的，而是处于时刻变化的动态中，这些都决定了研究很难获取可靠的数据来源。

农民工创业人口集聚规模均衡对城镇总体布局影响很大，且与近郊农村发展、城镇交通建设密切相关。当集聚规模处在临界点左侧时，创业地理空间的扩张使聚集经济将扩散与溢出外部效应被强化；而当创业集聚规模超出临界点且处于曲线右侧时，人口规模扩张很可能产生负外部性。就某种意义上而言，农民工创业人口聚集均衡取决于社会成本与收益比较，涉及企业成本与公共支出、环境与社会损失的计量。

基于经济人理性，人口会本能地倾向于近距离迁移。假定 $T(x)$ 为农村劳动力流动迁移成本，模型考察区域设为 $[-b, b]$，b 与 $-b$ 为均衡条件下的集聚边界，劳动力组合由方程中的 z 表示，z 可表示为 $z = Z(s, U - I_x)$，此时农村人口流动边际替代函数为 $\psi(x, U) = \max \dfrac{Y - Z(s, U - I_x) - T(x)}{s}$，其中，生存效用函数 u 为：$u(z, s) = z + \alpha \log s$，$\alpha$ 为农村人口流动偏好下的就业权重。如果每个农村劳动力在向创业集聚地迁移过程中都保持一定的社会联系，而这种社会关系网络由集聚地全部居住人口构成，那么，在区域间效用函数仍保持 $I_x = I$ 状况下，$T(x)$ 中从 x 到 y 的流动成本将以目的地 y 人数为权数，y 区人口流动方程即为：

$$T(x) = \int_{-b}^{x} t\,|x - y|\,n(y)\,dy + \int_{x}^{b} t(y - x)\,n(y)\,dy \qquad (5.6)$$

$T(x)$ 将随着农村人口流动区位以及集聚地总人口密度变动而变化。根据均衡状态下所有人口都将获得同样效用水平 U^* 的一般规律，有：

$$\psi(x, U^*) = \max_{s} \frac{Y - U^* + I + \alpha \log s - T(x)}{s} \qquad (5.7)$$

此时关于 s 的一阶条件的均衡方程为：

$$Y - U^* + I - \alpha + \alpha \log s - T(x) = 0 \qquad (5.8)$$

令 $\zeta = Y - U^* + I - \alpha$

其中，ζ 是一个未定常量，可以得出：

$$s^*(x) = \exp\left(\frac{-\zeta + T(x)}{\alpha}\right) \qquad (5.9)$$

因此有

$$n^*(x) = \exp\left(\frac{\zeta - T(x)}{\alpha}\right) \qquad (5.10)$$

其中，$n^*(x) \equiv 1/s^*(x)$ 为农民工创业集聚地空间对称均衡状态下的人口密度。将式 (5.9) 代入 (5.7) 可得：

$$\psi(x, U^*) = \frac{\alpha}{s^*(x)} \qquad (5.11)$$

基于 $\psi(x, U^*) = R_A$，在农民工创业集聚区域均衡边界 b^* 处，有：

$$\frac{R_A}{\alpha} = n^*(b^*) = \exp\left(\frac{\zeta - T(b^*)}{\alpha}\right) \qquad (5.12)$$

对 (5.6) 进行两次求导，可以得出：

$$\frac{d^2 T}{dx^2} = 2tn^*(x)$$

基于 $T(x)$ 在 x 处为严格凸形，由 (5.10) 可得：

$$\frac{d^2 T}{dx^2} = 2t\exp\left(\frac{\zeta - T(x)}{\alpha}\right) \tag{5.13}$$

即
$$T(x) = -\alpha\log\left[\frac{\alpha}{t}\exp\left(-\frac{\zeta}{\alpha}\right)\frac{k^2\exp\ (k|x|)}{1 + \exp\ (k|x|)^2}\right] \tag{5.14}$$

将（5.14）代入（5.10）中，有：

$$n^*(x) = \frac{\alpha}{t}\frac{k^2\exp(k|x|)}{(1 + \exp(k|x|))^2} \tag{5.15}$$

农民工创业集聚区域的均衡人口密度因此表现为常量 k 的函数，显而易见地，该函数关于原点对称。

对式（5.15）求关于 x 的导数，在 $x = 0$ 处的 $n^*(x)$ 有唯一最大值，表明集聚地人口密度均衡分布为单峰曲线；二次求导后可以得出 $n^*(x)$ 在 $\left[-\frac{\log(2 + \sqrt{3})}{k}, \frac{\log(2 + \sqrt{3})}{k}\right]$ 区间以内表现为凹状，而位于该区间以外则表现为凸状，人口密度分布如图 5 – 7 所示。

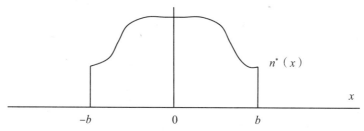

图 5 – 7　基于农民工创业集聚的人口密度分布

综上所述，农民工创业能以其内生驱动形成聚集中心，但随着距离的增加，人口密度会随之下降，在这一拐点上，集聚中心多种成本皆达到最优，创业集聚区域规模扩张的临界点条件为

$$\frac{R_A}{\alpha} = \frac{\alpha}{t}\frac{k^2\exp(kb)}{(1 + \exp(kb))^2} \tag{5.16}$$

对集聚空间人口密度求积分，可得：

$$N = 2\int_0^b n^*(x)dx = 2\frac{\alpha}{t}\int_0^b \frac{k^2\exp(kx)}{(1 + \exp(kx))^2}dx$$
$$= 2\frac{\alpha}{t}k\frac{\exp(kb) - 1}{\exp(kb) + 1} \tag{5.17}$$

从上式可得出创业集聚边界 b 与常量 k 的均衡值。

在（5.15）和（5.16）中令 $g = \exp(kb)$ 得出 y 值，替代（5.15）中的值可得：

$$k^2 = \frac{t}{\alpha^2}\left(\frac{tN^2}{4} + 4R_A\right) \qquad (5.18)$$

从该式中解得 k 的正根，将其代入式（5.17），则可计算农民工创业集聚边界适度的取值范围，并能以此确定该区域均衡人口密度。将其与式（5.10）联立可得：

$$n^*(0) = \frac{1}{\alpha}\left(\frac{tN^2}{16} + R_A\right) \qquad (5.19)$$

当农民工创业集聚地流动人口规模 N 增大到一定程度时，人口分布波峰将向上移动，表明人口密度增长；随着单位迁移成本 t 的上升，就业机会成本 R_A 也将随之增加，如果就业偏好 α 增强，此时人口分布波峰将向下移动。将式（5.18）中解出的集聚区域均衡人口密度代入式（5.10）效用方程 U。可得出 $T(x)$，将其代入式（5.14）中，可解出农民工创业集聚地规模均衡值 ζ。

综上所述，农民工创业城镇化驱动首先表现为农村人口的规模性迁移与集中，即人口从无限平面分散向有限空间聚集，而黑洞条件的形成很大程度上取决于劳动力迁移与收益预期的权衡。当农村人口向农民工创业区域集聚时，不仅源于就业机会与收入递增及引拉力，同时也与农业生产要素稀缺及农产品收入弹性低下有关。当人口流动集聚效用函数服从于 $U = \alpha \log s + I - T(x)$ 时，区域人口分布将呈对称性单峰分布，小城镇雏形显现，城镇地理空间扩张。

（二）创业人口集聚中心地边界最优

克里斯塔勒（1933）建立了"中心地理论"，《德国南部的中心地》一书中系统地阐明了中心地数量、规模和分布模式。这里所谓的"中心地"，即向居住在它周围地域（尤指农村地域）居民提供各种货物和服务的中心地带。根据这一理论，农民工创业集聚地显然就是不同的中心地，可以理解为这一特定区域对周边地区相对意义的总和，即对周围地域（尤指农村地域）所承担的中心职能作用。

通常情况下，不同类型集聚区位适用原则各不相同，农民工创业集聚中心地网络结构也有服从市场原则、交通原则和行政原则的差异，以 K 值构成规则严密系列型排列。交通原则适用于文化水平较高、人口密度大、工业化程度较强，且呈线状聚落分布区域，以处于发达城市区位的创业集聚地适用为多；市场原则更适用于发展中小城镇创业人口集聚地格局结构；相形之下，与经济发达城市分离、自给性较强且相对封闭的偏远农村腹地，行政原则职能影响更为显著。综合来看，无论哪种空间格局，创业人口集聚边界均受到两个因素制约：一是集聚区域内企业生产利润最大化；二是商品或服务能满足集聚地区内所有人口需求。

为探讨创业集聚中心地的最优边界，现忽略边际增长 $T(x)$ 对 b 的影响，假定人口城镇集聚呈对称分布。当农民工创业集聚中心地扩张到 b 点时，拉格朗日函数将达到最大化，此点上边际收益为：

$$2\{[Y - U^* + I + \lambda - \alpha \log n^0(b) - T(b)]n^0(b) - R_A\}$$

随着边界 b 的边际扩张（或 $-b$ 点边际扩张），农村流动人口在 b（或 $-b$）点的增长值为 $n^0(b)$，这时集聚中心地人口迁移成本的增长值为 $n^0(b)T(b)$，创业集聚中心规模服从于函数式：

$$2\{[Y - U^* + I + \lambda - \alpha \log n^0(b) - T(b)]n^0(b) - R_A\} - 2n^0(b)T(b)$$

令该式等于零，且在 b 点利用最优条件可以得到：

$\alpha n^0(b^0) - R_A = 0$，此时有：

$$n^0(b^0) = \exp\left(\frac{\zeta^0 - 2T(b^0)}{\alpha}\right) = \frac{R_A}{\alpha} \qquad (5.20)$$

客观事实表明，农民工创业集聚中心地是一个具有很强整体性与关联性的有机体，企业或人口相互间关联性很强。在外部因素影响下，构成要素与内部组织会随之发生变化，要素间的调适与整合使集聚地边界极不稳定，原有结构、功能及形态始终处于动态变化之中。为研究创业集聚中心地在最优条件与均衡条件匹配上的边界决定，现将上式中 $2T(b^0)$ 替换成 $T(b^0)$，可得出农民工创业人口集聚地最优边界函数式为：

$$n^0(x) = \frac{\alpha}{2t} \frac{h^2 \exp(h|x|)}{(1 + \exp(h|x|))^2}$$

其中，h 是一个常量，有：

$$h^2 = \frac{t}{\alpha^2}(tN^2 + 8R_A)$$

此时创业人口集聚中心地最优边界可表示为：

$$n^0(0) = \frac{1}{\alpha}\left(\frac{tN^2}{8} + R_A\right)$$

用 t 替换上式中的 $2t$，可得出农村劳动力就业机会与增收内生化后的人口集聚均衡，此时劳动力迁移的动力减弱，最优分布较均衡分布更为密集。

三、创业人口集聚空间布局上的帕累托优化

客观上来看，农民工创业人口集聚中心地最优边界的确定很大程度上取决于农村劳动力的职业转换，集聚有利于产前、产中、产后各环节产业链的延伸连贯，有利于联结网络的形成，但这很可能只是某一特定空间布局的最优，而非集聚区域内社会整体意义上的最优。一般来说，农民工创业人口集聚空间布局达到帕累托优化必须同时满足三个条件：一是创业人口集聚地任意两个消费者、任意两个商品边际替代率都相同，且消费者效用同时达到最大化，得以实现社会消费整体意义上的交换最优；二是创业产业集聚地任意产品生产者或任意需要投入生产要素边际技术替代率相同，且两者产量同时达到最大化，得以实现生产可能性边界上的生产最优；三是集聚中心地任意两种商品间边际替代率都与生产者边际产品转换率相同，其产品组合都能反映消费者偏好，得以实现市场贸易产品混合最优。

为探讨农民工创业人口集聚空间布局上的帕累托优化实现条件及一般规律，现假定创业集聚区位 x 处具有相同就业机会与收入约束 (z, s)，U^* 代表上述条件得出的均衡效用水平：

$$C \equiv \int_{-b}^{b} \{T(x) + Z[s(x), U^*] + R_A s(x)\} n(x) dx$$

此时与 $s(x)$ 与 b 相关联的总成本为最小，意味着为创业集聚中心地规模达到最优。

其中，$Z[s(x), U^*]$ 与 $U^* - \alpha\log s(x) - I$ 相等，$T(x)$ 仍然由（1）给出，且满足农村人口流动的就业机会约束 $s(x)n(x) = 1$（$-b \leq x \leq b$）、与增收约束条件 $\int_{-b}^{b} n(x) dx = N$（$s$ 与 n 为非负约束条件），与下列等价：

$$S \equiv NY - C = \int_{-b}^{b} \{[Y - U^* + I + \alpha\log s(x) - T(x)]n(x) - R_A\} dx,$$

将其代入式（5.20），可测算出最大化值，此时农民工创业人口集聚中心地的最优均衡为：

$$S = \int_{-b}^{b} \{[Y - U^* + I - \alpha \log n(x) - T(x)]n(x) - R_A\} dx \quad (5.21)$$

使以下拉格朗日函数达到最大化：

$$L = \int_{-b}^{b} \{[Y - U^* + I - \alpha \log n(x) - T(x)]n(x) - R_A\} dx + \lambda [\int_{-b}^{b} n(x)dx - N]$$

$$= \int_{-b}^{b} \{[Y - U^* + I + \lambda - \alpha \log n(x) - T(x)]n(x) - R_A\} dx - \lambda N \quad (5.22)$$

其中，λ 是与增收约束条件相关因子，U^* 假定为某一特定值。

假定当农民工创业人口集聚地 x 选择 $n(x)$ 时可以使 L 达到最大化，忽略对 $T(x)$ 的影响，此时农村流动人口在 x 区位集聚边际收益可表示为：

$$Y - U^* + I + \lambda - \alpha \log n(x) - T(x) - \alpha$$

基于农村人口在任意区位都有流动成本的对称性特征，因此可通过增加 x 区位中人口数量而将迁移成本增加至 $T(x)$，该集聚区位中心地每增加一个农村流动人口净收益为：

$$Y - U^* + I + \lambda - \alpha \log n(x) - T(x) - \alpha - T(x)$$

上式为零时达到人口集聚最优：

$$Y - U^* + I - \alpha + \lambda + \alpha \log s(x) - 2T(x) = 0 \quad (5.23)$$

x 集聚区位每增加一个农村人口意味着迁移成本将增加 $T(x)$，在该区位上人口流动成本相等。农民工创业人口集聚最优均衡必须考虑到自身流动成本与其他迁移者成本支出两个因素，因此，在最优空间均衡分析中，区位 x 选择不仅需要计算自身流动成本，也必须将这一决定对其他迁移者带来的成本支出影响考虑进来。

令 $\zeta^0 \equiv -\alpha + Y - U^* + I + \lambda$，创业人口集聚空间布局上的帕累托最优分布为：

$$n^0(x) = 1/s^0(x) = \exp\left(\frac{\zeta^0 - 2T(x)}{\alpha}\right) \quad (5.24)$$

第四节

结 论 及 启 示

通常情况下，农村城镇的形成须具备人口、建设用地的集中与基础设施完备几大前提，而这些都须建立在人口规模聚集基础之上。就此意义而言，农业人口的城镇集聚可以认为是所有集聚产生的基础，而农村城镇化在很大程度上也将取决于人口的空间集聚。农民工回流创业作为一种"逆产业"流动，将带来自然、社会以及经济要素的城镇流动，创业以其生产及销售过程中的资源转换、价值增值、物资集散以及流转与资金配置，在减轻农村自然资源负载率的同时加速农村人口非农转型。

收入水平提高与生活方式改变是人口迁移的永恒目标。基于经济增长对规模效益的追求，农业人口集聚将导引经济要素源源不断地流入集聚地中心，无论是何种区位安排下的农民工创业集聚，都是企业与产业集聚的过程，也是农村经济结构高级化的过程。客观上来看，农民工创业产权明晰，尽管投资和生产具一定盲目性，主观随意性也较强，但生产自主性很高，不同区位选择创业灵活性使劳动力转移成本降低，能以劳动替代资本或土地替代资本优势弥补原始资金积累不足。随着创业的成长，产业间关联效应增强，不同区位选择将决定农村人口流动规模及发展潜力。

以发达城市为区位选择的农民工创业活动中，经济预期较高，能满足新生代农民工对城市现代生活方式的追求愿望，人口转移拉力使其更易形成聚集。但城市生活成本较高，社会保障、住房供给、用工制度、教育体制等方面歧视影响了人口迁移预期，以发达城市区位创业吸引力被削弱。相较而论，小城镇处于农村和城市的中间地带，既具有大中城市的部分特征，又与当地农村接近，是"城市之尾，农村之首"，具有实现农村剩余劳动力转移与协调城乡关系发展的多种功能，尤其是户籍限制的放开有利于农村人口城市融入。以发展中小城镇为区位创业，有助于劳动力举家迁移，实现农村人口的彻底性非农转型。比较来看，以农村腹地为区位的创业活动，尽管在经济收入预期与城市现代生活追求满足上不能与前二者相论，但创业在农村腹地就地发生，不产生人口迁移机会成本，因此不会因人口转出而出现农村产权关系黏滞效应，应当是现阶段农民工创业的另一优势路径选择。

第六章

农民工创业产业集聚下的城镇化支持及效率检验

　　农村城镇化是以非农产业发展为主体，以农村剩余劳动力向其他产业转移和空间集聚的过程，究其实质而言，也是农村资源在空间上重新配置、经济新创格局在空间上实现的过程，而产业集聚则是推进这一过程的产业组织形式。目前农民工创业大多规模小且经济实力薄弱，很难在企业内部实现规模经济，理性农民工创业者因此向某特定区域聚集，以规模经济及范围经济提高效率及降低成本。就些意义上而言，农民工创业集聚推动下的城镇化过程，是农民精英以务工所获资金、技能及先进理念让更多临近区域农民参与创造与享受城市文明的过程，产业集聚是农村经济社会变革重要推力。这种基于创业集聚并非简单的农村人口向城镇集中，不是农民户籍上的"农转非"，而是农民身份实质性的非农化转变，这种力量吸引生产要素和经济活动向小城镇聚集，通过企业、居民在空间设址上的接近实现报酬利益递增，从宏观上影响城镇经济运行。

　　第一，农民工创业产业集聚从微观上为城镇发展提供经济利益。许多关于城镇研究成果都表明，生产的规模经济及不可分割性对于理解城镇最初形成具重要意义。城镇的出现很大程度上得益于大规模活动所带来的收益递增，产出增加使生产平均成本趋于下降，因此产生内部规模经济，引导生产集中于某特定区位，人口持续涌向，城镇最终形成。库伯曼斯（Koopmans，1957）曾写道："如果没有公认的不可分割性——存在于人类、居住地、工厂、设备和运输之间的不可分割性，那么城镇选址问题到最小村庄形成都将是不可理解的。"藤田、今井和小川（Fujita，Imai & Ogawa，1993）的研究结果也证实，企业和家庭集聚应归结于相互间沟通交流的正外部性，大量企业集聚影响区位工资率与土地租金，而企业间信息交流促进企业集聚，产业集聚度与规模很大程度上取决于这两种力量的一般均衡。奥威格雷（Ouigley，2000）指出产品及消费多样性是导致产业集聚与城镇规模扩大的重要原因，企业生产集聚实际上是产品或投入多样性与差异性的产物。当需求达到一定规模时，当地生产成本较低，这种需求会推动当地生产，带来引致需求的提升，需求与生产形成的规模经济效应促进城镇扩张。高德斯坦因和格伦伯格（Goldstein & Gronberg，1984）从劳动分工和专业化角度论述产业集聚与城镇发展关系，指出地理上接近能降低原材料或其他供应环节的产业内企业合作成本，因此获得专业化收益。克鲁格（Krugman，1993）从资源和信息共享方面阐述产业集聚对城镇发展的推动，认为城镇可用劳动力的存在与基础设施共享将产生大量消费需求，推动产业和人口向中心地带集中。

农民工创业经济的发展，尤其是在某特定区域成为领导者后，通常会有很多追随者跟进。尽管这样会在一定程度上加剧市场竞争，但集聚区内所有企业生产成本和交易费用都将出现一定程度的降低，资源配置效率得到优化，创业产业集聚以其要素流动经济效应增大了社会总福利，具体可归结于几点：一是产业集聚可以提高企业专业化程度，使集聚经济内企业分工更为细化；二是集聚区内企业集中和相互关联使得中间投入品形成规模效应，促进创业集聚地经济产出增加；三是农民工创业集聚以技术进步形成集聚式创新。从规模经济角度来看，作为推动性工业嵌入农村地区后的集聚经济，农民工创业具有增长极吸引与扩散效应，地缘上的接近将带来技术创新与扩散、资本集中与输出的规模经济，最终以社会总福利增长推动城镇经济发展。

第二，源于农民工创业产业集聚的劳动效率提高带来社会总福利的增加。产业集聚是专业化企业在地理上集中的经济，企业对本地劳动力培训成本降低，相关技术信息的溢出扩散能带来集聚区域企业效率的整体提升，在彼此接近过程中形成生产与销售分工体系；能以其信任及业务关系提高资金周转效率，企业资金流量大幅缩减，社会总福利增加。其次，创业集群在地理上的集中有利于获取配套产品服务、有利于以较低价格从政府或其他公共机构获得公共物品与服务，公路、桥梁、码头以及供电、供水、通讯等公共产品系统溢出损失因此降低，集聚在细化分工的同时创造规模效应，保证了社会总福利的规模收益递增（Henderson，1986）。事实证明，农民工创业集聚环境逐渐成熟将产生规模经济与范围经济效应，节省企业成本投入，促进创新实现，以成本最小化实现城镇经济增长目标。

第三，农民工创业产业集聚从宏观上影响城镇经济运行。农民工创业产业集聚是一种建立在企业专业化分工合作基础之上的产业组织形态，其经济影响直接构成了推动农村城镇化的第三种力量，对城镇社会、文化、经济发展影响深远。目前农民工创业产业集聚有两种形态：一是指向型集聚，即利用当地自然资源或空间优势形成产业（企业）群聚。如在廉价劳动力或原材料产出地集中，或在经济发达市场及交通枢纽处集中，以区位优势为共同指向而形成的城镇集聚；二是经济关联型集聚，即以社会化分工形成的产业（企业）群聚。包括以创业企业投入为其他企业产出的纵向关联集聚、以地域主导产业部门形成的横向关联集聚，但无论作为何种集聚形式存在，农民工创业集聚都表现出企业网络系统、柔性生产系统、产业种群系统与区域创新系统特征，在要素扩充、生产组织方式升级过程中推动城镇化发展。客观上来看，农民工创业产业集聚通常可分为两个阶段：一是创业产业集聚初始阶段。作为内部主导性企业吸引下游供应商向区域集聚，以其溢出效应带动相同或相关产品生产，随着集聚效应的不断扩大，产业集聚进入内部自我强化良性循环过程；二是创业产业集聚发展阶段。当主导企业集聚达到一定规模时，集聚经济所带来的成本优势、信息知识外溢效应等将吸引更多企业向该区域聚集，不仅改变了通常意义上的技术与经济约束，同时也改变了经济活动的市场约束，企业增加、产业规模扩大强化了集聚竞争优势，基础设施、政府管理、通讯基础设施等公共产品资源配置效率提高，城镇经济生产函数表现出典型的非线性齐次性特征。就此意义上而言，农民工创业集聚以其分工与贸易优势形成产业规模经济、劳动力市场经济与信息经济，推动农村城镇化发展。

第一节

农民工创业产业集聚下的城镇化支持测度依据及研究说明

农民工创业产业集聚下的城镇化，即以创业产业集聚推动第二、三产业向城镇集聚中，促使城镇数量增加、规模扩张，且随着生产力发展、技术进步与产业结构调整，农村人口实现城镇非农转移。作为一种复杂的社会现象，无论是创业、产业集聚及城镇化率，均处于强烈变动之中，针对某一时点、某地区农民工创业产业集聚对城镇化支持的测量须进一步摸索。

一、测度依据

（一）几种城镇化率的统计方法

目前用来测算城镇化水平方法主要有两种：第一种是单一指标法，即通过一个或多个具本质意义、具象征意义和最能反映问题实质的指标定量描述某一区域城镇化水平，所选指标便于统计分析且具较强适用性是必须满足的前提条件，具体包括人口比重指标法、城镇土地利用比重指标法与调整系数法；第二种是综合指标法，即用两个或两个以上指标来反映某一个国家或地区的城镇化水平，主要包括调整系数法和指标体系法（姜爱林，2002）。20世纪70年代，美国地理学家R·诺瑟姆曾提出城镇化发展的S型曲线，并建立数学模型 $Y = \dfrac{1}{(1 + Ce^{-rt})}$，其中，$Y$ 为城镇化水平，t 表示时间，C 和 r 为积分常数。前者表示城镇化的初始形成，后者表示城镇化进程。从 Y 与 C、r 关系来看，C 越小，城镇化起步越早，反之则越晚；而 r 越大，城镇化发展越快，反之则越慢。师应来（2011）从人口城镇化角度度量城镇化率，英国地理学家克劳克采用人口、职业、居住及距城市中心距离等16个指标判断城市化发展状况。目前最常用的是采用城市人口与总人口占比来衡量城市率状况（简新华、黄锟，2010）。

（二）产业集聚的国内外测度标准

早期有关产业集聚测度倾向于定性描述，随着产业集聚理论的深入，产业集聚定量研究成新的研究领域，不同测度方法出现。埃利森和格雷瑟（Ellision & Glaeser，1997）以空间集聚指数 E～G 作为产业空间集聚度测量指标；梁琦（2003）采用空间基尼系数计算工业区位基尼系数，涉及24个工业行业、30个行政区划及制造业的171个中类行业；罗勇等（2005）采用行业集中度及空间集聚指数测度我国20个制造业集聚程度；吴学花等（2004）则使用集中度指标、赫芬达尔—赫希曼指数和空间基尼系数综合判断制造业集聚度。综合来看，目前常用测度方法通常包括集中度 CR、赫芬达尔指数 HI、区位熵、空间基尼系数、EG 指数等。

（三）创业活动测度标准

创业是创办新组织及开展新业务的总称，在创新过程中，新产品或新服务机会被确认、被创造，最终被开发而产生新价值，其核心在于超越既有资源的限制而追求机会；究其本质而言，创业包括财富的创造、企业的创造、价值的创造、增长的创造内涵，意味着变革、机会探寻和风险承担，也意味着创造顾客与改变生活方式。创业是种抽象的概念，实证测量难度很大，尤其在跨国比较时更是如此（Storey，1991）。一般而言，理想的创业测量应该包括自我雇佣率、企业所有权率和新创企业率（新企业诞生）以及产业其他统计变量，但这些指标都存在一定的欠缺。"自我雇佣率"能反映创业单个企业的变化，便于进行全面的跨国及跨期比较（Parker，2004；Parker et al.，2005），被广泛应用于创业活动程度评价，但目前争议仍然很大。对于某企业而言是创新行为的，但对于产业或整体市场而言可能并非如此，事实上，即使在美国等发达国家，也只有很少部分属实质性的创新企业，这一指标应用的可靠性尚待商榷。从创业其他测度方式来看，有关研发（R&D）活动指标、发明专利数以及市场新产品引进等，这些指标更多着眼于与产业创新相关活动，并不能从整体意义上对创业活动作出相对精确评价（Acs，1988）。奥璀兹等（2002）将一个经济体或地区的开创企业能力定义为创业资本，这一概念包含政治、经济、制度及个人等抽象因素，因此只能被近似测量，且前提必须建立在各种创新活动及类型变化统一基础之上（Griliches，1990），局限性过强。梳理看来，目前更多有关创业测量方都是针对增长准则或经济绩效进行定量分析。OECD创业指标方案（EIP）中，数据收集第一阶段主要集中于创业绩效方面，具体以就业、营业额、增加值及出口指标体现，其中，不同措施都是以创业不同方面与企业家不同类型为目标，例如布里奇（Brich，1999）就是通过新兴高增长企业数测量以反映创业水平。事实表明，这种测量方法只适用于狭小范围，即仅着眼于企业个体性观察单位，单纯就增长这一变化形式展开。现阶段最具权威的应是奥德斯基（Audertsch，2002）以企业所有权率作为反映创业活动程度的测量方法，即非农产业企业所有者数除以劳动力总数，但这种方法的应用必须满足以下条件：一是不受企业规模因素影响，所有企业都采用相同测量方法，即使某些实力较强企业明显会被低估；二是对所有企业，无论为何种技术水平、何种产业类型及何种发展阶段，其创业活动均视为相同，不作具体区分；三是个变量测量的只是企业存量，而非新企业建立。西方国家经验事实表明，这种测度法尽管有很多限制条件，但两大优势明显：一是可用于跨区域和跨期的时空性比较；二是对创业活动的实际反映（Storey，1991），而并非对创业的直接测量。本书拟采用这一研究方法就农民工创业产业集聚对城镇化支持能力进行探讨。

二、农民工创业产业集聚下的城镇化支持能力评价方法选择及研究说明

（一）评价方法选择

农民工创业产业集聚对城镇化支持能力评价涉及创业、产业集聚与城镇

化率等变量，指标体系复杂且抽象。基于评价对象的层次、评价标准及评价影响因素的不确定，自然语言表达形式无法应用数学模型计算，客观现实很难被准确描述，定性指标难以量化，结论因此模糊且信服度不高。整理来看，目前可资选择的评价方法有传统的层次分析法（AHP）、模糊层次分析法（FAHP）以及模糊综合评价法。传统的层次分析法（AHP）多采用 1 ~ 9 标度法，通过评价对象之间的两两比较得出判断矩阵后进行定性和定量综合处理，最终以优劣排序形式作出量化评价，但这种以 1 ~ 9 之间整数为标度构造的判断矩阵被证实不能很好反映判断的模糊性。凡·拉·阿霍文（Van La Arhoven，1983）提出使用三角模糊数进行模糊比较判断，并运用三角模糊数运算及对数最小二乘法求得元素排序，将 AHP 拓展为能够在模糊环境下使用的不确定性的 FAHP 方式（模糊层次分析法）。这是一种将定性与定量分析相结合，通过构造不确定模糊判断矩阵，运用两两比较方法得出评判结果的计算处方法理。扎德赫（L. A. Zadeh，1965）建立模糊集合理论（fuzzy sets），用来对事物不确定性进行相对准确描述，这种模糊综合评价法（fuzzy comprehensive evaluation method），实际上是一种基于模糊数学的综合评标方法，应用模糊数学隶属度理论将定性评价转化为定量评价，即采用模糊数学对被评价事物隶属等级状况进行综合评判，针对受多种因素制约对象做出一个总体评价。这种将定性和定量相结合方法使评价结果更客观，可信度大为增强，不但可以兼顾评价对象层次性，相对清晰地体现评价标准、影响因素模糊性，同时也充分发挥人的经验定性分析作用，系统性强，结果明确，能较好地解决抽象且难以量化问题，是一种适应非确定性问题评价方法优选，本书拟采取此分析方法展开。

（二）研究原理解释

基于多种因素影响考虑，本书运用模糊数学工具就农民工创业产业集聚下的城镇化支持能力进行综合评价。假定 $U = \{u_1, u_2, \cdots, u_m\}$ 为描述被评价对象 m 种因素，$V = \{v_1, v_2, \cdots, v_n\}$ 为描述每一因素所处状态的 n 种评价，这里存在主观赋权与 $U \times V$ 关系两类模糊集，都是价值观念或偏好结构的反映。前者为因素集 U 中各指标重要程度，以因素集 U 上的模糊权重向量

$A = (a_1, a_2, \cdots, a_m)$ 表示；后者则通常以 $m \times n$ 模糊矩阵 R 来表示。对这两类集进行模糊运算后可得到 V 上的一个模糊子集 $B = (b_1, b_2, \cdots, b_n)$。由此可见，模糊综合评价实质上就是寻找模糊权重向量 $A = (a_1, a_2, \cdots, a_m) \in F(U)$，以及从 U 到 V 的模糊变换 f 的过程，通常涉及三个方面：

*因素集 $U = \{u_1, u_2, \cdots, u_m\}$；

*评语集 $V = \{v_1, v_2, \cdots, v_n\}$；

*单因素判断 $f: U \to F(V)$，$ui \to f(u_i) = (r_{i1}, r_{i2}, \cdots, r_{in}) \in F(V)$。

$\to f$ 可诱导模糊关系 $R_f \in F(U \times V)$，其中 $R_f(u_i, v_j) = f(u_i)(v_j) = r_{ij}$，而 R_f 可构成模糊矩阵

$$R = \begin{bmatrix} r_{11} & r_{12} & \cdots & r_{1n} \\ r_{21} & r_{22} & \cdots & r_{2n} \\ \cdots & \cdots & \cdots & \cdots \\ r_{m1} & r_{m2} & \cdots & r_{mn} \end{bmatrix}$$

综上，模糊综合评价相关数学模型即对每一因素 u_i 单独做出一个判断 $f(u_i) = (r_{i1}, r_{i2}, \cdots, r_{in}) \in F(V)$，其中，在有关 v_j 的模糊集 $B = (b_1, b_2, \cdots, b_n) \in F(V)$ 中，b_j 表示被评价对象的评语 v_j 程度，即 v_j 对模糊集 B 的隶属度。对因素集 U 上的权重模糊向量 $A = (a_1, a_2, \cdots, a_m)$，在 R 变换后即为 V 上的模糊集 $B = A.R$，(U, V, R) 构成综合评价模型。在实证研究中，输入一权重分配后 $A \in F(U)$，可得出一个综合评价 $B = A.R \in F(V)$。

（三）研究步骤安排

第一步，根据农民工创业产业集聚下的城镇化支持能力所涉各变量确定评价对象集、评价因素集及评语集。

*确定模糊综合评价的对象集 $O = (o_1, o_2, \cdots, o_i)$。

*确定评价因素集 $U = (U_1, U_2, \cdots, U_n)$

$U = (U_1, U_2, \cdots, U_n)$ 为一级指标集，n 为一级指标个数，必须满足 $U = U_1 \cap U_2 \cap \cdots \cap U_n$，且对于任意 $i \neq j$，$i = 1.2, \cdots, n$，均有 $U_i \cap U_j = \Phi$。

*确定二级评价指标集 $U_i = (U_{i1}, U_{i2}, \cdots, U_{ik})$，变量 k 值取决于其下级指标个数，U_{ik} 表示一级评价指标 U_i 中第 k 个二级评价指标。

＊确定评语集 $V = (V_1, V_2, \cdots, V_m)$。评语集也就是等级集合，指各种指标做出可能结果的集合，每个等级对应一个模糊子集。

第二步，确定指标权重集 $W = (W_1, W_2, \cdots, W_n)$。

权重是表示指标在整个指标体系中的重要程度，某个指标越重要，则该指标权重越大；反之，权重就越小。评价因素集中的每个指标在评价目标中有着不同地位与作用，即各评价因素在综合评价中占比不同，进行综合评价之前因此须对各项指标赋予相应权重。常用权重值确定方法包括专家咨询法、层次分析法以及相对重要程度等级计算法等。本书拟采用模糊层次分析法（Fussy AHP）来确定各项指标权重。一级指标权重向量 $W = (W_1, W_2, \cdots, W_n)$，且满足 $\sum_{i=1}^{n} W_i = 1$；二级指标权重集 $W_i = (W_{i1}, W_{i2}, \cdots, W_{in})$，满足 $\sum_{j=1}^{k} W_{ij} = 1$。

第三步，确定模糊评估矩阵。

从最后一级指标到评价集 V 的一个模糊映射可以确定一个对应的模糊关系，当一级指标有 n 个时，可以确定有 n 个从 U_i 到 V 的模糊关系 R_i，

$$R_i = \begin{pmatrix} r_{11} & r_{12} & \cdots & r_{1n} \\ r_{21} & r_{22} & \cdots & r_{2n} \\ \cdots & \cdots & \cdots & \cdots \\ r_{m1} & r_{m2} & \cdots & r_{mn} \end{pmatrix} = (r_{ij}) m \times n$$

其中，n 表示评语集中数，m 表示一级指标 U_i 中二级指标数，$r_{ij}(i=1, 2, \cdots, m; j=1, 2, \cdots, n)$ 表示二级指标 U_{ki} 对第 j 级评语 V_j 的隶属度。

第四步，就上述数学模型处理后的农民工创业集聚对城镇化支持能力进行综合评价。

＊第一次评价：首先针对各二级指标 U_{ki} 评价矩阵 R_i 进行模糊运算，得到一级指标 U_i 对于评语集 V 隶属向量 B_i，$B_i = W_i \circ R_i = (b_{i1}, b_{i2}, \cdots, b_{im})$，模糊子集 $B_i = (b_{i1}, b_{i2}, \cdots, b_{im})$ 是第一次综合评价结果，W_i 为二级指标集的权重向量，其中，$b_{ij} = \bigvee_{i=1}^{n} (w_{ij} \bigwedge_{j=1}^{m} r_{ij})$。

通过第一次综合评价运算，可得模糊评价矩阵：

$$R = \begin{bmatrix} R_1 \\ R_2 \\ \cdots \\ R_m \end{bmatrix} = \begin{bmatrix} r_{11} & r_{12} & \cdots & r_{1n} \\ r_{21} & r_{22} & \cdots & r_{2n} \\ \cdots & \cdots & \cdots & \cdots \\ r_{m1} & r_{m2} & \cdots & r_{mn} \end{bmatrix} = \begin{bmatrix} B_1 \\ \cdots \\ B_n \end{bmatrix} = \begin{bmatrix} b_{11} & b_{12} & \cdots & b_{2m} \\ b_{21} & b_{22} & \cdots & b_{2m} \\ \cdots & \cdots & \cdots & \cdots \\ b_{n1} & b_{n2} & \cdots & b_{nm} \end{bmatrix}$$

*第二次评价：关于指标 U_{ki} 评语中有 V_{ij} 个 w_j 评语（$j = i = 1$，2，…，n），对 $i = 1$，2，…，m 有 $r_{ij} = \dfrac{V_{ij}}{\sum\limits_{j=1}^{n} V_{ij}}$（$j = i = 1$，2，…，$n$），对专家评分结果进行统计整理，可得出第二次综合评价结果。

*综合评价。

通过第二次综合评价运算可得到目标层指标 U 对于评语集 V 的隶属向量 $B = A.R = (b_1, b_2, \cdots, b_m)$，其中，$b_i = \bigvee\limits_{i=1}^{n}(w_i \wedge r_{ij})$

当 $\sum\limits_{i=1}^{m} b_i \neq 1$ 时对 $B = A.R = (b_1, b_2, \cdots, b_m)$ 进行归一化处理，即令 $\hat{b}_j = \dfrac{b_j}{\sum\limits_{j=1}^{m} b_j}$，可得 $B = (\hat{b}_1, \hat{b}_2, \cdots, \hat{b}_m)$，B 即为目标层 U 对于评语集 V 的隶属向量，其中 $\hat{b}_1$，$\hat{b}_2$，…，$\hat{b}_m$ 分别表示 U 对于评语集 V_1，V_2，…，V_m 的隶属度，即：

$$B = \frac{\hat{b}_1}{v_1} + \frac{\hat{b}_2}{v_2} + \cdots + \frac{\hat{b}_m}{v_m} (0 \leqslant \hat{b}_j \leqslant 1)$$

$\hat{b}_j$ 为对象 o 评为等级 v_j 的隶属度，而 B 即为综合评价结果。

第五步，计算评价体系中每个评价对象的综合分值。

综合评价目标在于通过多个对象排序得出综合评价结果，研究因此将综合评价结果 B 转换成综合分值 M，且依 M 值大小进行排序，最终得出多项衡量指标中农民工创业产业集聚对城镇化支持不同变量的重要程度。

$M = P_1\hat{b}_1 + P_2\hat{b}_2 + \cdots + P_m\hat{b}_m$，其中 $P_j(j = 1$，2，…，m) 为评价等级 v_j 分值。

第二节

农民工创业产业集聚下的城镇化支持能力评价

一、农民工创业集聚城镇化支持概述

(一) 农民工创业产业集聚对城镇化支持能力评价的重要意义

农民工创业产业集聚对农村城镇化支持能力，实质上就是农民工以创业活动带动产业集中，进而带动城镇化的能力，具体包括几点：第一，这一特定前提下的"城镇化"是一个外延较窄的概念，强调通过农民工创业产业集聚这一特定过程中的农村经济社会的变革。创业产业集聚产生的农村城镇化，并非指简单的农村人口向城镇转移，也不是单纯地小城镇建设，而是在创业企业向某一区域集中过程中，引导农村人口流动，农民身份发生实质性非农转型。第二，这一城镇化过程是从农村和农民发展角度提出，是以农民工作为创业发展主体，强调这一农民精英群体在获得资金、技能及先进理念后，通过兴办企业让更多腹地农民参与创造和享受城市文明的过程。第三，农民工创业产业集聚对城镇化的支持，不仅仅体现在对农村剩余劳动力的吸纳，更包括创业以其产业集聚对农村区域经济、产业结构、社会发展以及城镇化潜力的积极影响。具体可归纳于以下几个方面：

第一，农民工创业是我国创业型经济发展的主体，评价结果既可以帮助农村创业者权衡投资或进驻，也可以为产业梯度转移选择承接企业提供依据。

第二，可根据评价结果判断某特定区位创业发展状况或城镇化程度，以便于作出人口流动迁移决策。

第三，评价结果可以作为社会组织及其他农民工创业企业建立战略合作关系的实施策依据。

第四，就农民工创业产业集聚对城镇化影响的评价，可以为地方政府各

部门提供区域发展规划、城市总体规划、国土规划等提供空间规划相关量化依据，保证城镇发展目标的实现。

（二）农民工创业集聚下的城镇化支持内涵

第一，农民工创业产业结构优化对城镇化的支持。在农民工创业集聚过程中，城镇化率与区域经济发展水平呈共同增长趋势，这些在很大程度上可归结于农业、工业化以及第三产业的产值与劳动力转换效率。农业具有为城镇人口提供商品粮，提供资金原始积累、提供原料市场以及必需的劳动力资源功能，城镇化实质上也可以被认为是农村社会与自然经济向城市社会及商品经济的转换过程，城镇边界因此通常由区域农业生产力所决定；工业能使自给自足、分散无序的农村自然经济得到实质上改观，但这些须建立在空间依托基础之上，以工业带动城镇化是城镇发展的主要动力，工业化因此成为城镇经济的重要内涵。农民工创业以各类小微工业型企业兴办为主，创业对小城镇发展的推动，通常表现为直接以现有小城镇为集聚中心地创业，或与以偏远农村为原点进行创业扩张两种形态，人口聚集与生产规模扩张贯穿于城市发展的始终，创业集聚下的城镇化因此可以被视为农民工创业促进农村工业化发展的空间体现。基于规模经济的存在，农民工创业生产将带来资本和人口高度的集中，尤其发生于农村腹地的创业活动，能为周边农民提供就业机会，而后产生配套性服务及消费性服务需求，通讯业、运输业、物流业第三产业迅速发展，城镇因此获得可持续扩张动力之源。可见，在农民工创业活动中，三次产业间的升级与转换使其由劳动密集型产业向资本及技术密集型转型，产业优势也从制造初级产品领域向中间产品和最终产品过渡，工业产值及就业人数持续上升，城镇数量增加且规模扩张。农民工创业产业结构优化因此为本书重要考察指标之一。

第二，农民工创业基础设施建设对城镇化的支持。基础设施是为了满足城镇物质生产和居民生活需要所提供的公共物质设施及相关产业部门，是城镇赖以生存和发展的前提基础，也是整个国民经济系统在城镇地域内的延伸。在农民工创业活动中，尽管城市基础设施并不直接参与企业生产活动，但它以服务参与间接影响创业效益。事实上，完善的城镇基础设施能迅速传导人流、物流及信息流，强化各社会经济单位间的分工协作，其作用不仅体现在直接参与生产、服务生产，同时也体现在间接保障生产方面。农民工创业基础设施建设因此为本书重要考察指标之二。

第三，农民工创业技术进步对城镇化的支持。技术以其先进性、高附加值改变产业结构布局结构，对产业结构、劳动组织结构以及物质空间结构产生巨大影响，科技发展成为产业演进的基本动力。西方城镇化进程表明，技术进步是提高生产力水平、促进区域经济增长方式转变的重要途径，是实现人类社会自然系统协调可持续发展的关键，因而成为城镇化的决定性因素。目前农民工创业主要可分为就业谋生型、成长谋利型和经营集约型三种。谋生型创业多为解决家庭生计的微利企业，投资少、规模小且运作简易；谋利型通常处在发展空间及利润空间较大的产业群组，人力资源、财务资源、技术资源与信息资源具一定规模；而管理精细、科技领先、运行稳定的大中型集约型创业目前较少。事实表明，无论是哪种类型农民工创业，都是农民建立在家庭组织基础上，以创建新组织、扩大现有生产规模或从事新生产活动实现财富增加的活动，技术进步将改变创业集聚区位产业结构和延长产业链条，促进产业结构升级。尽管目前创业行为主要发生在非农领域，但农业型创业的高产高效与优质安全很大程度上仍建立在农业科技发展基础之上，技术进步带来的劳动生产效率提高使大量农村富余劳动力得以从土地上释放，第二、三产业才能获取可持续劳动力供给。此外，技术进步带来便捷交通运输、土地集约化利用程度提高、基础设施建设迅速发展，在拉近农村与城市之间距离的同时，使人们空间概念和生活方式得到根本上改变，从此角度而论，农民工创业技术进步强化了城镇人口承载能力，科技发展将成为扩大城镇聚集规模、优化城镇空间结构的强劲支撑。农民工创业技术进步因此为本书重要考察指标之三。

第四，农民工创业区位适度选址对城镇化的支持。地理位置的特殊性，尤其是土地、水源、地形、自然气候等因此往往决定城镇职能与规模发展。一般而言，生态环境好区域人口与产业集聚引力场较强，土地肥沃、交通便利且水源充足的平原地区更易发展成为集聚中心。作为理性经济人的农民工创业者，通常会选择运输交通便利、资源丰富的良好区位进行，这在一定程度上应归结于创业活动必须以土地为载体，而农业型创业中的土地甚至作为生产资料而存在。就此意义上而言，水资源、特色资源、矿藏资源以及旅游等资源禀赋将决定生产利润最大化目标实现，农民工创业区位适度选址因此为本书重要考察指标之四。

第五，农民工创业制度环境改善对城镇化的支持。农民工创业实质上是以制度创新引导农业人口向城镇集聚，带动城镇生产与消费增长的生产活动，作为伴随社会经济增长与结构变迁的社会现象，制度演变通过制定和执行各种经济社会运行规则影响城镇化进程。显而易见，农民工创业对农村户籍制度、就业制度、土地制度、社会保障制度等传统制度形成强烈冲击，人口迁徙、经济要素流动都将产生诱致性制度变迁。客观上来看，与农业发展相关联的各种制度安排，对农业生产效率及农业产出影响很大，一定程度上决定农村富余劳动力向城镇集中，也决定农业产品剩余与要素剩余的增加；而非农产业领域中的创业制度安排，更多影响农村工业与第三产业的发展，影响创业集聚中心地的人口集聚，农民工创业制度环境安排因此为本书重要考察指标之五。

二、样本数据获取

基于各县市所处的地理区位、地域特点、资源优势，目前湖南省实际上已经形成了长株潭经济区、环洞庭湖经济区、大湘西经济区、泛湘南经济区四大县域经济发展区[①]（吴金明，2005），其中，长株潭经济区包括长株潭地区县域，环洞庭湖经济区包括常德、岳阳、益阳三市，大湘西经济区包括邵阳、怀化、自治州和张家界四市州，泛湘南经济区则包括衡阳、娄底、永州和郴州四市。考虑到农民工创业及城镇化率各不相同，同时兼顾样本典型取证价值及数据采集难易，研究拟将四大经济区为样本，就创业在城镇化进程中的效率作粗略考察。长株潭经济区具体选取浏阳市、株洲市、长沙市为样本取证地；环洞庭经济区选取安化县、岳阳县、临澧县为样本取证地；泛

---

① 资料来源：新浪网，《湖南省县域经济可分为四大区》，http：//news. sina. com. cn/c/2005 - 11 - 04/07557354100s. shtml。

湘南经济区选取蓝山县、嘉禾县、永兴县为样本取证地；大湘西经济区选取泸溪县、邵东县、花垣县为样本取证地。有关农民工创业集聚对城镇化支持能力及支持效率问题研究均采用此数据来源。

（1）针对农民工创业集聚对城镇化支持能力问题探讨，目前农村城镇化水平通常采用城镇人口占区域总人口百分比进行测度。90年代末为农村劳动力大量输出时期，"民工潮"是这一时期最具代表性现象，研究因此将2000年作为测度基础年份；2008年金融危机后农村返乡创业较为典型，考虑到创业对城镇化影响具一定时滞效应，故取2010年为比照年份。研究即以2000年与2010年两个年份进行比较，以期农民工创业集聚对城镇化支持作出较为准确的评价。数据来源以各地统计年鉴依据。

（2）有关农民工创业集聚效率问题的探索，试根据2000～2010年的《湖南统计年鉴》中有关新建企业及人口数据，通过查询政府网站及湖南统计网整理，可得长株潭经济区、环洞庭湖经济区、大湘西经济区、泛湘南经济区等地"人均新建企业率"，研究以此作为样本测度变量。

三、评价指标体系构建

农民工创业集聚对城镇化支持能力的相关测度是一项复杂的系统工程，其目标在于全面地、客观地反映农民工创业产业集聚与农村城镇化关联影响。本书试就农民工创业产业结构、基础设施建设、技术进步、区位选址以及制度变革等方面进行定性与定量分析，探讨以农民工创业为载体推动城镇化发展的可行性及基本规律。

（一）指标体系设置目标及原则

在农民工创业集聚这一特定条件下对其城镇化支持作出测评，其结论的准确性很大程度上取决于能否建立一套能全方位反映农民工创业活动推动城镇化发展实质的评价指标体系，涉及社会、人口、空间及经济转换等多方面的内容，要求数量适度且可信度较强，因此必须遵守以下基本原则：

第一，完备性原则。农民工创业集聚对城镇化支持评价不可避免地涉及产业拓展、科技发展、基础设施建设以及制度环境变迁等方面，每个环节都会对农村经济与社会系统运行产生影响，因此必须遵守完备性原则，建立一组研究对象与研究过程完整的综合指标体系，才能最终得出可靠的、令人信服的结论。

第二，系统性原则。在农民工创业活动中，无论是人口集聚、产业集聚，或是生产要素与地理空间上的集聚，对城镇化影响都不是孤立的，具有层次高、涵盖广、系统性强特点。将城镇化置于农民工创业集聚这一前提下研究，不仅涉及集聚经济学、创业经济学、空间经济学，同时也涉及劳动经济学、农村经济学等多学科，是一项跨学科、跨部门的系统性工作，各因素或环节相互制约且涉及指标繁多。基于这一复杂的系统工程，在研究和设置指标时应当遵循系统性原则，重点关注指标选择上的层次性与各子系统间的独立性，在总体目标分解基础上建立一套系统性指标框架。

第三，科学性原则。在农民工创业集聚这一特定前提下对农村城镇化支持能力的估测要做到数据来源准确、处理方法科学，必须以科学的指标体系建立来反映和体现研究目标内涵，客观真实地反映农民工创业能力，人口集聚、产业集聚以及生产要素集聚运行效率，尤其是不同创业模式对城镇化贡献及目标达成性。鉴于高层次指标值通常建立在大量基层指标值加工及运算基础之上，为实现计算公式与运算方法的统一，应当遵循科学性原则，在基层指标选取上尽可能定义准确，简明且易于理解；在计算方法及模型应用上尽量科学规范，力争以评价结果的客观性准确反映农民工创业产业集聚对城镇化发展的影响与作用。

第四，动态导向性原则。农民工创业集聚下的城镇化发展是一个持续渐进的过程，无论是创业活动或是因此产生的人口集聚、产业集聚及生产要素集聚，都处在动态变化中。只有设计一个科学合理且能反映一定时期发展状况的评价指标体系，才能公平、客观、准确的评价创业产业集聚对城镇化的影响，相对准确地反映目标实现状况及未来走势，这些一定程度上取决于基于动态变化视角的指标选取。为综合反映目标实现及趋势状态且便于预测管理，在农民工创业集聚对城镇化支持评价指标选取上应遵循动态导向性原则，以静态指标测度兼顾系统动态变化，在指标保持相对稳定前提下探讨农村创业型经济成为城镇化支撑的可行性及运行规律。

第五，可操作性原则。通常情况下，指标体系的设置不但要考虑到完整与准确，同时也要兼顾实际评价的可操作性及其内在逻辑。在农民工创业集聚对城镇化支持评价中，指标体系设置无须过分追求理论上的完善，在可能的条件下，应尽可能满足以下几点：一是尽可能选择现有统计数据及易收集到的数据，尚无法准确统计或争议较大变量暂不纳入指标体系；二是以操作便利为原则，尽可能提升指标体系现实应用价值，各项指标必须计算口径、计算方法及量纲统一，概念明确且计算简便可行；三是应尽量选择量化指标以便于其他地区参考，即使某些难以量化的重要变量采用定性描述，但必须在量化分析前提下进行，如在专家问卷调查进行横向或纵向比较中的应用。

（二）评价指标体系框架构建

针对城镇化水平进行测度，其目标在于对城镇在国民经济和社会发展中的主导作用进行识别，且就不同区域不同时期间分析比较。目前主要测量方法有两种：一是通过最能反映本质及问题指标定量描述某一区域城镇化水平；二是采用多个指标体系来反映某一地区城镇化水平。学术界有关城镇化水平的指标测度方法包括城镇化水平测度指标体系、城镇可持续发展测度指标体系以及城镇规划体系等几类。

从城镇化水平测度指标选取来看，代合治与刘兆德（1998）对省域城镇化水平测度指标包括人口、经济、社会文化、地域景观四类；张耕田（1998）从七个方面建立城市化水平指标体系，具体涉及人口集聚规模和人口构成、生产经济集聚规模及构成、交通—通讯—给排水—供热供气程度、社会服务水平、社会保障和安全保障、环境质量与市民意识等要素；林泉（2001）使用经济、社会以及城镇建设指标作为城市化实证分析变量，其中社会指标由医疗保障水平及受教育水平组成，城镇建设指标除居住水平、交通密度、通讯能力外还包含环境质量指标；都沁军、于开宁（2001）将城市化水平评价指标框架划分为经济城市化水平、人口城市化水平、地域景观城市化水平、生活方式城市化水平以及环境城市化水平五大类，其中，地域景观城市化水平包括城市生态形成与交通条件改善，生活方式城市化水平可从市内通讯、文化娱乐、居住环境以及水电暖等设施消费水平上得到反映；李振福（2003）构建模型应用城市发展潜力指标、城市发展经济指标与城市发展设施指标进行分析，这里城市发展潜力指标具体指人口集聚程度，城市发展设施指标指城市化物质及信息装备水平；在刘艳军、李诚固（2005）的研究方法中，空间集聚水平、经济增长水平、社会发展水平、基础设施建设水平以及生态建设水平等变量被用来衡量城市化推进水平，其中，社会发展水平包括居民居住水平、地区科技发展水平、地区教育水平等；曹蕾等（2005）采用了人口城镇化指标、景观城镇化指标、经济城镇化指标与社会城镇化指标进行城镇化综合测评。

就城镇化可持续发展相关指标设定来看，牛文元等（2006）使用生存支持系统、发展支持系统、环境支持系统、社会支持系统以及智力支持系统指标；匡耀求等（2005）则从自然、经济、社会几大视角分别考虑城镇的可持续发展问题；张世球（2008）借鉴联合国可持续发展委员会有关可持续发展指标体系，构建了包括社会发展、经济、资源与环境、制度等内容的指标体系；我国有关可持续发展城市指标设定更多从发展度、承载力、环境容量几个方面考虑，主要城市经济支持系统、城市环境支持系统、基础设施支持系统以及社会发展支持系统等方面。

有关城市发展、城市和谐的评价指标选择，常见的是从经济、行政管理、社会和资源环境方面出发进行取舍。黄琦等（2007）的城市和谐评价指标体系包含动力机制、利益均衡机制、社会流动机制、保障机制、自然环境机制、法制环境机制、人文环境机制与重大突发事件应急机制等内容；刘慧（2007）把城镇化影响因子划分为规模与经济实力因子、社会发展因子、生活质量因子、环境因子、基础设施因子几类。

从上述研究成果来看，针对城镇化支持评价指标多涉及经济、基础设施、科技文化教育、资源生态环境几方面，本书试借鉴上述学术成果，遵循评价指标设置原则，从农民工创业能力概念、内涵及目标出发，尽可能筛选出能准确评判样本的支持指标。

在指标体系具体设置上，首先以 n 为第一级指标个数，且满足 $U = U_1 \cap U_2 \cap \cdots \cap U_n$，对于任意 $i \neq j$，$i, j = 1, 2, \cdots, n$ 均有 $U_i \cap U_j = \Phi$，以此确

定评价因素集 $U = \{U_1, U_2, \cdots, U_n\}$；其次，在一级指标集分别为 $U_i = \{U_{i1}, U_{i2} \cdots U_{ik}\}$，$k$ 是在可变的数情况下，以其下级指标个数确定二级评价指标集，其中，U_{ik} 表示一级评价指标 U_i 的第 k 个二级评价指标；最后，形成各种指标可能集合的评语集 $V = \{V_1, V_2, \cdots, V_m\}$，每个等级对应一个模糊级。在农民工创业产业集聚对城镇化支持能力测度中，模糊综合评价指标体系设置涉及创业产业结构、基础设施完善、技术进步、区位选址以及制度环境变革等方面。相关评价因素及评语集确定如下：

第一，农民工创业产业结构优化对城镇化的支持。

从区域经济与生产力角度来看，城镇的发展必然涉及产业结构问题。历史经验表明，城镇化大多首先发生在分工相对完善、经济相对发达农村地区，这与农业能为城镇化发展提供粮食保障、能为城市工业发展提供资金原始积累与生产原料有关。归纳来看，农业型创业可为城镇提供商品粮、原始资金积累、生产原料、市场、劳动力等要素资源，是农业人口向城镇转移、推动城镇化发展的原动力之一；而工业型农民工创业则更多表现为以机器大生产中促使资本和人口高度集中。就某种意义上而言，工业化是城镇经济的内涵，而城镇化则是工业化的空间表现形式，城镇雏形在农业剩余基础上产生，在农业发展中扩张。

在创业聚集的点上形成现代城市，农民工创业具有劳动密集型特征，能生成大量就业岗位，集聚中心地具备成为居民生活与社会经济运行依托空间潜质，创业带来的产业结构优化对城镇化进程影响尤为显著。

通常情况下，农民工创业第一产业具代表性的考察指标为种养大户的产值贡献；第二产业以农产品加工业为主，而服务业效率贡献与三大产业经济实体密度也是城镇化重要考察因素。基于以上考虑，本书评价因素集包括农业型农民工创业对城镇化支持、工业型农民工创业对城镇化支持、第三产业农民工创业对城镇化支持以及三大产业经济实体密度等内容。可应用公式有：

* 农产品加工业创业产值占农业产值比重 = 农业加工创业产值/农业总产值 × 100%

* 农民工创业种养大户比重 = 农民工种养大户总数/农户总数 × 100%

种养大户是指年出栏牛 5 头，生猪 20 头以上，羊 30 头以上，鸡、鸭、鹅 300 只以上，鸡蛋、鸭蛋和鹅蛋 500 千克以上，奶牛 2 头以上的创业规模。

＊农民工创业种养大户产值占社会总产值比重＝农民工创业实体产值/创业集聚地社会总产值×100%

＊农民工创业工业产值占农村社会总产值比重＝农民工创业工业产值/创业集聚地社会总产值×100%

＊农民工创业服务业产值占农村社会总产值比重＝农民工创业服务业产值/创业集聚地社会总产值×100%

＊三大产业农民工创业经济实体密度＝（农业、工业、服务业）产业农民工创业经济实体数量/该区域总面积×100%

第二，农民工创业基础设施建设对城镇化的支持。

城镇基础设施是为满足生产及居民生活需要而提供公共物质的相关产业和部门，是整个国民经济系统基础设施在城镇地域内的延伸，通常包括能源、给水排水、交通运输、邮电、环境绿化、防灾减灾等系统。基于以上综合考虑，农民工创业基础设施建设对城镇化支持相关评价指标将涉及交通基础设施、公用事业设施、信息产业基础设施以及社会服务设施等方面，可量化指标有每农民工创业集聚地平方米硬化道路千米数、电网覆盖率、通信设施覆盖率与供排水、供电、煤气基本生活设施有效覆盖率等。应用公式为：

＊农民工创业集聚地每平方米硬化道路千米数＝创业集聚区域内硬化道路千米数/全县总面积（平方千米）

硬化道路指下雨天能通汽车的道路，行政村总面积为该村耕地面积、水域面积、草原面积和林地面积之和。

＊农民工创业集聚地农村电网覆盖率＝创业集聚区域内电网覆盖村数/行政村总数×100%

＊农民工创业集聚地农村通信设施覆盖率＝创业集聚区域内通讯设施覆盖村数/行政村总数×100%

＊农民工创业集聚地基本生活设施（供排水、供电、煤气）有效覆盖

率＝创业集聚区域内基本生活设施（供排水、供电、煤气）覆盖村数/行政村总数×100%

第三，农民工创业技术进步对城镇化的支持。

技术进步是实现人类社会可持续发展的基础和关键。农民工创业的过程，实质上就是先进科技应用与推广的过程，技术先进性带来高附加值以及产品质量的提升，促进产业结构升级与产业链延长。通常情况下，农民工创业集聚区域是新技术扩散溢出源，创业技术进步通过影响劳动组织结构、物质空间结构推动城镇集聚中心形成。农业型创业技术应用使大量农村富余劳动得以从土地上释放，第二、三产业创业技术进步能创造更多非农就业岗位，以生产率提高、产业结构提升加速城镇化进程。本书有关农民工创业技术进步对城镇化支持的评价指标包括：反映农业型创业生产力水平综合经济指标"土地产出率"、反映农民工创业产值与其劳动消耗量比值的"劳动生产率"、与反映创业对资源禀赋利用的"资源利用率"。应用公式有：

＊基于农民工创业的土地产出率＝创业创造 GDP 值/创业使用土地面积×100%

＊基于农民工创业的劳动生产率＝创业生产产品数量/时间×100%

＊基于农民工创业的资源利用率＝创业已利用资源/区域资源总量×100%

第四，农民工创业区位适度选址对城镇化的支持。

资源生态环境对城镇发展起着决定性影响作用，土地、水源、地形、气候等自然条件是农民工创业区位选址的重要考虑因素，直接影响创业集聚中心地布局和基础设施建设；而经济收入预期、矿产资源条件、运输交通等社会因素都在一定程度上影响农民工创业决策，决定创业的地理空间分布。通常情况下，生态环境较好且自然资源丰富区域较易形成人口与产业集聚地，城镇形成与发展较快；相形之下，生态环境恶劣、自然资源匮乏地区则难以吸引创业活动的开展，城镇化水平落后。资源环境利用条件下的农民工创业区位选址概念比较抽象，研究将其量化为 5 项指标，即农民工创业可利用耕地面积、创业可利用水域面积、创业可利用矿产资源、创业可利用特色生物资源、创业可利用旅游资源以及创业区位选择优势值。应用公式有：

＊农民工创业可利用耕地面积＝创业可利用耕地面积/集聚区位耕地总面积×100%

＊农民工创业可利用水域面积＝创业可利用水域面积/集聚区位水域总面积×100%

＊农民工创业可利用矿产资源＝创业可利用矿产资源/集聚区位矿产资源总量×100%

（按资源种类数量计，无矿产资源为0，一种资源为1，两种资源为2，依此类推）

＊农民工创业可利用特色生物资源＝创业可利用特色生物资源/集聚区位特色生物资源总量×100%

（按资源种类数量计，无特色生物资源为0，一种资源为1，两种资源为2，依此类推）

＊旅游资源＝国家级旅游×10＋省级旅游景点×5＋其他×1。

$$＊区位优势值 = \frac{\sqrt{\dfrac{上一级行政区域面积}{\pi}}}{本县（村）距中心城市的距离}$$

第五，农民工创业制度变革对城镇化的支持。

制度是人类设计用以安排政治、经济与社会交往的约束（诺思，2006），就其本质而言，制度是调节和规范人与人之间、人与组织之间以及组织与组织之间互动行为的各种规则（汪丁丁，2005）。作为一种社会性生产活动，农民工创业不可避免地与政府、社会中介组织、非营利组织、社区组织发生一定联系，随着创业经济的扩张，制度因有限理性、不完全信息而表现出的缺陷日益显著。基于获利追求响应，理性农民工创业者将本能产生制度变迁需求，在自发倡导、组织和实施下开始非连续的、自发的制度创新。事实表明，农业发展推进制度安排，非农产业发展推进制度安排、经济要素流动促进制度安排，以及城镇空间建设促进制度安排等都会在一定程度上受到创业活动的影响。考虑到制度是一个抽象模糊概念，研究不再应用公式定量计算，而采取定性分析方法进行。

综上所述，经整理后的评价指标框架如表6－1所示。

表6-1 农民工创业产业集聚对城镇化支持综合评价指标体系

目标层	一级指标	二级指标	评价方法
农民工创业产业集聚对城镇化支持	创业产业结构优化对城镇化支持	加工业创业产值比	定量指标
		种养大户创业比	定量指标
		种养大户创业产值比	定量指标
		工业创业产值比	定量指标
		服务业创业产值比	定量指标
		三大产业创业经济实体密度	定量指标
	创业基础设施建设对城镇化支持	创业集聚地每平方米硬化道路千米数	定量指标
		创业集聚地电网覆盖率	定量指标
		创业集聚地通信设施覆盖率	定量指标
		创业集聚地基本生活设施覆盖率	定量指标
	创业区位选址适度对城镇化支持	创业耕地利用率	定量指标
		创业水域利用率	定量指标
		创业矿产资源利用率	定量指标
		创业特色生物资源利用率	定量指标
		创业旅游资源利用率	定量指标
		创业区位优势值	定量指标
	创业技术进步对城镇化支持	基于创业技术进步的土地产出率	定量指标
		基于创业技术进步的劳动生产率	定量指标
		基于创业技术进步的资源利用率	定量指标
	创业制度环境变革对城镇化支持	推进农业发展的创业制度安排	定性指标
		推进非农产业发展的创业制度安排	定性指标
		促进经济要素流动的创业制度安排	定性指标
		促进城镇空间建设的创业制度安排	定性指标

（三）评价对象集无量纲化处理

由于经济意义、表现形式以及作用趋向不同，评价指标通常不具备可比性，必须对其进行处理以消除指标量纲影响，这里所谓"量纲"，即为指标中不可综合的因素。无量纲化处理，就是通过一定方式在保留主要原始信息前提下将指标实际值转化成为评价值。农民工创业集聚对城镇化支持评价指标无量纲化处理应遵循三个原则：一是应尽可能消除指标实际值计量单位及数量级影响，以便更充分地保持评价对象的信息差异；二是应尽可能保持指标评价值与实际值之间的关系对应，以减少指标值转化成评价值后的信息扭曲或失真；三是应尽可能采用能反映绝大多数评价对象的指标分布值域，控制评价对象在某一指标评价值的区间分布，以便在确定指标实际值、阀值标准时减少极端值影响。此外，在不影响综合效果的情况下，指标无量纲化处理还应尽量采用简明、直观的可操作性强方法。

指标无量纲化是通过数学变换来消除评价指标观测值中的量纲影响，指标性质各不相同，无量纲化方法也有所差异。在有关定量指标的无量纲化处理上，目前研究多采取阈值法，也称为功效系数法，即根据多目标规划原理，对各项评价指标分别确定一个满意值和不允许值，以满意值为上限，以不允许值为下限，计算出各项指标接近、达到或超出满意值的程度，并转化为相应评价分数，其中，阈值通过指标实际值或某些特征进行比较，即将第 j 单位第 i 指标实际值 X_{ij} 与该种指标中某个阈值 X_0 比值作为评价值 Y_{ij}。农民工创业集聚对城镇化支持相关评价指标无量纲化处理步骤具体如下：

（1）确定各项评价指标满意值与不允许值。满意值指待评价企业对城镇化支持贡献可能达到的最好水平，不允许值指各评价指标中不应该出现的最差水平。根据研究目的及指标性质，在正向指标处理上，满意值取待评价企业对城镇化支持贡献的最高值（如果采取纵向评价，则取历年中的最大值，以下类似）；不允许值取参评对象的最小值；在逆向指标处理上，满意值取待评价企业对城镇化支持贡献最小值，不允许值则取参评对象的最高值。

（2）导入功效系数以计算各项指标单项评价分值，计算公式如下：

$$a_{ij} = \frac{x_{ij} - x_{j\min}}{x_{j\max} - x_{j\min}} \times 40 + 60$$

a_{ij}——第 i 个待评价企业第 j 项指标评价分值，即第 j 项指标功效系数；

x_{ij}——第 i 个待评价企业第 j 项指标的实际分值；

$x_{j\max}$——第 j 项评价指标的满意值；

$x_{j\min}$——第 j 项评价指标的不允许值；

i——待评价企业序号（$i = 1$，2，$\cdots$，m）；

j——评价指标序号（$j = 1$，2，$\cdots$，n）。

为便于农民工创业集聚对城镇化支持评价指标间的比较，将上述功效系数法进行变形以促使分值间差异趋于明显。其中，正向指标计算公式为：

$$f_{ij} = \frac{x_{ij} - x_{j\min}}{x_{j\max} - x_{j\min}} \times 60 + 40$$

逆向指标计算公式为：

$$f_{ij} = \frac{x_{j\max} - x_{ij}}{x_{j\max} - x_{j\min}} \times 60 + 40$$

f_{ij} 表示第 i 个待评价企业第 j 项指标的评价分值，也称为第 i 个待评价企业第 j 项指标的功效系数；

x_{ij} 表示第 i 个待评价企业第 j 项指标实际分值；

$x_{j\max}$ 表示第 j 项评价指标的满意值；

$x_{j\min}$ 表示第 j 项评价指标的不允许值；

i 表示被评价农民工创业参评企业序号（$i = 1$，2，…，m）；

j 表示评价指标的序号（$j = 1$，2，…，n）。

为拉大指标评价分值值域，研究将指标最大值样本得分设定为 100 分，最小值样本得分为 40 分。

四、指标权重体系确定

在评价系统中，科学合理地确定指标权重是评价准确的关键。对各项指标赋予相应的权重是综合评价的前提，每个指标在评价目标中地位和作用不同，指标权重也会大不一样。一般情况下，权重系数被用来表示某个指标在指标体系中的重要程度，是被评价对象重要程度的定量分配体现，也是系统综合评价的重要参数。某指标越重要，则该指标所占权重越大，反之则越小。

在农民工创业产业集聚对城镇化支持相关评价指标体系中，尽量采取定量分析方法进行。为使评价结果客观、科学、合理，在针对农民工创业产业集聚的城镇化支持的评价中，试根据不同指标在目标中的地位和实际作用来合理分配权重，力争建立一组能反映评价对象本质特征的且与评价指标体系相对应的权重体系。为避免由于指标测定不准确导致评价结果偏离，对于某些可测性较差的重要指标，在没有可替换指标时将适当减少该指标权重。在指标权重确定方法上，目前主要有"主观赋权法"与"客观赋权法"两种。

主观赋权法是从主观上判断不同评价指标的重要性，并以此确定其指标权重的方法，层次分析法（The Analytic Hierarchy Process，简称 AHP）最为常用，也是目前对目标评价相对精确的方法；而"客观赋权法"，则是将各指标原始信息经过一定数学处理后获得权重的方法。

鉴于"城镇化支持"本身就是一个模糊概念，以专家主观经验结合指标计算结果确定权重会更接近于目标真实，研究拟应用主观赋权法确定指标权重体系，评价指标可分为三个层次：第一层为目标层 C，第二层为准则层（$C_1 \sim C_5$），第三层为指标层（$C_{11} \sim C_{16}$，$C_{21} \sim C_{24}$，$C_{31} \sim C_{36}$，$C_{41} \sim C_{43}$，$C_{51} \sim C_{54}$），如表 6-1 所示。

第一，权重测算须满足的条件：

＊一级指标权重测算满足条件：为保证某一区位农民工创业集聚对城镇化支持综合评价的可靠性，相对精确地反映各指标在整个评价系统中的重要度，权重采取 0~1 之间数值。权重值越接近 1，表明农民工创业集聚对城镇化支持度越高，反之则越低。二级指标体系为 $P = \{P_{ij} | i = 1, 2, \cdots, n, j = 1, 2, \cdots, n\}$，权重体系 $W = \{w_i | i = 1, 2, \cdots, n\}$，且满足条件：

（1）$0 < w_i < 1$，$|i = 1, 2, \cdots, n$

（2）$\sum\limits_{i=1}^{n} w_i = 1$

＊二级指标权重测算满足条件：该层次为评价体系中基础评价指标，从本质上反映与农民工创业集聚对城镇化的支持状况。假定该层次的二级指标体系为 $P = \{P_{ij} | i = 1, 2, \cdots, n, j = 1, 2, \cdots, n\}$，对应的权重体系为 $W = \{w_{ij} | i = 1, 2, \cdots, n, j = 1, 2, \cdots, m\}$，且满足条件：

（1）$0 < w_i < 1$，$|i = 1, 2, \cdots, n$

（2）$\sum\limits_{i=1}^{n} w_{ij} = 1$

（3）$\sum\limits_{i=1}^{n} \sum\limits_{j=1}^{m} w_i w_{ij} = 1$

第二，权重测算研究步骤如下：

（1）构造模糊判断矩阵；

（2）求模糊综合程度值 $S_i = (i = 1, 2, \cdots, 5)$；

（3）求 $V(S_i \geq S_j)(i \neq j, \ i, \ j \in N)$；

（4）求 $d'(U_i)(i \in N)$；

（5）确定指标权重。

限于篇幅，这里仅给出权重计算结果，如表 6-2 所示。

表 6-2　农民工创业产业集聚对城镇化支持评价指标权重

	一级指标	权重	二级指标	W_i	W_{ij}
农民工创业产业集聚对城镇化支持 C	创业产业结构优化对城镇化支持 C_1	0.276	加工业创业产值比 C_{11}	0.202	0.048
			种养大户创业比 C_{12}	0.150	0.058
			种养大户创业产值比 C_{13}	0.180	0.044
			工业创业产值比 C_{14}	0.204	0.042
			服务业创业产值比 C_{15}	0.120	0.030
			三大产业创业经济实体密度 C_{16}	0.144	0.054
	创业基础设施建设对城镇化支持 C_2	0.253	创业集聚地每平方米硬化道路千米数 C_{21}	0.205	0.072
			创业集聚地电网覆盖率 C_{22}	0.154	0.061
			创业集聚地通信设施覆盖率 C_{23}	0.256	0.051
			创业集聚地基本生活设施覆盖率 C_{24}	0.385	0.069
	创业区位选址适度对城镇化支持 C_3	0.168	创业耕地利用率 C_{31}	0.380	0.024
			创业水域利用率 C_{32}	0.221	0.017
			创业矿产资源利用率 C_{33}	0.134	0.029
			创业特色生物资源利用率 C_{34}	0.138	0.032
			创业旅游资源利用率 C_{35}	0.062	0.028
			创业区位优势值 C_{36}	0.065	0.038
	创业技术进步对城镇化支持 C_4	0.212	技术进步下的创业土地产出率 C_{45}	0.115	0.054
			技术进步下的创业劳动生产率 C_{42}	0.330	0.090
			技术进步下的资源利用率 C_{43}	0.107	0.068
	创业制度环境变革对城镇化支持 C_5	0.091	推进农业发展的创业制度安排 C_{51}	0.350	0.019
			推进非农产业发展的创业制度安排 C_{52}	0.180	0.032
			促进经济要素流动的创业制度安排 C_{53}	0.207	0.023
			促进城镇空间建设的创业制度安排 C_{54}	0.251	0.017

五、评价结果分析

建立评语集 $V = \{v_1, v_2, \cdots, v_n\} = \{v_1, v_2, v_3, v_4\}$，其中 v_1，v_2，v_3，v_4 分别表示优、良、中、差 4 个等级，由表 6 - 2 指标权重可得：

$A = (0.276, 0.253, 0.168, 0.212, 0.091)$

$A_1 = (0.202, 0.150, 0.180, 0.204, 0.120, 0.144)$

$A_2 = (0.205, 0.154, 0.256, 0.385)$

$A_3 = (0.380, 0.221, 0.134, 0.138, 0.062, 0.065)$

$A_4 = (0.115, 0.330, 0.107)$

$A_5 = (0.350, 0.180, 0.207, 0.251)$

邀请 6 位专家，选择 2000 年、2010 年两个能反映农民工创业产业集聚对城镇化支持的典型年份进行评价，统计数据如表 6 - 3 所示。

表 6 - 3　农民工创业产业集聚对城镇化支持评判数据

一级指标	一级指标	二级指标	2000 年评价分布				2010 年评价分布			
			V1	V2	V3	V4	V1	V2	V3	V4
C	C_1	加工业创业产值比 C_{11}	1	1	3	1	6	4	2	2
		种养大户创业比 C_{12}	1	5	2	1	3	6	1	0
		种养大户创业产值比 C_{13}	4	6	1	1	6	4	1	0
		工业创业产值比 C_{14}	1	3	3	1	5	5	3	1
		服务业产值比 C_{15}	0	3	4	4	4	4	3	1
		三大产业创业经济实体密度 C_{16}	1	2	4	4	5	3	2	0
	C_2	创业集聚地每平方米硬化道路千米数 C_{21}	2	3	2	4	7	5	3	0
		创业集聚地电网覆盖率 C_{22}	1	2	2	5	5	5	2	0
		创业集聚地通信设施覆盖率 C_{23}	1	2	4	4	4	5	1	0
		创业集聚地基本生活设施覆盖率 C_{24}	2	2	3	3	6	5	2	0
	C_3	创业人均耕地利用率 C_{31}	2	2	4	4	4	5	2	1
		创业人均水域利用率 C_{32}	2	1	3	3	3	3	2	1
		创业矿产资源利用率 C_{33}	2	2	2	3	5	5	1	0
		创业特色生物资源利用率 C_{34}	0	2	4	6	7	6	1	0

一级指标		二级指标	2000 年评价分布				2010 年评价分布			
			V1	V2	V3	V4	V1	V2	V3	V4
C	C_3	创业旅游资源利用率 C_{35}	1	1	3	3	7	5	0	0
		创业区位优势值 C_{36}	1	1	4	1	5	5	1	0
	C_4	基于创业技术进步的土地产出率 C_{45}	1	2	4	2	4	4	1	0
		基于创业技术进步的劳动生产率 C_{42}	1	1	3	4	5	5	1	0
		基于创业技术进步的资源利用率 C_{43}	0	1	4	5	7	5	1	0
	C_5	推进农业发展的创业制度安排 C_{51}	0	1	3	2	4	5	1	0
		推进非农产业发展的创业制度安排 C_{52}	0	2	3	2	3	4	1	0
		促进经济要素流动的创业制度安排 C_{53}	2	1	2	3	3	6	2	0
		促进城镇空间建设的创业制度安排 C_{54}	0	2	3	2	3	4	1	0

从以上专家评判数据表可得出 2000 年、2010 年年度各评判矩阵如下：

$$R_1^{2000} = \begin{bmatrix} 0.1 & 0.1 & 0.3 & 0.1 \\ 0.1 & 0.5 & 0.2 & 0.1 \\ 0.4 & 0.6 & 0.1 & 0.1 \\ 0.1 & 0.3 & 0.3 & 0.1 \\ 0 & 0.3 & 0.4 & 0.4 \\ 0.1 & 0.2 & 0.4 & 0.4 \end{bmatrix}, \quad R_1^{2010} = \begin{bmatrix} 0.6 & 0.4 & 0.2 & 0.2 \\ 0.3 & 0.6 & 0.1 & 0 \\ 0.6 & 0.4 & 0.1 & 0 \\ 0.5 & 0.5 & 0.3 & 0.1 \\ 0.4 & 0.4 & 0.3 & 0 \\ 0.5 & 0.3 & 0.2 & 0 \end{bmatrix}$$

$$R_2^{2000} = \begin{bmatrix} 0.2 & 0.3 & 0.2 & 0.4 \\ 0.1 & 0.2 & 0.2 & 0.5 \\ 0.1 & 0.1 & 0.4 & 0.4 \\ 0.2 & 0.2 & 0.3 & 0.3 \end{bmatrix}, \quad R_2^{2010} = \begin{bmatrix} 0.7 & 0.5 & 0.3 & 0 \\ 0.5 & 0.5 & 0.2 & 0 \\ 0.4 & 0.5 & 0.1 & 0 \\ 0.5 & 0.6 & 0.2 & 0 \end{bmatrix}$$

$$R_3^{2000} = \begin{bmatrix} 0.2 & 0.2 & 0.4 & 0.2 \\ 0.2 & 0.1 & 0.3 & 0.2 \\ 0.2 & 0.2 & 0.3 & 0.2 \\ 0 & 0.2 & 0.4 & 0.6 \\ 0.1 & 0.1 & 0.3 & 0.3 \\ 0.1 & 0.1 & 0.4 & 0.1 \end{bmatrix}, \quad R_3^{2010} = \begin{bmatrix} 0.4 & 0.5 & 0.2 & 0.1 \\ 0.3 & 0.3 & 0.2 & 0.1 \\ 0.5 & 0.5 & 0.1 & 0 \\ 0.7 & 0.6 & 0.1 & 0 \\ 0.7 & 0.5 & 0 & 0 \\ 0.5 & 0.5 & 0.1 & 0 \end{bmatrix}$$

$$R_4^{2000} = \begin{bmatrix} 0.1 & 0.2 & 0.4 & 0.2 \\ 0.1 & 0.1 & 0.3 & 0.4 \\ 0 & 0.1 & 0.4 & 0.5 \end{bmatrix}, \quad R_4^{2010} = \begin{bmatrix} 0.4 & 0.4 & 0.1 & 0 \\ 0.5 & 0.5 & 0.1 & 0 \\ 0.7 & 0.5 & 0.1 & 0 \end{bmatrix}$$

$$R_5^{2000} = \begin{bmatrix} 0 & 0.1 & 0.3 & 0.2 \\ 0 & 0.2 & 0.3 & 0.2 \\ 0.2 & 0.1 & 0.2 & 0.3 \\ 0 & 0.2 & 0.3 & 0.2 \end{bmatrix}, \quad R_5^{2010} = \begin{bmatrix} 0.4 & 0.5 & 0.1 & 0 \\ 0.3 & 0.4 & 0.1 & 0 \\ 0.3 & 0.6 & 0.2 & 0 \\ 0.3 & 0.4 & 0.1 & 0 \end{bmatrix}$$

对于权重分配 $A \in F(U)$，对应的综合评价为 $B = A \cdot R$，有 $A = (a_1, a_2, \cdots, a_m) B = (b_1, b_2, \cdots, b_n)$，$R[r_{ij}]_{m \times n}$ 其中 $b_{ij} = \bigvee_{k=1}^{m}{}^* (a_k \wedge^* r_{kj})$，此综合评价模型可以简略为 $M(\wedge^*, \vee^*)$，b_j 算子（$\wedge^*, \vee^*$）计算可用模型如下：

* 主因素决定型 $M(\wedge, \vee)$ 模式：该模型只关注最重要因素而忽略其他，模型失效率较高，评价结论参考价值不大。

* 主因素突出 I 型 $M(\cdot, \vee)$ 模式：此模型兼顾所有因素，即 $b_j = \bigvee_{k=1}^{m} (a_k \wedge r_{kj})$，较主因素决定型 $M(\wedge, \vee)$ 模式相对精确。

* 主因素突出 II 型 $M(\wedge, \oplus)$ 模式：即 $b_j = \bigoplus_{k=1}^{m} (a_k \wedge r_{kj}) = \sum_{k=1}^{m} (a_k \wedge r_{kj})$，运算 $\oplus$ 为有界和，即 $a \oplus b = \min(1, a+b)$，由于权重分配满足 $\sum_{k=1}^{m} a_k = 1$，因此有 $\sum_{k=1}^{m} (a_k \wedge r_{kj}) \leqslant 1$。

* 加权平均型 $M(\cdot, +)$ 模式：即 $b_j = \sum_{k=1}^{m} (a_k \wedge r_{kj})$。

在就目标进行模糊综合评价时，可同时采用以上数学模型，以不同排序比较分析。当 $M(\wedge, \vee)$ 或 $M(\cdot, +)$ 计算结果偏小时，可选用 $M(\wedge, \oplus)$ 结果；反之，若用 $M(\wedge, \vee)$ 或 $M(\cdot, +)$ 计算结果偏大时，则选用 $M(\cdot, \vee)$ 结果。相较而言，上述前三种模式较适于关注重点因素的评价，而最后一种模式则更适于兼顾多因素的综合评价。基于农民工创业产业集聚对城镇化支持所涉指标项较多，现选择算子 $M(\cdot, \oplus)$ 以兼顾各评价指标实际影响，具体步骤如下（计算过程略）：

第一，就农民工创业产业集聚对城镇化支持二级指标进行评价，得出一

级指标 C 对于评语集 V 的隶属向量 B_1。

第二，由公式 $R = \begin{bmatrix} B_1 \\ \vdots \\ B_n \end{bmatrix} = \begin{bmatrix} b_{11} & b_{12} & \cdots & b_{1n} \\ b_{21} & b_{22} & \cdots & b_{2n} \\ \cdots & \cdots & \cdots & \cdots \\ b_{n1} & b_{n2} & \cdots & b_{nm} \end{bmatrix}$ 计算 2000 年与 2010 年度

目标层的评价矩阵。

第三，就目标层进行测算，得出农民工创业产业集聚对城镇化支持指标体系 C 对于评语集 V 的隶属向量 B。

第四，根据公式 $M = B'. C'$，在给定 $C^T = (10，8，6，4)^T$ 情况下，有：

$M^{2000} = B^{2000} * C^T = (0.102，0.219，0.023，0.041)(10，8，6，4)^T = 2.876$

$M^{2010} = B^{2010} * C^T = (0.421，0.445，0.165，0.213)(10，8，6，4)^T = 6.489$

由 $M^{2000} = 2.876$，$M^{2010} = 6.489$ 可知，2000 年度农民工创业产业集聚对城镇化支持的总体水平评价为"差"，2010 年度评价水平为"良"。可能的原因如下：

作为社会现代化的重要标志，城镇化受到经济、社会、政治和文化等多方因素影响。2000 年农村人口迁移主要表现为剩余劳动力向经济发达地区的流出，农民工创业比重不高且布局分散，未能满足农村工业集聚要求，难以通过人口与产业集聚实现城镇经济利益递增，更重要的是，经济要素的流失在很大程度上减缓了农村产业结构非农化进程，这一时期农民工创业产业集聚对城镇化支持水平较差，与经验事实状况基本吻合。相较之下，2010 年度相关数据显示农民工创业产业集聚对城镇化支持水平有显著提高，应当与 2008 年金融危机大量农民工返乡创业有关。这一阶段农村劳动力呈现双向流动趋势，返乡创业总体规模快速提升。事实表明，作为外出就业劳动力中最具备开拓精神的群体，农民工创业者积累了一定资金和管理经验，也掌握了一定生产技术和市场信息，创业基础与条件逐渐成熟，无论是依托区位及资源禀赋的农业开发型模式，或是依托精英人才实现的工业扩张型模式，或是依托市场需求展开的服务业模式，农民工创业都以其草根特质表现出极强的生命力与扩散溢出优势。理性农民工选择在距农村较近的（集）镇创业促进了生产要素的集聚，不仅在微观上为城镇带来各种经济利益，同时也

从宏观上影响城镇经济的运行，推动农村城镇化发展。

第三节

农民工创业产业集聚下的城镇化支持效率实证检验

一、样本和数据选取

本书仍以湖南四大经济区内农民工创业为典型样本，以此基就农民工创业产业集聚对城镇化效率进行实证检验。长株潭经济区选取浏阳市、株洲市、长沙市为样本取证地；环洞庭经济区选取安化县、岳阳县、临澧县为样本取集地；泛湘南经济区选取蓝山县、嘉禾县、永兴县为样本取证地；大湘西经济区选取泸溪县、邵东县、花垣县为样本取证地。城镇化水平拟采用2000~2010年湖南省非农业人口和总人口数据计算；有关农民工创业水平测度，试取集各县市"人均新建企业率"为观察指标，其中，新建企业数及人口数据，经《湖南统计年鉴》与湖南政府网站资料整理所得。

二、变量解释与模型设定

（1）城镇化水平测度。在城镇化水平估测上，部分国家采用城镇人口与总人口占比、部分以非农业人口占比或城市用地占比作为测量依据。前者计算公式为：城镇化水平＝（城镇人口/总人口）×100%，属于产业结构范畴，其方法简单明了且统计资料搜集相对容易，适宜于地区间通用；相较而言，后者存在统计技术上的困难，普及性不强。目前我国统计口径与国际惯例存在一定差异，多根据辖区人口及农业非农人口进行统计，且各省口径不一致，指标数据不完整。研究拟试选取后者作为城镇化水平衡量标准，以此进行模型解释。

（2）产业集聚水平衡量指标。目前衡量某一产业在特定区域的相对集中度通常采用"区位商"，这是一种较为普遍的集群识别方法，也是一种以产业效率与效益进行定量分析的常用工具。"区位商"又称专门化率，用以衡量区域要素空间分布、反映产业部门专业化程度及其在高层次区域中的地位和作用，产业集聚水平高低可以根据区位商 LQ 值来衡量，即可以通过计算某一区域产业区位商对该区域地位作出评判，计算公式为：$LQ_{ij} = \dfrac{\left(\dfrac{L_{ij}}{L_i}\right)}{\left(\dfrac{L_j}{L}\right)}$，

其中，LQ_{ij} 为区位商系数，L_{ij} 为 i 地区 j 部门就业人数，L_i 为 i 地区总就业人数，L_j 为宏观环境下 j 部门的就业人数，L 为全国总就业人数。通常情况下，LQ 值越大意味着产业集聚水平越高；当 $LQ_{ij} > 1$ 时，表明产业集中度较高，专业化程度较高。研究拟使用区位商作为农民工创业产业集聚测量指标，重点应用第二、三产业区位商对模型作出解释。

（3）创业水平的衡量指标。长期以来，创业水平测度指标信服度不强，大多停留在抽象概念上，通常采用"人均新建企业率"（Number of Starups Relative to the Population）作为创业实证研究变量，即以该地区当年新建企业数量除以当地人口总数以获得当年该地区人均拥有新建企业数量，在此基础上估测该地区当年创业发展水平（Thurik，1995；Carree et al.，2003；Acs et al.，2004；Audretsch et al.，2005）。客观上看来，以该指标为基础进行的实证研究能较好地观测企业家捕捉机遇的行为，在反映地区或产业动态的同时，一定程度上揭示了该区域社会制度系统对市场进入行为的支持度，但单一指标缺陷较明显。西方经验表明，"人均新建企业率"能够较好地解释 23 个 OECD 成员国从 20 世纪 80 年代至 21 世纪初的经济增长，即使在 20 世纪 80 年代中期的经济繁荣期，用"人均新建企业率"来度量创业发展也较其他指标更能解释经济增长轨迹的分化。基于以上种种因素考虑，研究拟将"人均新建企业率"作为创业水平测量指标。鉴于农民创业实质上更多地表现为农民精英创业，是外出农民工在开阔视野、掌握技能与管理经验后的创业活动，为数据资料获取的相对简便，有关农民工创业数据因此部分援引当地农民创业资料。为预测 T 时间内的 n 个体连续变化，研究试截取横向（各县）与纵向（时间）双维数据构建面板数据模型，应用 Huasmam 检验对固定

效应与随机效应模型具体选择。为防范因模型设定不准确而导致相关系列误差，首先对设定形式进行检验。单方程面板数据模型一般形式可表示为：

$$Y_{it} = \alpha_i + \beta_i X_{it} + \varepsilon_{it}, \quad i = 1, 2, \cdots, N; \quad t = 1, 2, \cdots, T$$

依据参数模型的变化，面板数据模型通常可以分为以下三类：

（1）模型一：截距系数不变模型，在横截面上不存在个体影响、结构变化，即 $\alpha_i = \alpha_j, \beta_i = \beta_j$；

（2）模型二：变截距模型，在截面上存在个体影响，此类型情况有两种：固定效应与随机效应，即 $\alpha_i \neq \alpha_j, \beta_i \neq \beta_j$；

（3）模型三：变系数模型，同时存在两种影响，一种为截面个体影响，一种为不同截面单位上的不同斜率影响，即 $\alpha_i \neq \alpha_j, \beta_i \neq \beta_j$。

对于具体采用何种模型，需进行协方差分析检验如下两个假设：

H_1：不同的截面单位与时间上，斜率相同，截距不同；

H_2：不同的截面单位与时间上，斜率相同，截距亦相同。

检验方法：先对 H_2 进行检验，若被接受，则没必要做进一步检验；若被拒绝，则要对 H_1 做继续检验，若 H_1 被拒绝，则取模型三。

检验 H_2 的 F_2 统计量为：

$$F_2 = \frac{\dfrac{(S_3 - S_1)}{(n-1)(K+1)}}{\dfrac{S}{[nT - n(K+1)]}} \sim F[(n-1)(K+1), n(T-K-1)]$$

检验 H_1 的 F_1 统计量为：

$$F_2 = \frac{\dfrac{(S_2 - S_1)}{(n-1)K}}{\dfrac{S}{[nT - n(K+1)]}} \sim F[(n-1)K, n(T-K-1)]$$

其中，S_1, S_2, S_3 依次为模型三、模型二、模型一的残差平方和。

农民工工创业涉及三大产业，常见的有农业生态型创业、加工生产型创业与服务型创业等。研究拟构建模型，就湖南四大经济区 12 县三大产业农民工创业集聚在城镇化进程中的影响效率进行考察。基于面板数据可能出现横截面异方差与序列自相关问题，试采用跨县残差协方差为权数，运用最小二乘法予以估算。模型设定如下：

$$UR_{it} = C_{it} + \beta_1 AC_{it} + \beta_2 EC_{it} + \beta_3 SC_{it} + \mu_{it}$$

其中，UR_{it} 为城镇化率，AC_{it} 为第一产业区位商，EC_{it} 为第二产业区位商，SC_{it} 为第三产业区位商，C_{it} 为截距，μ_{it} 为随机误差，i 代表不同区域，t 代表不同时期。

三、模型结果估计与分析

研究首先就变截距或变系数模型选择进行检验，通过构建上述 F_1、F_2 统计可得（见表6-4）。

表6-4　　　　　　　　　模型设定 F 检验结果

F 检验	F 值	F 临界值
F_2	67.42	(1.65, 2.03)
F_1	25.93	(1.77, 2.24)

注：F 临界值括号中前面一个数是 1% 的显著水平下的临界值，后面一个数是 5% 的显著水平下的临界值。

由表6-4检验结果可知，H_2 被拒绝，H_1 检验也被拒绝，表明适用于变系数模型。为解决横截面异方差和序列自相关问题，试采用 SUR 进行加权，回归后方程 R^2 为 0.92，表明变量解释作用良好，F 值为 344 495.7，DW 值为 2.214。各样本系数及截距项如表6-5所示。

表6-5　　　　　　　　样本模型检验结果

	地区	AC 系数	T 值	EC 系数	T 值	SC 系数	T 值	截距项
长株潭经济区	浏阳市	3.782	1.967	6.758	5.521	12.986	9.417	48.526
	湘潭县	4.029*	3.842*	5.213	6.628	13.693	26.126	16.258
	株洲茶陵县	2.472*	2.438*	3.006	2.156	7.236	17.852	17.635
环洞庭经济区	益阳安化县	5.175	6.685	3.127	4.126	5.852	32.486	24.816
	常德临澧县	6.852	4.729	2.433	1.096	4.139	28.145	−17.201
	岳阳市岳阳县	7.139	5.148	5.136	4.148	6.935	12.423	19.663

	地区	AC 系数	T 值	EC 系数	T 值	SC 系数	T 值	截距项
泛湘南经济区	永州市蓝山县	2.407	1.247	7.624	-0.174	6.852	18.634	18.569
	郴州市永兴县	1.006	2.593	6.853	0.269	4.128	24.023	-14.206
	郴州市嘉禾县	0.753	0.528	6.329	1.553	7.612	15.143	33.864
大湘西经济区	湘西州泸溪县	2.718	1.856	-0.336*	2.489	1.240	9.146	-5.274
	湘西州花垣县	-1.204*	2.578*	-0.428*	1.413*	0.987	3.269	24.529
	邵阳市邵东县	4.726	3.728	2.596	3.056	2.369	6.856	12.324

注：* 表示没有通过 10% 显著性水平下的 T 检验。

为探讨湖南省四大经济区农民工创业集聚与城镇化发展效率之间关系，研究将相关数据分别进行模型估计，同时选用 SUR 加权，所得结果如表 6-6 所示。

表 6-6   **样本面板数据模型估计结果**

经济区	C	AC	EC	SC	调整后的 R^2	F 值
长株潭	-14.584	3.758 (5.287)**	5.634 (7.436)**	34.639 (32.036)**	0.946	2 556.4**
环洞庭	-5.426	6.185 (4.397)*	3.526 (7.239)*	25.421 (17.269)*	0.961	2 469.5*
泛湘南	12.413	2.436 (5.726)*	4.596 (6.326)**	24.146 (18.237)*	0.931	2 596.1*
大湘西	18.529	1.459 (3.762)**	0.869 (4.259)*	0.123 (2.136)*	0.952	2 647.8**

注：括号里为 T 检验值，* 、** 分别表示达到了 5%、1% 的显著性水平。

从表 6-5、表 6-6 中的模型回归可以看出：（1）农民工创业集聚从高到低依次排序为：长株潭经济区、环洞庭经济区、泛湘南经济区、大湘西经济区。第一产业农民工创业弹性系数（6.185）以环洞庭经济区位居其首，这应归结于该地区是传统粮食生产基地，农业生产地理区位与产业优势得天独厚，返乡农民工可以凭借当地农业资源优势创业，加速人口与产业的集聚；第二产业农民工创业以泛湘南经济区（24.146）较为突出，这与该地区临近沿海发达城市，更多承接产业转移有关。纵观模型整体结果，长株潭经济区三大产业创业集聚效率对城镇化推动均高于其他地区。（2）第一产业农民工创业集聚对城镇化水平提高具有正向作用，除长株潭地区的湘潭县、茶陵县以及大湘西花垣县区位商未能显著之外，其他县域中第一产业创业区位商均较高，其中，以环洞庭经济区最为突出。统计资料显示，2009年1~8月湘潭县农民工三大产业创业占比分别为5.81∶11.71∶82.48，第一产业明显偏低；茶陵县创业主要以皮革加工、进城办厂为主，农业型创业集聚度不高；大湘西花垣县虽然属农业主导型经济模式，但生产分散，农民工创业未能形成规模。相较之下，环洞庭经济区素有鱼米之乡的美誉，其主导产业多为传统经济作物，农业产业化发展迅速，农民工创业依据当地优势产业展开，以农业产品基地形式集聚；泸溪县农民工创业积极发展养猪、烤烟、大棚养殖；邵东县农民工以药材、木材为主体的创业模式已成规模；嘉禾县行廊生态农业示范园、永兴县农民工创业的生猪养殖、红薯加工等创业方兴未艾，源于第一产业农民工创业集聚在不同程度上推动着当地城镇化水平提升。（3）第二产业农民工创业集聚城镇化效率较高。由表中数据可以看出，除湘西州泸溪县和花垣县外，其他区域第二产业农民工创业区位商系数都很显著。现阶段湘西地区经济发展仍以农业主导型传统增长模式为主，县域工业经济欠发达，外出务工农民工本身较少，农民工返乡创业很难形成集聚规模。环洞庭经济区县域浏阳市、湘潭县、茶陵县地处经济发达长株潭地区，凭借依托大中城市的区位优势，招商引资，工商企业发展迅速，第二产业创业扩散效应相对较强；泛湘南地区的永州蓝山县、郴州嘉禾县、永兴县临近制造业发达的珠江三角洲地区，具制造业产业转移承接优势，这些都从另一角度证实，农民工创业通过工业化发展所形成的产业及人口集聚对城镇化推动效率很强。（4）第三产业农民工创业集聚对城镇化水平提高具有正向作用。由上表可以看出，四大区12县第三产业农民工创业区位商系数均通过显著性检验，表明各自形成不同规模的集聚状态，城镇化效率明显。通常情况下，第三产业创业成本低，启动资金少，能更快形成集聚。大湘西经济区、泛湘南经济区农民工创业依托旅游资源开发带动交通运输、饮食业、金融等第三产业发展，迅速地形成专业化分工与产业集聚；而长株潭地区第三产业相对发达，农民工创业设施环境及制度环境相对优越，成为创业集聚的良好支撑。（5）农民工创业发展越快，对城镇化推动效率越强。长株潭经济区三个县（市）三大产业创业弹性系数分别为3.758、5.634和

34.639，后两者为四大经济区中最高；大湘西经济区三个县农民工创业三大产业弹性系数分别为 1.459、0.869 和 0.123，为四大经济区中最低。比照来看，长株潭经济区城镇基础设施、经济环境、人文社会环境发展水平较高，尤其以长沙市等地创设的农民工工返乡创业园集聚效率最为显著，而大湘西经济区地处偏远，经济发展与交通运输都较为落后，城镇化发育程度低下。这一事实与研究结论相吻合。

四、启示及政策建议

上述模型检验结果与实践基本吻合，证实农民工创业产业集聚在农村城镇化进程中效率显著这一结论真实可靠。三大产业创业区位商与当地城镇化发展水平呈正相关，产业集聚强度越高，对当地城镇化推动作用越强，尤其是发达地区的产业转移与承接，先进经济要素流动对农村城镇化效率最为显著，农民工创业被证实具有成为城镇化可持续发展动力的潜质。应当进一步加强农民工创业产业集聚基础设施建设，加大对投融资体制改革，为农村城镇化提供良好的道路、电力输送、通讯及给排水等硬性环境建设条件；同时打破劳动力流动限制，引导人口向产业集聚区合理有序转移，加速农村城镇化发展进程。

第四节

小　结

城镇具有空间集聚特性，经济系统与空间系统具有不可分性，无论是城镇的形成、城镇内部结构或是城镇体系、城镇规模等都与集聚相关，城镇中的任何经济活动都以空间形式体现。就某种意义而言，可以说城镇是基于生命支撑因素集聚而产生，基于地域空间集中与区位协调而发展。客观事实表明，农民工创业集聚对城镇化的支持不仅仅表现在农村劳动力的吸纳，也包括对区域经济实力、产业结构、社会发展水平以及城镇化潜力的积极影响。

农民工创业很大程度上取决于农村劳动力的流动，90 年代"民工潮"与 2008 年金融危机发生后的"民工荒"最能体现农村劳动力流动取向的转变。为考察创业集聚对城镇化的支持能力，本章以长株潭经济区、环洞庭湖经济区、大湘西经济区、泛湘南经济区等地作为样本取集地，从创业产业结构优化、基础设施建设、区位选址、技术进步以及制度环境变革等方面着手展开研究。在有关"农民工创业集聚对城镇化的支持"评价上，考虑到农民工返乡创业效果具一定时滞，取 2000 年与 2010 年度资料数据为比照；在有关"农民工创业集聚下的城镇化效率"的考察上，基于资料收集的便利，同样选取 2000～2010 年作为实证研究时间跨度。

基于评价因素的复杂性、评价对象的层次性、评价标准及评价影响因素的不确定性，本章运用模糊数学工具进行评价分析。研究结果表明，2000 年农村人口迁移主要表现为剩余劳动力向经济发达地区的流出，农民工创业比重不高且布局分散，这一时期尚不具备工业集聚基本条件，因此难以通过人口与产业集聚实现经济利益递增，农村经济要素流失阻碍了城镇化发展进程，农民工创业集聚对城镇化支持效率低下。相形之下，2010 年度数据显示农民工创业产业集聚对城镇化支持水平有显著提高，这应当与 2008 年金融危机发生后农村劳动力呈双向流动趋势，返乡创业总体规模快速提升有关。事实表明，在依托区位及资源禀赋的农业型创业、依托精英人才的现代工业型创业或包括依托市场需求的服务型创业中，农民工创业都以其草根性特质表现出极强的生命力与扩散溢出优势，创业基础与条件逐渐成熟。部分具技术与管理经验的农民工精英群体选择在离农村较近的（集）镇居住和创业促使生产要素向城镇集聚，在微观上为该区位带来各种经济利益，在宏观上则影响整个城镇经济的运行，城镇化发展加速。

为对农民工创业产业集聚的城镇化效率作出相对准确评价，本章以湖南四大经济区 12 县二大产业相关样本资料为依据展开研究。基于面板数据通常会出现横截面异方差和序列自相关问题，故采用跨县残差的协方差作为权数，运用最小二乘法予以估计。研究结果表明：创业所涉农业生产加工、工业加工以及服务业等产业发展与当地城镇化水平呈正相关，产业集聚区位商越大，创业所产生的城镇化支持效率就越高。

　　由此可见，城市的本质就是一种生产与生活要素的集聚体，产业集聚与城市化是相伴相随且彼此促进。农民工创业产业集聚为城镇发展提供与创造生产要素，因此增加的消费引致需求将进一步推动城镇非农产业的发展，这些很大程度上受益于产业集聚所带来劳动市场共享、专业化分工所带来的柔性生产以及公共设施共享的货币正外部性，而技术外溢与边干边学的技术正外部性则强化了这一效率优势。因此，有必要从政策制定角度为农民工创业产业集聚创造提供良好发展环境，应当加强创业产业集聚基础设施建设、完善农村劳动力迁移相关政策，其中，以创业为载体的产业转移与承接应当重点关注。

第七章

农民工创业技术效率与制度
变迁下的城镇后发优势

近年来，伴随沿海地区的产业结构升级与农业经济增长的大幅减缓，不少农村劳动力通过闯市场、办企业走上了创业之路，农民工返乡创办的私营、个体等小微企业正在替代乡镇企业成为农村后发优势的有力支撑（辜胜阻，2009），以创新为驱动的农民工创业逐渐成为农村经济发展的新增长点。西方发达国家经验表明，创业型经济的发展很少受到资源制约，更多地取决于创新精神与创业能力，是一种以农民创业者为主导、以创业创新为驱动的经济形态。国内调查数据显示，目前已有近 500 万名先行外出的农民工利用在外积累的资金、技术、管理、信息、理念等生产要素回到农村创业（费杰，2008；王环，2009；张辉金，2006），不仅解决了自身就业与发展，且吸纳大量农村剩余劳动力，提高了当地农民收入及农村消费水平（顾宝昌，2006；杨群红，2010；梁义娟，2006；辜胜阻，2009）。美国经济学家格申克龙（A. Gerschenkron，1962）提出后发优势概念，认为后起国家在工业化进程方面具特别优势。列维（Levy，1966）指出这种优势主要源于后发者可以借鉴先发者成熟计划、技术、设备以及与组织结构等优势。在以物质投入为主导的农村外生型经济增长衰退的现阶段，农民工返乡创业这种"技术—经济"范式可以推动生产方式从要素驱动向创新驱动转变，能以其知识产出与商业化内生增长推动农村资本、劳动、技术等生产要素的集聚，因此表现出较为显著的后发赶超优势。王必达（2004）在对我国国情深入分析后指出，农村区域的后发优势创造主要取决于"技术模仿"与"制度移植"两个方面。

第一节
农民工创业集聚后发优势形成及传导机理解释

一、理论分析框架

美国经济学家列维（1966）从现代化的角度将格申克龙的后发优势论具体化，总结归纳了后发式现代化的利与弊，对后进国家与先进国家在经济发展前提条件上的异同进行分析，指出后发外生型现代化与早发外生型现代化条件差异显著。鲍莫尔（Baumol）在阿伯拉莫维茨追赶假说基础上进一步指出，于贫穷的落后国家而言，低下的教育与工业化水平使其很难有效利用技术差距实现经济追赶，多瑞克与格莫尔（Dowrick & Gemmel）以回归模型分析验证了这一假说的真实。南亮进（1992）以日本为背景，探讨了后发优势从产生到消亡的过程；伯利兹、克鲁格曼等（1993）在总结发展中国家经验的基础上提出基于技术后发优势的"蛙跳模型"。罗索夫斯基（Rosovsky）、南亮进和大川一司等人将格申克龙后发优势论应用于日本工业化分析，渡边利夫将其应用于韩国经济研究，均从不同角度验证了其客观真实性。在经济全球化的背景下，格罗斯曼和赫乐普曼（1991）在开放经济条件下建立了经济增长一般均衡模型，巴罗和萨拉易马丁（1995）、范艾肯（1996）等提出了一些具代表性的理论分析框架。

（一）格申克龙"后发利益"假说

美国经济学家亚历山大·格申克龙（A. Gerchenkron，1962）首先提出"后发优势"的概念，其核心假说是认为经济上的相对落后有助于国家或地区实现爆发性经济增长，相对的经济落后具显著积极作用。这里的"后进性"（backwardness）是指一种相对落后状态，"后进国"即为处于相对落后状态的国家。格申克龙理论中的"后进国"，实际上是指在工业化发动和进入时间相对滞后的国家①。自20世纪80年代以来，随着日本和亚洲新兴工业化国家经济高速增长，格申克龙"后起之益"假说被越来越多的人所接受，成为"后发优势"的理论支撑。格申克龙关于落后地区经济发展的思想可归纳如下：（1）一国经济越落后，工业化起步越缺乏连续性，因此表现出一种基于制造业高速成长的爆发性大冲刺；（2）一国经济越落后，越需要强化工业化进程中的大工厂影响力；（3）一国经济越落后，就越强调生产资料的生产；（4）一国经济越落后，工业化进程中的国民消费水平就越低；（5）一国经济越落后，工业化所需资本动员与筹措越带有集权化与强制特征；（6）一国经济越落后，农业越受到抑制，工业化进程中的农业越不能提供足够的市场支持。可见，在格申克龙理论中，后起国家工业化差别很大程度上取决于工业化之前的经济落后程度。纳尔逊（1966）的研究成果证实，后进国家技术水平提高非常重要，与技术前沿地区技术差距呈正相关，且后发国技术进步速度在达到一定程度后会逐渐放缓，始终保持一个"均衡技术差距"。

格申克龙还指出，后发优势是后起国在推动工业化方面因其所处地位特别利益，既不是先发国家所拥有，更不是通过努力而创造，而是与其经济相对落后而共生共存。后发优势有别于比较优势，多涉及时间维度，而很少与国家之间在人口规模、资源禀赋、国土面积等方面的差别相关联。格申克龙的"后发优势"假说首次从理论高度展示了后发国家工业化存在着取得更高时效的可能，同时也强调了工业化进程上赶上甚至超过先发国家可能性的

---

① Gerchenkron, A. Economic Back Wardness in Histrical Perspective Harvard University Press, 1962：1－6.

存在，归纳来看，具体包括几个方面：（1）相对落后会所造成的紧张状态会激起工业化需求，以其社会压力激发制度创新，并寻求替代物对其缺陷进行填补；（2）基于替代性的存在，工业化无须具备某些标准条件或者须克服某些标准化障碍，后进国家的工业化模式因此具可选择与创造性。即在缺乏工业化某些必要前提条件，后进国家可以创造性地寻求相应替代物以达到或接近相近效果。这一重要意义不仅表现在资源条件上可选择性与时间上的节约，更重要的是后进国家可根据实际选择适宜的发展道路；（3）技术引进是区域工业化高速发展的重要保障，后进国家引进先发技术设备可以节省科研费用和时间，同时也可以解决资本不足问题。

（二）列维的"后发优势与后发劣势并存"论

在格申克龙后发优势假设提出以后，列维（1966）从现代化角度对其具体化，通过后发外生型国家与早发内生型国家现代化的过程、模式比较，提出了后发国家现代化所具有的优势。列维认为，与早发内生型国家现代化相比，后发国家具有以下特点：（1）在不同现代化阶段，后发与先发国家在维持现代化水平条件并非完全相同，因此，在启动现代化的时候，后发国家无须过多关注发达国家目前状态，而应更重视现代化启动初始时期的条件及特点。（2）先发与后发国家在启动现代化前提条件上并不一致，这与两种类型国家所面对的外部及内部环境完全不同有关。例如，技术发明创造是先发国家现代化启动的前提，但后发国家可以直接应用这些技术，而不必重复其创造的过程。（3）基于后发国家内部发展的不平衡，不同国家国情差别巨大，即使同为后发国家，现代化启动条件前提条件也并完全相同。

在对后发国家启动现代化条件上，列维提出后发国家具有五个方面优势：一是后发国家对现代化认识较先发国家更丰富，缩短了摸索时间；二是后发者可以大量采用或借鉴先发者相对成熟的计划、技术、设备以及与其相适应的组织结构；三是后发国可以跳过先发国家必需的发展阶段，尤其是技术方面；四是基于先发国家发展的较高水平现实，为后发者实现赶超确立了一个生动的立体样本；五是先发国家可以在资本和技术上对后发国家提供帮助。与此同时，列维也指出后发国家在以下几方面存在后发劣势：一是基于现代化范围与速度，后发国必须依靠政府大规模行动实现这一过程，很可能影响到民主政治的发展；二是后发国往往容易看到先发国取得的成果，而忽略社会各种因素相互依赖所导致的条件、成果以及与社会其他因素内在关系；三是这种类型国家无论在经济或社会转型上都存在较大差距，这容易带来一些负面情绪影响①。基于后发国家存在高效性的可能，工业化或现代化因此也存在赶超发达国家的可能，因此，尽管格申克龙与列维观点有失偏颇，但后发优势理论为发展中国家经济赶超提供了一个崭新视角，具积极指导意义。

（三）阿伯拉莫维茨的"潜在后发优势"论

阿伯拉莫维茨（1989）提出追赶假说，指出无论是以劳动生产率或是以单位资本收入衡量，一国经济发展初始水平与其经济增长速度都呈负相关，即经济越落后，经济增长速度越高。根据这一假说，所有后进国家赶上先发国家应属必然，但事实上这一结论与大部分发展中国家的追赶进程并不相符。阿伯拉莫维茨补充该假说的关键在于"潜在"与"现实"的区别，只有在技术差距、社会能力、历史、现实及国际环境变换条件成熟到一定程度时，潜在假说才能成为现实。首先，两类国家间存在的技术水平差距决定了经济追赶的可能，正是基于发展中国家生产率水平的落后，经济高速发展因此成为可能。其次，外在技术差距必须与内在社会能力形成相互作用才能促进经济追赶由潜在变为现实。社会能力是技术差距发挥作用的前提，教育产生的技术能力，财经制度是决定经济追赶的基础。因此，一个国家具有经济高速增长强大潜力通常是处于技术落后但社会进步的状态中。技术差距与社会能力组合有四种形式：一是技术差距大而社会能力强，此时总增长潜力为最大；二是技术差距小而社会能力强，表示正处于超越过程中；三是技术差距小且社会能力低，很可能因其技术与制度的惰性走向衰退；四是当出现重大历史事件或国际经济秩序调整等环境变换时，可能为经济追赶提供良好机遇，也可能成为妨碍甚至中断经济追赶的阻力。因此，阿伯拉莫维茨假说

① Levy, M. Modernization and the Structure of Societies: A Setting for Intenational Relations, Pdrinceton University Press, 1966.

引申结论认为，在某一特殊阶段，经济追赶可能取决于某些历史因素，很可能产生知识传播、结构调整、资本积累与需求扩张效应①。

（四）南亮进的"后进利益"论

20世纪80年代以来，罗索夫斯基（Rosovsky）、南亮进和大川一司通过对日本工业化过程的分析验证了格申克龙后发优势的客观性，后发优势理论研究进一步深入。南亮进通过拉美及日本、韩国等亚洲新型工业化国家高速增长案例，将后发优势论应用于拉美、东亚经济发展，使其更具广适性，其中，以日本为背景重点探讨了日本后发优势从产生到消亡的过程②，将日本20世纪50～60年代经济增长归结于后发优势利益，指出日本在现代经济增长之前就已经具备阿伯拉莫维茨理论中的"社会能力"，具备丰富的人力资源、现代化经营组织、发达信息与装备产业，这些都建立在后发优势所带来的经济追赶基础之上，且随着技术差距的缩小，依靠引进技术实施追赶机会也逐渐减弱，最终失去"后进性利益"。日本经历了与美国相似的追赶过程，证实了阿伯拉莫维茨追赶假说的真实存在。客观事实也表明，日本现代经济发展在后来的近100年时间里超过英国，因为没有从根本上进行自主创新，20世纪70年代以后经济发展失去了动力和方向，迅速走向衰落。

二、农民工创业集聚下的后发优势形成

创业的本质是创新，创业不仅依赖于创新，也往往会引发创新，创业型经济因此表现为一种以创新、创业活动、创业精神为经济增长引擎的经济形态。在创业型经济发展过程中，必然导入新的技术、制度以及组织形态，在经过本土化改造后，这种源于创业效率的创新活动将发展成为农村后发利益载体，区域后发优势也可分为"技术后发优势"与"制度后发优势"。这里所谓"技术后发优势"，是指后发区域对先发区域技术模仿学习所形成的追赶优势，不仅包括知识与技能上进步，同时也包括源于技术模仿学习而形成

---

① Abramovitz, M. Thinking about Growth, Cambridge University Press, 1989.
② ［日］南亮进. 日本的经济发展. 景文学译. 北京：经济管理出版社，1992.

的产业结构升级；而"制度后发优势"，则是指通过对先发区域先进制度概念的重新理解，在经本土化改造后所产生的后发追赶优势。就某种意义上而言，区域后发优势形成的过程，也是以技术与制度双重优势推动农村经济社会的发展过程，首先表现为对先发区域的技术学习模仿，在消化吸收与改进提高过程中形成追赶优势，而后带动与其相配套的经济、政治及文化制度变革与创新。

农民工将城市务工所积累的资金、资源用于企业兴办，以自身技能、知识以及观念思想进行生产经营与商业经营，新方法、新形式、新组织结构的应用，促进了技术与制度后发优势的形成。而这一良好环境又将促使农民工创业实力提升与规模扩张，激发农村后发区域新的技术模仿与技术创新，农民工创业"适应—不适应—新的适应"循环下创造区域后发优势。从图7－1 中可以看出，P 为均衡价格，D_1 和 S_1 分别表示后发优势效应产生之前的需求和供给曲线，二者相较于点 A，均衡水平上的产值为 $OPAC$，表明农民工创业过程中的技术进步提高了生产要素效率，与其相配套的制度创新也在一定程度上优化了资源配置效率，这两者促使原价格水平下的供给能力扩张使供给曲线右移至 S_2，创业人口集聚效应使需求曲线位移至 D_2，在 D_2 与 S_2 相交的 B 点上均衡总产值达到 $PBDO$，$\Delta PBDO > \Delta OPAC$。$\Delta ABDC$ 为新增产值，即农民工创业效应产生的经济效益增量，也就是农村后发优势的利益增长。

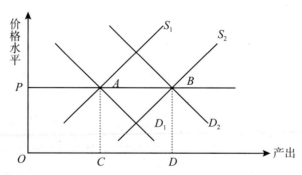

图7－1　农民工创业集聚下的后发利益增长

（一）农民工创业集聚技术创新推动区域后发优势形成

新能源、新产品、新生产要素的应用，尤其是交通、通信技术的发展，使城市成为经济发达区域；而农村经济发展则更多依赖于其地理位置与自然资源禀赋，实质上而言，两者经济发展差距很大程度上应归结于技术水平差异。技术落差越大，势能及利益就越大，后发优势也越容易形成（Van Elkan，1996）。从图7－2中可以看到，无论是经济发达的先发区域，或是经济相对落后的农村地区，技术生命周期曲线都表现出先上升而后下降态势，相较而言，后者更为陡峭且斜率前半段大于前者，$\frac{\Delta L'}{\Delta T} > \frac{\Delta L}{\Delta T}$，表明创业初始时期农村经济增速超出先发地区，可能的原因是先发地区处于成熟期以及衰退期的技术导入，极大地促进了后发区域的技术成长，最终生成后发赶超优势。

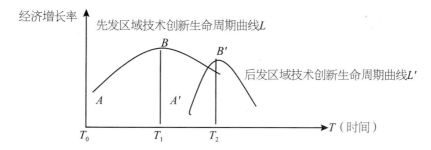

图7－2　基于农民工创业技术进步的区域后发优势创造

随着农村创业经济的发展，技术创新生命周期曲线不再向右上方延伸，而是表现为较为显著的"递增—递减"特征，自 T_2 点之后降至先发区域下方，且后半段走势更为陡峭，$\frac{\Delta L'}{\Delta T} > \frac{\Delta L}{\Delta T}$，表明创业后发技术优势较先发地区衰退迅速。可见，基于知识资本的非竞争与非排他性，初始时期农民工创业者因无偿享有先进技术溢出而获得丰厚技术导入利益，但这一优势不会长期存在，以模仿为特征的次级创新不具可持续发展性，创业后行者"免费搭乘"效应随时间推移而逐渐消失，创业技术后发利益由此终结。

目前农村生产多以家庭为单位进行，生产力分散决定很难获得技术进步贡献，而创业以"技术—经济"范式将知识资本导入农村，在多样性、异质性及变动性市场环境下成为区域经济跨越式发展的创新驱动。经验事实表明，无论是"生态农业型"、"产业移植型"，还是"传统产业改良型"农民工创业模式，都在不同程度上应用新技术、新工艺，都可以视为技术进步的势能与利益落差促进农村区域优势形成。具体而言，表现在以下几个方面：

第一，"生态农业型"创业模式下的技术移植贡献。农业是国民经济基础，中国社会发展必须建立在农业稳定发展基础之上。农民工立足于本地农业资源创业，以名、优、特、新产品开发为目标，引进先进生产技术发展优质、高产、高效现代农业，不但扩大农业部门劳动力就业，更重要的是在农业产业链延伸基础上提升农产品附加值，提高了农村经济效益。很显然，创业经济促使技术进步使束缚在分散耕地上的农村劳动力得以释放，其示范效应推动当地农业产业结构的优化。据百县调查显示，农业部门的创业农民工，从事规模养殖业的为51.5%，特色种植业的占31%，长期以来农村单一种植结构因此获得实质性改观。可见，农民工尽管仍以传统土地为主要生产资料从事农业生产，但以组成农业生产联合体经营或通过全新规模及组织经营创办企业，在很大程度上加速了农村区域优势形成。

第二，"产业移植型"创业模式下的技术移植贡献。农村劳动力外出务工多集中于制造业和服务业，这种工作经历促使其创业视角不只局限于农业生产。据百县调查数据显示，在创业三大产业结构分布中，工业占到39.9%，农业为35.9%，服务业为24.2%。农民工以市场信息获取、生产加工技术以及现代销售方式的相关经验创办企业，因技术进步与人力资本溢出而成为当地经济发展引导者。这里所谓"产业移植型"创业，很大程度上体现为对发达地区技术模仿移植的农村工业发展上，如发展制鞋、毛纺织、玩具加工等劳动密集型产业，核心技术基本源自经济发达地区的移植。不但在壮大创业实体的同时节约科技研发成本，更重要的是，技术内生要素垂直性溢出所产生的规模效应使创业经济可能成为当地跨越式发展的可持续动力之源。

第三，"传统产业改良型"创业模式下的技术移植贡献。所谓"传统产业改良型"农民工创业，即指通过引进先进技术，对区域原有传统民族产业进行改良，达到提高产品质量、节约成本以及打造品牌等目标的创业形式。不少农村地区都拥有独具特色的民间传统工艺，如编制藤椅、竹帘、竹席以及制梳等，但这些大多局限于小规模作坊式经营，远未形成规模效应，更没有成为当地经济发展支柱。农民工立足于当地传统特色兴办企业，使现代先进生产模式与传统工艺特色相结合，在技术引进基础上进行规模生产与销售，将地方传统产业培育成为当地经济支柱，是实现后发优势的又一有效路径。

第四，"旅游服务型"农民工创业模式下的技术移植贡献。"旅游服务型"农民工创业，是指利用乡村自然、农业景观，开发农家乐形式的旅游休闲活动，或是从事餐馆、理发店、商店以及运输、家政行业等商贸微小实体经营的创业形式。这类创业不要求过高技术水平，也无须过多资本投入，只要具备一定经营管理经验即可生产经营，属典型投入少、见效快创业模式。农民工通过家庭组织、亲戚朋友关系所形成非正式组织或创建新的组织扩大现有生产规模，将发达地区打工所掌握的技术知识与管理经验应用于创业实践，尽可能实现财富增加并谋求发展。在这一创业过程中，农民工对市场信息的把握能力及经营管理水平得到全面提升，先进技术的引进模仿与制度创新不但推动了创业者目标达成，同时也使其逐渐成为区域的优势产业。

（二）与制度移植相关联的农村后发优势创造

创业经济发展的过程，是将人力资本、物质资本及社会资本等城市优势资源导入农村的过程，同时也是区域经济、政治及文化制度重建的过程。在农民工创业行为开始之前，后发区域各种旧制度之间就已形成一种稳定均衡，制度与技术之间也体现出一种低水平的原始适应。根据后发优势相关理论，只有当后发地区制度环境与技术引进相适应时才能突破"闭锁"效应，最终实现区域后发优势。事实上，技术进步意味着生产力的创新和发展，创业活动中的技术引进不可避免地产生收入分配模式与规则的改变，且技术水平提高带来的资源条件与要素价格变动，也将促使农民工创业者在正式与非正式规则博弈中寻求利己方案。从图7-3中可以看出，在创业发展初期，农村各种旧制度间处于相对稳定状态，制度与技术之间通常保持一种低水平原始适应，制度影响力大于技术（区间Ⅰ）。随着技术创新效应的扩散，技术影响力超出制度社会效应（区间Ⅱ），区域后发优势显著，但制度不适应也开始显现。当制度影响力为零时，技术后发利益达到峰值（末期1），此后技术水平开始下降（区间Ⅲ）。在制度影响力接近零、技术水平达到最高值时的制度变革成本最低，且现有技术水平（技术2）与变革最优时期的技术水平（技术1）差距最小。此时如果进行制度创新，生产力将进入新制度适配时期，制度影响力重新大于技术（区间Ⅰ），技术进步进入新的循环（技术1、2），区域后发优势持续。

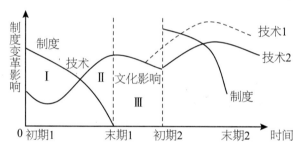

图7-3 农民工创业技术进步与农村制度变迁关联

农民工创业的过程，是城市人力资本、物质资本及社会资本等优势资源导入农村的过程，也是当经济、政治及文化制度被影响、被重建的过程。

第一，创业经济制度变革推动农村后发优势形成。正如诺思和托马斯在《西方世界的兴起》中所言："有效率的经济制度是经济增长的推动关键"。农民工创办企业主要集中于工业、建筑业、商业服务业以及种养殖、农产品加工等行业，这类劳动力密集型企业能吸纳更多本地剩余劳动力，尤其适宜接纳专业技能低下农民就业，且随着创业企业的壮大，其示范效应将带动更多效仿者离开农业转入非农产业，农村产业结构及就业结构的优化，将使长期以来的城乡二元经济制度出现根本上转型。并且，随着创业农民工经济目标的实现，其价值取向也将产生新的跨越。农民工投资创办实体在直接带动当地农村水利、道路、通信等基础设施建设的同时，以其财政收入贡献增强了地方政府公共物品供给能力，这些都将对当地经济制度产生积极影响。

第二，创业过程中的政治制度重构。基层民主政治的完善是新农村建设重要内容，客观事实表明，返乡创业农民工正在成为农村基层民主政治建设支撑力量。外出务工农民工很多是农民精英，城市生活经历极大地影响了他们的价值观、人生观，回乡后不少人或从事教育、卫生等公共事业，或担任村干部，政治影响力加速扩大。在百县调查涉及的301个村中，回乡农民工兴办教育、卫生、旅游业的占到15%，168个村中就有505位返乡打工者担任过村干部。创业过程中法律意识与权利意识的增强，推动了后发区域的政治制度重构。创业农民工多为具改革创新精神与民主法制意识的农民，他们在创办企业过程中以较强政治素养与决策能力充实着基层权力组织，成为村民自治的人才储备，不但从实质上提升村民自治话语权，促进基层管理民主决策与科学管理，更重要的是能以日益增强的政治敏感度对乡村权利形成有效监督，促进村民自治制度的完善。其次，能促进乡镇政府职能的转变，降低其职能转变成本。当前我国乡镇经济中仍存在较多行政干预，乡镇政府尚未完全发挥民主政治建设与市场经济主导作用。创业农民工以相对前瞻视野投资于农村竞争力较强产业方面，在对政府过度行政干预或是不合理政策规定抵制中，这一具有较强市场竞争意识群体力量不容忽视。为获取最优经济利益，乡镇政府往往不得不致力于职能完善，为创业发展提供宽松环境。很显然，这种源于与创业农民工利益博弈权衡后的政府自觉，在很大程度上降低了乡镇政府职能转变成本。

第三，创业过程中的文化制度移植。创业农民工在城市务工期间较多接触现代文明，无论在市场经济观念、文化观念，还是法律知识方面都有质的提升，在创办企业过程中所体现出的主体意识与法制权利观，都将对农民小农意识产生强烈冲击，促使其政治态度由传统道德感化的伦理约束向法制影响下的法理状态转化。尤其值得重视的是，创业带动劳动力就地转移，这将使长期以来人口异地流动所导致的农村劳动力弱质化和留守儿童及留守妇女问题得到根本上解决。此外，农民工在创业过程中引导农民注重文化知识学习、注重子女教育培育、注重团结合作，这些新观念的植入都将推动农村社会由封闭转向开放，将带动农村社区精神文明与文化进步。

综上所述，农民工创业技术进步在提高生产力水平的同时打破旧制度间适应均衡，政治素养与决策能力得到大幅提升，作为农村社会认可影响、相互作用规范以及惯例与学习共同作用下的投资与构造，农民工创业在降低制度转换成本的同时，推动农村社会由传统封闭向法制法理开放转变，以其制度创新构筑区域后发优势。

三、农民工创业集聚下的后发优势可持续发展

根据利益优势生命周期规律，通常可分为导入期、成长期、成熟期以及衰退期四个阶段，如图 7-4（a）所示。T_0 到 T_1 为新技术与新制度导入阶段，在这一期间，新产品研发投产与新制度试行初始成本都很高，先发区域利益呈缓慢增长之势。T_1 到 T_2 阶段，进入先发区域优势成长期，该时期新技术产品已逐渐为消费者所接受，新制度产生新的生产力也开始显现，市场拓展带来先发区域利益的快速增加。自进入 T_2 成熟期之后，鉴于知识产权保护的期限性，创新研发技术不再受到相关专利法律保护，学习模仿者获得无偿共享，后发区域分利者的涌入使先发区域这一利益优势逐步递减，直至行业利润趋于平均化。可见，先发区域利益优势经历了成长、成熟及衰落的过程，其曲线因此表现出"缓慢增长—递增—递减"特征。创业者从先发区域引进先进技术与政治、经济、文化先进制度，这只是对经济发达地区的模仿学习，基本不存在创新研发成本，因此当地制度适应性探索成本大幅降低，后发区域利益优势迅速实现，且自初始时期就呈现出显著递增态势。就此意义上我们可以认为，农民工创业以其成本效率创造了区域后发优势。从图 7-4（b）中可以看到，后发区域利益优势曲线并非始终表现出向右上方延伸，而是具有较显著的"递增—递减"特征，T_1 到 T_2 阶段中，后发利益曲线开始表现出递减状态，这是由创业领域需求逐渐饱和所决定，也是先进技术与制度被逐渐消化、吸收以及本地化后的结果。研究结论表明，源自模仿学习后发优势不可能无限期获取，即使在初始阶段收益可观，但在生命周期后期仍将表现出收益递减规律。

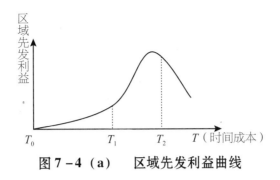

图 7 – 4 （a）　区域先发利益曲线

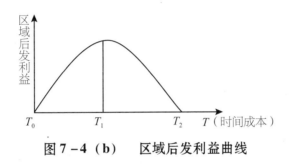

图 7 – 4 （b）　区域后发利益曲线

从先发与后发区域利益增长特征来看，在 T_0 到 T_1 区间，两条曲线切线斜率并不相同，$\dfrac{\Delta LLDA}{\Delta T} > \dfrac{\Delta LEDA}{\Delta T}$，即曲线 $LLDA$（后发利益）前半段斜率大于同期 $LEDA$ 曲线（先发利益）斜率，$LLDA$ 曲线陡峭，而 $LEDA$ 则相对平缓，表明创业初期经济增长率高于经济发达引进地区，这也从另一角度证实，区域后发优势是在创业技术进步与制度创新双重力量推动下形成。在 T_1 到 T_2 区间中有 $\dfrac{\Delta LEDA}{\Delta T} > \dfrac{\Delta LLDA}{\Delta T}$，说明后发区域在利益优势后期也表现出递减趋向，但尽管如此，后发区域利益增量仍大于先发区域，这是由后发区域基本不存在创新研发投入所决定，意味着农民工创业后发优势创造仍具很大拓展空间。自 T_2 点之后，后发区域利益优势曲线降至先发区域下方，说明基于创业经济实现的后发利益优势的终结是种必然，如果局限于对先发区域的模仿移植，最终必然陷入"引进—模仿—再引进—再模仿"后发利益陷阱，如图 7 – 5 所示。由此可见，农村跨越式发展的核心竞争力在于技术进步与制度创新，后发利益优势的可持续发展因此很大程度上也源于创新驱动，其中，创业技术成本约束下农村产业结构转换、创业产业承接中的农村区域比较优势升级最具典型代表意义。

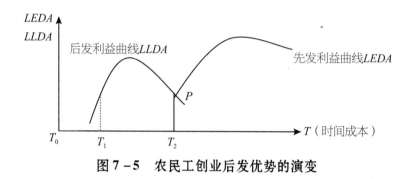

图 7 - 5 农民工创业后发优势的演变

（一）创业技术成本约束下的农村产业结构转换

在经济相对落后的现阶段，农村创业多以小微型工业、商业、养殖和服务项目创办为主，无须高端技术，也不需要过多资金投入，其目标在于解决贫困家庭生存问题，尽管是一种暗含收入及资产限制的草根性创业，但仍能以其新知识、新技术，新工艺应用推动地方产业结构向高层级化演进，最终完成农村区域产业结构转换。假定 J、K 分别代表劳动、技术不同产业要素禀赋等产量线，线上各点代表生产既定数量产品各种可能的技术、资本以及劳动组合，B、C 为两种不同产业结构下的等成本线，T_J、T_K 分别为等成本线切点，即两大产业中的最优技术选择，农村创业经济体系由不同产业所构成的包络曲线 D 表示，如图 7 - 6 所示。在目前资本与技术稀缺情况下，劳动密集型产业（J）以其成本优势成为农村创业之优选，T_J 即为与之相匹配的技术类型，也是要素禀赋约束下的成本最低点，表明在既定产量中，只有 T_J 水平技术投入才可能达到成本控制最优，除此之外的其他技术选择（J 上其他任何点）都将因成本不经济而损害企业的自生与发展。值得重视的是，T_J 水平技术优势不会长久维持，随着农村创业经济的壮大，资源禀赋比较优势随之改变，既定产量等成本线位移至 C，为保持成本投入最低，必须调整生产及其与之配套的技术投入，创业应当从 J（劳动密集型）产业向 K（技术密集型）产业转型，同时将技术 T_J 转换为与之相匹配的 T_K。这里技术转变并非简单纵向引进，而是创业人力与物质资源匹配的适应，不仅取决于技术的创造与传递，更取决于模仿学习者的消化吸收。

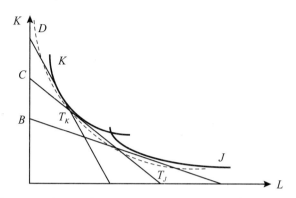

图7-6 农民工创业技术进步与产业结构的动态匹配

从以上分析可知，农民工创业初始阶段适于导入相对水平低且易于模仿的技术，并以此选择与其相匹配的产业结构；而当创业经济壮大到一定程度后，则应当渐进性实现先进技术的更替，而纯粹意义上的高新技术引进并非优选。客观上来看，这种技术创新在一定时期内或许不会带来本质上生产函数变动，但技术贡献能使经济相对落后农村尽可能摆脱对先发地区过度依附，以创业的自生与发展区域后发赶超优势提供源源不断动力。

（二）创业产业承接中的农村区域比较优势升级

产业转移实质上就是一种以产品生命周期为基础的区际科技贸易（弗农，1966）。随着土地、环保、劳动力要素成本的大幅提升，经济发达地区企业开始寻求其他区位再投资，农村因具有资源丰富、市场容量大且用地成本低等多种优势而成为产业转移首选，而农民工创业以其创造性、创新性与对市场变化的灵敏反应成为先发产业迁移与重组的优势载体。

假定农村产品需求曲线为 D，供给曲线为 S，创业发展时间为 T，如图7-7所示。在 t_1 到 t_3 阶段中，产品供给曲线 S 始终处于需求曲线 D 上方，表明这一时期农村产品供给不足，须商品输入才能满足区域消费需求。随着创业产业承接过程中的生产要素导入，农村获得知识资本溢出无偿分利，原有落后产业升级转型压力增大，创新生产部门迅速增加且产业结构向高层级化发展。从 t_2 点开始，农村具备产品自我供给能力，产品供给曲线 S 上升趋势明显，自 t_3 点之后产品供大于求，农村地区开始拥有产品外销能力，区域比较优势升级。

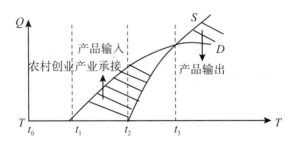

图 7－7　农民工创业产业承接中的比较优势演变

由此可见，产业承接促使创业在经营规模、资本数量、市场容量上获得较大改善，无论是市场扩张型、资源开发型产业的农村转移，还是优势延伸型、成本节约型产业创业承接，这种基于创新驱动产生的"乘数效应"与"再循环效应"都在不同程度上推动区域比较优势升级。

第二节

农民工创业技术效率影响因素实证分析

随着社会和科技的发展，农村经济正在经历产业转换与升级，农村劳动力从业领域表现出多样化特点。随着返乡农民工创业活动的扩张，先进技术资源在促进就地转移与区域后发优势创造上影响日趋显著。尽管技术要素的投入是促进企业效益增长的源泉，但其持续发展性很大程度上取决于技术效率，即在产出规模和市场价格不变的条件下，按既定要素投入比例生产一定量产品所需最小成本与实际成本百分比（M. J. Farrell，1957），这一指标通常被应用于工业、制造业、农业及金融等行业。在粮食生产的技术效率动态表现、空间分布、影响效率研究中，国内学者主要采用随机前沿超越对数函数进行（章立等，2012；田伟等，2012）；而针对企业技术效率影响的探讨，则多集中在基础设施、激励政策、劳动力素质、产权改革方面（徐建军等，2011；万伦来等，2010）。农民工创业技术效率，是指农民工在创业过程按既定要素投入比例生产一定量产品的最小成本与实际成本的比值。作为生产效率量化评价的重要指标，这一效率指标能相对准确地反映农民工创业过程中的土地、资金等其他生产要素利用情况，从微观层面上反映创业产出与收益，是创业生存能力及发展前景的重要评估依据；就宏观层面而言，这是影响创业集聚中心地后发优势形成的决定性因素。为提升农民工创业技术效率以加速农村后发优势的形成，研究拟采用随机前沿超越对数生产函数模型对创业技术效率影响因素进行实证检验。

一、变量选取、数据说明及模型设定

（一）变量选取

受文化水平低、技术能力差、资金短缺等自身条件的影响，现阶段农民工创业表现出模式单一、技术含量低、规模小等特征，在充分考虑这一因素前提下，研究试构建农民工创业技术效率影响因素指标体系深入探讨。一级指标包括基于技术应用的创业投入（X）；基于技术效率的创业产出（Y）以及与非技术效率关联的创业因素（Z）。前两者选择目的在于针对农民工创业技术应用投入产出效率比揭示技术效率对创业影响程度；而将"与非技术效率关联的创业因素（Z）"也纳入指标体系，主要是为了就技术与非技术因素在创业活动中的效率进行比较，以期对农民工创业中技术应用贡献作出相对客观评价。具体如表7-1所示。

1. 基于技术应用的创业投入（X）。

不同产业创业技术应用投入存在较大差异，这与资金、劳动以及土地与技术应用相关联要素投入在农民工创业活动中贡献大小不同有关。其中，与

表7-1 　　　　　农民工创业技术效率影响因素评价指标

一级指标	二级指标	三级指标
基于技术应用的创业投入（X）	技术推广劳动投入（X_1）	X_{11}技术培训人员数
		X_{12}技术应用人员数
	技术引进资金投入（X_2）	X_{21}技术导入材料成本
		X_{22}专业技能引进成本
	土地利用技术投入（X_3）	X_{31}生态技术应用
		X_{32}规模化农业生产中的机器应用
基于技术效率的创业产出（Y）	创业总产量（Y_1）	Y_{11}加工业创业总产量
		Y_{12}种养业创业总产量
		Y_{13}服务业创业总产量
	创业总产值（Y_2）	Y_{21}加工业创业总产值
		Y_{22}种养业创业总产值
		Y_{23}服务业创业总产值
与非技术效率关联的创业因素（Z）	创业者个体特征（Z_1）	Z_{11}创业者年龄
		Z_{12}创业者文化程度
		Z_{13}创业者技能等级
	创业区位选择（Z_2）	Z_{21}创业区位交通运输网络运行
		Z_{22}创业区位基础设施建设
	创业融资效率（Z_3）	Z_{31}创业融资渠道
		Z_{32}创业资金储备

技术相关的劳动投入（X_1）指标设定，主要考虑劳动力在技能培养方面的投入，普通劳动力因其贡献主要源于体力投入而不在相关考察之列；与技术引进相关的资金投入（X_2），特指技术导入的各种引进成本，不包括设备、水电等一般意义上物质的生产投入，从代表性典型性出发，取"技术导入材料成本"与"专业技能引进成本"作为考察变量；与技术相关联的土地投入（X_3）主要体现在农业型创业领域，即创业过程中将现代农业技术应用于耕作土地所带来的经济效率，研究选定"生态技术应用"与"规模化农业生产中的机器应用"；鉴于第二、第三产业创业中土地要素投入多体现为厂房、门面的租金折算，与技术贡献无关，故不在指标选择之列。

2. 基于技术效率的创业产出（Y）。

农民工创业总产出表现为第一产业和第二产业总收入与第三产业总营业额。考虑到产出与技术相关联这一特定要求，取加工业、种养业与服务业等最为常见的农民工三大产业创业总产量与总产值反映技术贡献效率。

3. 与非技术效率关联的创业因素（Z）。

为对技术效率在农民工创业中的贡献程度进行相对准确的量化考察，研究将"非技术效率关联创业因素"作为一个重要检验指标，从创业者个体特征、外出务工经历、参加创业培训经历、创业集聚中心地的交通运输、创业融资效率等方面了解作为非技术效率因素的影响度，以此比照确定技术效率在创业中的贡献。研究试将创业者个体特征（Z_1）、创业区位选择（Z_2）以及创业融资效率（Z_3）特征变量引入模型，具体含义及赋值如表 7-2 所示。

表 7-2　　　　　与非技术效率关联的创业因素变量含义

变量	赋值	预期影响方向
创业农民工性别	男 1；女 =0	+／-
创业农民工年龄	20～35 岁 =1；36～45 岁 =2；46～55 岁 =3；55 岁以上 =4	+／-
创业农民工文化程度	小学 =1；初中 =2；高中 =3；大专及以上 =4	-
创业农民工外出务工经历	是 =1；否 =0	+
创业农民工是否参加技术培训	是 =1；否 =0	+
农民工创业交通便利度	是 =1；否 =0	-
农民工创业融资便利度	是 =1；否 =0	-

（二）样本选取与数据说明

根据行业特征，农民工创业可细分为"生态农业型创业"、"产业移植型创业"、"传统产业改良型创业"及"旅游服务型创业"不同类型，研究试以湖南益阳安化县、岳阳岳阳县、永州蓝山县、郴州嘉禾县等地作为实证样本取集，主要是基于以下几方面考虑：一是永州蓝山县绿色农产品生产较具代表性，适宜作为湘南地区特色资源型农民工创业样本取证地；二是益阳安化县旅游服务、建材加工、特色种养以及商贸加工行业发展较快，适宜将其作为湘北地区非农产业农民工创业考察地；郴州嘉禾县"百厂返乡计划"适于作为产业承接型创业典型例证；岳阳县则因其拥有"农民工创业园"而成为"生态农业型"农民工创业实证研究优选。调研内容包括农民工创业企业在2010~2012年资金、土地、劳动力投入—产出以及性别、年龄文化程度、技术培训状况；外出务工经历、交通便利状况、贷款便利程度等非效率指标也在考察范围内。研究共发放问卷323份，回收问卷291份，其中有效问卷257份，有效率88.3%，调查样本统计性描述如表7-3所示。

表7-3 调查样本描述性统计

变量	比例（%）	变量	比例（%）	变量	比例（%）
样本地域分布		教育层次		创业类型分布	
安化县	24.3	小学及以下	11.1	生态农业型	27.7
岳阳县	19.5	初中	46.5	产业移植型	26.8
蓝山县	29.2	高中	35.6	传统产业改良型	22.5
嘉禾县	20.4	大专及以上	6.8	旅游服务型	23.0
		年龄		外出务工经历	
性别		20~35岁	40.8	有	67.8
男性	78.3	36~45岁	45.5	无	32.2
女性	21.7	46~55岁	19.1	婚姻状况	
创业形式		55岁以上	4.6	未婚	36.6
个体经营	63.5	创业前家庭年收入		已婚	63.4
私营企业	21.8	1万~2万元	26.4	创业时间情况	
股份制	7.6	3万~5万元	29.5	2年及以下	16.3
租赁经营	2.8	6万~8万元	25.7	3~5年	31.6
承包经营	3.7	9万~10万元	14.1	6~10年	38.4
其他	0.6	11万元以上	4.3	10年以上	14.7

（三）模型设定

目前生产率分析主要应用工具之一为埃格纳和米森（Aigner & Meeusen et al., 1977）提出随机前沿模型，其中，随机前沿柯布一道格拉斯生产函数形式简单、便于估计，但必须建立在技术中性及产出弹性固定假设基础之上；而超越对数生产函数可放宽假设，作为一般生产函数的二阶近似而得以避免模型误设。本书试采用随机前沿超越对数生产函数模型进行实证检验，具体形式如下：

$$\ln y^{k,t} = \alpha_0 + \sum_{i=1}^{3} \alpha_i \ln x_i^{k,t} + \varepsilon_t t + \frac{1}{2} \sum_{i=1}^{3} \sum_{j=1}^{3} \alpha_{ij} \ln x_i^{k,t} \ln x_j^{k,t}$$

$$+ \sum_{i=1}^{3} \beta_{it} \ln x_i^{k,t} + \frac{1}{2} \varepsilon_{it} t^2 + v^{k,t} - u^{k,t} \tag{7.1}$$

其中，$y^{k,t}$ 表示创业农民工 k 在 t 年的产出，x_i 为农民工创业第 i 种要素投入，t 表示时间趋势，反映创业技术效率的时间变化，$v^{k,t}$ 表示观测误差和随机因素，服从于 $v^{k,t} \sim iidN(0, \sigma_v^2)$ 的正态分布；$u^{k,t}$ 表示由于创业技术非效率引起的非负随机变量，假定独立于 $v^{k,t}$ 分布，服从于 $u^{k,t} \sim iddN(\mu^{k,t}, \sigma_u^2)$ 截断的正态分布，其中，$\mu^{k,t}$ 为农民工创业技术非效率效应。

针对农民工创业技术非效率影响的检验采用巴特西和考利（Battese & Coelli, 1995）模型：

$$\mu^{k,t} = \delta_0 + \delta_t t + \sum_{i=1}^{5} \delta_i z_i^{k,t} + w^{k,t} \tag{7.2}$$

其中，$z^{k,t}$ 表示影响农民工创业技术效率的外生变量，$w^{k,t}$ 为随机误差项，服从均值为 0，方差为 σ_w^2 的阶段正态分布。δ_i 为待估参数，其取值反映了变量 z_i 对农民工创业技术效率影响程度，负取值表示变量 z_i 对技术效率存在正的影响，正取值表示变量 z_i 对技术效率存在负的影响。

对上述公式（7.1）与（7.2）未知参数采用极大似然估计法估算，令：

$$\sigma^2 = \sigma_v^2 + \sigma_u^2, \quad \gamma = \frac{\sigma_u^2}{\sigma_v^2 + \sigma_u^2} \tag{7.3}$$

参数 γ 反映了复合扰动项中技术非效率项所占的比例，其取值在 0 到 1 之间。当 σ_v^2 趋近于 0，γ 值趋近于 1，表明前沿生产函数的误差主要来源于

随机变量 u，则农民工创业实际产出与最大可能产出之间的差距主要来自于对技术利用的非有效性。当 σ_u^2 趋近于 0 时，γ 值趋近于 0，则农民工创业实际产出与最大可能产出之间差距主要来自统计误差。创业农民工 t 期技术效率表现为可观测产出与随机前沿产出之比：

$$TE_{it} = \frac{Y_{it}}{\exp(X_{it}\beta + V_{it})} = \frac{\exp(x_{it}\beta + v_{it} - u_{it})}{\exp(X_{it}\beta + V_{it}) = \exp(-u_{it})} = \frac{Y_{it}}{Y_{it}^*} \tag{7.4}$$

当 $u_{it} = 0$ 时，$TE_{it} = 1$，表明农民工创业不存在技术效率损失，企业 i 处于完全技术效率状态中；当 $u_{it} > 0$ 时，有 $0 < TE_{it} < 1$，表明此时农民工创业企业 i 处于技术无效率状态中。

二、模型估计与分析

(一) 模型设定检验

研究运用 Frontier4.1 软件，采用似然比检验法进行检验：(1) 技术非效率存在性检验；(2) 技术变化存在性检验；(3) 技术变化是否存在希克斯中性检验；(4) 柯布—道格拉斯生产函数形式的适用性检验。似然比统计量为：$LR = -2[\ln L_R - \ln L_U]$，其中 $\ln L_0$ 和 $\ln L_U$ 分别表示在零假设 H_0 和备选假设 H_1 下的对数似然函数值。若零假设成立，则检验统计量 LR 服从自由度为约束个数的渐进卡方分布或混合卡方分布 (Coelli，1995)，即 $LR \sim \chi^2(k)$；若 $LR > \chi^2(k)$，则拒绝零假设。从表 7-4 检验结果可知：(1) 所有假设均在 1% 的显著性水平下被拒绝，表明农民工创业技术效率损失存在的真实；(2) 模型假设较好地拟合样本数据，表明运用最大似然估计具合理性。

表7-4　　　　　　　　农民工创业技术效率影响模型检验

检验	零假设	检验统计量 (LR)	临界值 $\chi^2_{0.01}(k)$	检验结论
检验 1	$H_0: \gamma = \delta_i = 0,\ \forall_i$	77.56	23.2	拒绝
检验 2	$H_0: \varepsilon_t = \varepsilon_u = 0,\ \alpha_{it} = 0,\ \forall_i$	77.74	23.2	拒绝
检验 3	$H_0: \alpha_{it} = 0,\ \forall_i,\ j$	64.29	23.2	拒绝
检验 4	$H_0: \alpha_{it} = 0,\ \forall_i$	532.41	23.2	拒绝

注：临界值为 1% 显著性水平下。

（二）计量结果分析

使用 Frontier4.1 软件用最大似然法进行估计，从参数估计结果可以看到，农民工创业三种投入变量的回归系数基本能在 10%、5%、1% 的显著性水平下通过检验，说明方程拟合程度较好，能合理解释农民工创业技术效率影响问题。第二，$\sigma^2 = 0.274$，在 1% 的水平下通过显著性检验；$\gamma = \dfrac{\sigma_u^2}{\sigma^2} = 0.827$，且在 1% 的显著性水平上通过了 t 检验，说明随机前沿生产函数的估计结构合理，适于进行技术效率分析。根据表 7 - 5 模型估计结果可知：

表 7 - 5　　　　　农民工创业技术效率影响估计

随机前沿生产函数			
变量	估计值	变量	估计值
创业资金投入（$\ln x_1$）	0.245***	创业资金投入 × 创业土地投入（$\ln x_1 \ln x_3$）	- 0.019**
创业劳动投入（$\ln x_2$）	0.376***	创业劳动投入 × 创业土地投入（$\ln x_2 \ln x_3$）	- 0.012**
创业土地投入（$\ln x_3$）	0.198***	时间（t）	0.115*
（创业资金投入）²（$\ln x_1)^2$	0.006	（时间）²（t^2）	- 0.037*
（创业劳动投入）²（$\ln x_2)^2$	0.004	创业资金投入 × 时间（$\ln x_1 t$）	- 0.014
（创业土地投入）²（$\ln x_3)^2$	0.005	创业劳动投入 × 时间（$\ln x_2 t$）	- 0.009
创业资金投入 × 创业劳动投入（$\ln x_1 \ln x_2$）	- 0.023**	创业土地投入 × 时间（$\ln x_3 t$）	- 0.005
创业总产出（$\ln x_1$）	0.214***	创业总产出 × 创业总产量（$\ln x_2$）	- 0.033**
创业总产量（$\ln x_2$）	0.403	时间（t）	0.205
（创业总产出）²（$\ln x_1)^2$	0.018***	（时间）²（t^2）	- 0.137*
（创业总产量）²（$\ln x_2)^2$	0.021	创业总产出 × 时间（$\ln x_1 t$）	- 0.014
		创业总产量 × 时间（$\ln x_2 t$）	- 0.046*

续表

与与非技术效率关联的创业因素			
变量	估计值	变量	估计值
创业者性别（z_1）	-3.489**	创业培训（z_5）	0.241***
创业者年龄（z_2）	0.174***	交通运输便利度（z_6）	-0.327***
创业者文化程度（z_3）	-0.095***	创业筹资便利度（z_7）	-0.297***
创业者外出务工经历（z_4）	-0.385***		
σ^2		0.274***	
γ		0.827***	
似然函数对数值		-71.29	
单边误差似然比值检验		116.41	

注：*、**、*** 分别表示10%、5%、1%的显著水平。

（1）时间与农民工创业技术效率呈显著正相关，且技术效率随时间推移逐步改善。在引进新技术后，农民工创业者需要在生产过程中逐步熟悉生产流程、积累管理经验；而雇佣劳动者也需要时间来熟悉相关技能，创业技术效率提升需要充足的时间。

（2）从农民工创业的投入偏弹性估计结果来看，资金、劳动力以及土地投入对农民工创业技术效率的偏弹性系数均为正值，且都在1%上显著，说明该两项投入对农民工创业技术效率影响较大。创业劳动力投入偏弹性系数为0.376，表示创业农民劳动力投入每增加1%，创业生产技术效率将提高37.1%，这与农民工创业多为劳动密集型产业，劳动投入对创业技术效率影响明显有关；创业资金投入偏弹性系数（0.245）相对较低，很大程度上是基于农民工创业经济实力薄弱，资金利用效低下。土地投入偏弹性系数为最低（0.198），可能的原因是，非农产业来说是农民工创业最重要涉足领域，土地利用更多以厂房与营业面积体现，所包含的技术效率有限。

（3）从技术非效率影响变量估计系数可知，农民工创业者性别、年龄以及文化程度与创业生产技术效率呈显著负相关。性别与创业技术效率相关系数为-3.489（5%显著性水平），表明农民工男性创业者的技术效率呈上升趋势，与农民工创业多表现出其草根性，无论在身体或思维上，男性较女性都更加具备创业条件；年龄与创业技术效率相关系数为 0.147（1% 显著性水平），一定程度上归因于年轻农民工接受各类信息的能力强，回乡后能将务工过程中学习新技术、新方法应用于技能提升，技术效率影响力因此被放大；就创业者文化程度而言，偏弹性系数为 −0.095（1% 的显著性水平），说明农民工创业者文化程度越高，对创业技术效率产生的正面影响越强。第二，就创业农民工外出务工经历看，偏弹性系数为 −0.385（1% 显著水平），表明务工经历对其创业技术效率影响显著，估计系数每提高 1%，创业技术效率水平将提高 38.5%。这从另一角度证实，外出务工经历开拓了农民视野，尤其是掌握劳动技能对创业技术效率正向影响很大。第三，从农民工培训情况看来，偏弹性系数为 0.241（1% 显著性水平），表明创业培训对农民工创业技术效率呈负相关关系，这与原研究假设"创业培训与创业技术效率呈正向关系"结论相悖。一种可能的原因是本书接受过创业培训农民工数据代表性不足，另一可能原因则可能是因为创业培训对技术效率促进滞后性明显，新技术操作与新方法应用需要一定时间积累。第四，农民工创业交通状况及贷款便利度两项指标系数为负值（分别为 −0.127 和 −0.207，在 1% 水平上显著），表明农民工创业区位交通便利程度每增加 1%，生产技术效率将提高 12.7%；创业资金借贷便利程度每增加 1%，技术效率将提高 20.7%。这一结果表明，在当前生产技术和生产规模下，农民工创业区位地理选址适度决定技术知识资本的溢出及扩散效应，而创业资金雄厚则决定先进机器设备、新工艺、新材料的引进使用，显著影响技术效率的提升。

三、结论及建议

本节利用湖南省四县农民工创业实地调研面板数据，运用随机前沿超越对数生产函数模型，对农民工创业技术效率水平及其影响因素进行分析，结论如下：（1）农民工创业技术效率随时间推移逐步提升。表明以农民工为主体的创业经济发展将促进农村现代科学技术进步；（2）劳动力投入相较资金对创业技术效率影响更为显著。说明在以劳动密集型创业为主的现阶段，劳动仍是创业的主要投入要素，作为创业载体的劳动力技能培育是以技术效率实现创业报酬收益递增的重要路径选择；（3）男性且年轻的农民工人群创业优势相对明显。一方面表明创业需要付出极大艰辛有关，同时也再次证实，新知识、新技术、新信息的接受能力是决定创业成功的关键。考虑到新生代农民工无论从心理承受力、社会经历或技术资金方面积累都不足以支撑创业，这里所谓"年轻创业者"应当指较新生代农民工年长且拥有一定创业资金及管理经验的农民工精英人群。

基于以上结论，地方政府应以提高人力资本红利、发展地方经济为切入点，致力于农民工职业技能培训，创建正规化学校教育与社会化职业技能培训相结合的创业教育培训体系，以创业主体技能及管理能力的提升推动农村创业型经济发展；社会机构应服务于政府、金融机构和创业者之间的信息沟通，增强信息对接、培育良好融资环境；此外，应当强化农村基础设施建设，从道路交通、水电基础设施建设、土地有效流转等方面为农民工创业提供有利的制度环境，将农民工创业培育成为农村后发优势的强劲支撑。

第三节

基于"Kostova 三维度框架"的农民工创业制度环境研究

现代经济学理论将制度因素纳入经济增长框架，认为有效的制度能促进经济增长，其中，制度与非制度环境将起到决定性作用。这里所谓"制度环境"，是指一个国家取得科学研究、教育支持的制度，以及资金、人才可获得性的创新形式因素。良好的外部制度环境能促进企业技术创新（廖开容等，2011），人才及技术引进制度环境有利于科技人才的流入（Zoltan J. Aes, Laszlo Szerb, 2007）。现阶段的农民工创业是一种生存型草根性创业，作为一种契约性制度安排，制度环境是农民工创业重要资源，直接关系创业的生存与发展，尤其在制度环境路径依赖影响下，农民工创业活动与制度供求状况密切相关。

科斯托瓦（Kostova，1997）提出"国家制度框架"，将制度环境分为政府政策规制维度、广泛共享的社会知识认知维度和影响国家商业行为的价值系统规范维度等三类。巴斯奈蒂等（Busnezti et al.，2000）在其改进基础上提出创业制度环境包括规则指标、认知指标、规范指标等评价指标，分别反映政府支持、个人创业能力和社会对创业的认可程度；创业三因素模型框架是目前考察创业制度环境的重要研究方法。本节试以此为借鉴，结合农民工创业特点，从政策支持、服务环境、融资环境、企业家能力、社会氛围等涉及制度多维度方面考察农民工创业制度的均衡。

一、农民工创业制度与决策、绩效影响相关性

（一）创业制度环境的内涵

创业环境是指企业家在创立企业的整个过程中，一系列对其产生影响的外部因素及其组成的有机整体（蔡莉，2007），可分为非制度环境和制度环境。非制度环境指那些笼统的不具有可操作性但是又确实可以影响创业活动的创业环境要素，如经济环境、政治环境等；而制度环境则是指一系列用来建立生产、交换与分配基础的政治、社会和法律规则，由国家规定的正式制度和社会认可的非正式制度共同构成（North，1994）。从长远来看，制度环境会随着时间变化逐渐地影响非制度环境，且在很大程度上决定非制度环境。就其实质而言，创业环境本身就是一种制度环境（何景师，2012），是政府及个人可以通过施加影响而改变的制度环境，创业制度环境的研究较笼统的创业环境探讨更具实际意义（王超，2011）。为解释不同国家的创业制度环境差异，科斯托瓦（Kostova，1997）提出"国家制度框架"，将国家制度环境分为规制维度（政府的政策）、认知维度（广泛共享的社会知识）和规范维度（影响一个国家商业行为的价值系统）三个维度；巴斯奈蒂和斯普尼尔（Busnezti & Spneeer，2000）改进后提出创业制度环境包括规则指标、认知指标、规范指标三个评价指标，分别反映政府支持、个人创业能力和社会对创业认可度；肖斌（2005）进一步证实模型在同一个国家的不同地区之间具备有效性，使得该框架成为考察创业制度环境的代表性模式。客观事实表明，影响农民工创业的正式制度环境主要有政治制度、市场经济制度、利益分配格局、社会保障制度以及法律制度，而非正式制度则主要涉及

意识形态及传统文化领域（李丽群等，2009）。

（二）制度环境对农民工创业决策的影响

制度环境是一个地区基于正式制度及非正式制度经济影响的总和，创业制度环境供求均衡决定了创业目标的达成。首先，制度环境及农民工个人特质在创业决策中作用重大，国家制度模式对创业决策影响显著，具体从研究教育机构状况、受教育劳动力资源的有效性方面可以体现（Bartholonew，1997）。其次，政策导向对创业决策影响显著。在经济发展和科技变革政策调整时，通常会给创业者带来新的商业机会（陈震红等，2005）。如鼓励引进人才与技术的制度支持，不但有利于本地创业人才导入，也能较大程度上缓解技术变革的压力（Zoltan J. Aes，Laszlo Szerb，2007）。经验事实表明，政府政策支持能强化农民工潜在创业意向，支持力度越大，农民工创业意愿越强，其中，有关创业技能培训与免税及信贷扶持优惠最能影响创业决策（朱红根，2011），而制度效率则将决定创业的可持续发展（杨其静等，2010）。事实上，农村长期形成的社会价值判断、规范中嵌入了创业倾向与行为控制，创业氛围越浓，创业意向越强（蒋剑勇等，2012），商业发达地区的这种导向表现尤其明显（Ruta et al.，2008）。

（三）制度环境对农民工创业绩效的影响

合理的制度环境能激励创业者致力于生产性创业活动，以此促进社会财富的增加和经济的增长（Baumol，2005）。受创业主体、过程、环境间的相互影响，农民工创业绩效也随制度环境变化而发生改变（焦晓波等，2012），并通过不同路径影响创业绩效。第一，制度环境通过市场秩序来影响绩效，制度资本与绩效水平呈二次曲线关系。制度环境是企业生存的保障，商业资本能带来企业绩效水平的提升（高飞等，2008），经验事实表明，适宜的制度环境是企业正常发展的前提基础（李丽群等，2010）。第二，制度环境通过创业者精神和能力影响创业绩效。制度环境首先影响到企业家精神的传播速度和范围，而后进一步影响既有企业获得认知、获得社会政治合法性，最终导致企业收益的变动（蒋春燕等，2010）。当公众对创业持积极态度时，将给予创业者极强的信心；而当公众对创业持负面态度时，创业者将因不能得到心理支撑而气馁（Swanson & Webster，1971）。可见，制度环境可以决定企业家精神创造和成效（Aldrich & Wiedenmayer，1993），也可以破坏企业家精神（Baumol，1990）。事实表明，良好的制度安排可以创造更多的创业机会，恶劣的制度环境也将约束创业活动的扩张，尤其在优化资源配置、发展农村生产力与农民工创造力激发方面，制度环境决定创业者潜能的发挥，决定创业绩效的最终实现（刘春年，2008）。可见，尊重和鼓励创业精神是创业促进的重要支撑（Acs，Z. J. A. Varga，2005），而这些更多取决于创业机会识别、创业机会评价及创业机会利用影响下的创业文化（吴凌菲等，2007）。第三，制度环境通过企业发展策略作用于创业绩效。在不同转型时期，创业者通常需要采取不同策略以适应外部环境变化，这是获得良好绩效的前提基础，农民工创业技术投入、现代科技应用很大程度上都取决于良好的制度安排（廖开容等，2011）。

二、基于 Kostova 规制维度的农民工创业制度均衡

在 Kostova 规制维度（Regulatory Dimension）中，政府对创业的支持包括四个方面：（1）政府组织帮助个人创业；（2）政府给予创业者特殊鼓励政策；（3）政府对帮助创业成长的相关组织提供资助。根据这一理论，农民工创业规制性环境实质上就是制度是对创业活动支持的度量，也是为农民工创业提供制度支撑、便于企业家获取资源以降低创业风险的相关制度安排。

（一）农民工创业规制性制度变迁需求产生

创业本身就一种制度环境，良好的制度安排是农民工创业经济效率获取的前提，而创业制度均衡很大程度上取决于制度供给与需求的有效对接。通常情况下，现有制度下无法获得潜在收益成为制度变迁的根本动因，也可以说，当贴现预期收益超过预期成本时，新制度将随之产生，这一前提是推动社会既存制度结构及产权结构变革的原始动力。目前农民工创业多涉足农产

品种植、养殖、加工行业，技术含量低、规模小且抗风险能力低，是一种温饱型低层级创业，基于对金融、社会服务以及相配套政策支持的良好制度环境的追求，创业活动必将催生政府政策制度创新。第一，农民工创业政策支持制度变迁需求动机产生。目前农民工创业大多只是根据中央和省、市有关政策给予宏观扶持，缺乏针对性及可操作性具体措施，甚至认为创业属于自发竞争，与政府无关（孙富安，2006）；更重要的是，不少地方政府认为农民工创业缴税少，对县域经济发展及财政增收作用不大，政策扶持动力不足（陈浩等，2007），创业因此不仅不能享有优惠待遇，甚至侵权事件也时有发生（王环，2008）。并且，政府相关部门对耕地与非耕地实行区别对待，农牧业生产设施与非农建设用地的政策倾斜差别显著（崔传义等，2009），即使在有限土地指标使用上，歧视倾向也非常明显，用地紧张极大地制约农民工创业的规模扩张（孙富安，2009）。基于对获利的追求，农民工创业者对现有税费制度、产权制度、土地权制度不可避免地产生变革需求，推动农村创业将当地资源及区位优势转化为产业优势的相关制度创新。第二，农民工创业社会服务制度需求增加。农民工文化教育水平偏低，创业因此大多发生在生存性层次，信息获取渠道、技术开发能力十分有限，需要在政府、金融机构和创业者之间建立信息沟通平台，通过相应社会服务机构增强信息成功对接。事实上，无论是政府制度硬环境、还是社会公共服务软环境，农民工创业相关支持制度安排都存在明显缺损。首先，农村普遍水、电、路、通信、交通、能源等基础设施配套设施落后，运输费用高、交易周期延长，创业投资成本居高不下（阳立高等，2009）。为提升创业利润空间与市场竞争力，农民工必然产生与基础设施建设的相关制度变革需求；其次，农民工创业多以分散性的非组织方式进入市场，更多表现为一种松散脆弱的非市场化状态（孙富安，2009），为获取柔性的、集体性的团结抗衡聚力，农民工创业者将成为组织化制度健全的强劲驱动。此外，对于政府部门办事效率低下，项目审批程序烦琐等创业硬环境约束（杨群红，2009），农民工创业者也将基于创业成本降低目标而谋求制度创新。第三，农民工创业融资制度需求增加。通常情况下，创业生产都必须以足够启动资金及后续融资为基础，良好的融资环境因此成为创业决策的前提，也是创业成功实施的关键。目前农民工创业尚处于自发、起步阶段，创业难度大，自有资金不足和融资渠道不畅通成为面临的最大制约瓶颈（刘文烈等，2006）。据国务院发展研究中心农村部组织的"百县调查"数据显示，认为资金筹集困难的占70%以上（韩俊等，2006）；在农民工总量中，只有7%～10%的人完成了资本的原始积累，具备创办工商企业、农业企业的经济能力（袁永发，2008），大多数农民工返乡时虽然积累了一定资金，但民间筹资面窄且量小，难以满足创业发展资金需求（孙富安，2009），创业流动资金短缺是个不争的事实（杨群红，2007）。基于个人收益率与社会收益率相匹配的公平追求，农民工创业者将本能地产生对融资机制创新，融资政策与融资渠道进行制度变革的需求，推动商业银行有关县级支行创业贷款额度授权、创业担保基金、村镇银行等农村中小金融机构改革的制度变迁。可见，创业支持相关配套制度变迁动机很大程度上可归结于农民工创业主体对获利与发展的谋求，制度变迁因此可以认为是一种效益更高目标制度模式对起点制度模式的替代。

（二）农民工创业规制性制度供给不足

制度供给通常取决于两大因素：一是足以承受制度变迁成本；二是具能力突破既得利益集团的制度变革阻力。只有当制度变迁收益大于或等于成本时，制度供给主体才会推动制度变迁，这是无论政府、企业或是个人，在实施制度变迁时都会理性遵循的基本原则。戴维斯和诺思的研究也证实，当预期净收益超过预期成本时，新的制度安排将随之出现。目前农民工创业处于初始阶段，创业成长、收益预期及发展前景不确定；另外，基于不确定因素的制度变迁随机成本居高不下，有关规划设计、组织实施及消除变革阻力等各种费用支出很可能超出制度创新的预期收益，作为理性经济人制度供给主体将本能回避制度变迁，社会制度环境的缺失是创业成功率低下不可忽略的原因（饶雨平，2009）。客观事实表明，农民工创业资金、人力资源、社会服务等相关的规制性制度供给严重不足，无论是工商制度、市场准入制度或是贷款融资制度，都难以为创业活动提供相匹配的创业环境支持（谢亚平，2005），农村公共服务、现行财政体制、城乡分割体制以及农地产权等制度路径依赖更是加剧了制度供求矛盾（刘春年，2008）。

三、基于 Kostova 认知维度的农民工创业制度均衡

认知性制度环境主要是对创业技能的考察，用于衡量企业管理及营运所具备的知识及技能。包括企业管理能力、创业机会识别以及资源获取等方面能力。根据科斯托瓦的认知维度（Cognitive Dimension）的定义，反映农民工创业者社会知识能力的制度环境应包括几个方面：（1）创业者了解如何合法保护新企业；（2）创业者了解如何对付高风险；（3）创业者了解如何对付管理风险；（4）创业者了解到何处寻找相关产品及市场信息。

（一）认知维度下的农民工创业制度需求

经济制度创新多源于制度安排的成本与收益比，即旧制度安排下难以得到的利润是制度变迁需求产生的原动力。农民工创业者创业初期管理经验与组织资源能力、对市场变化反应敏捷度都在很大程度上决定创业的生存与发展，且随着劳动力、资金以及技术等生产要素的流入，新技术、新品种普及推广带来的社会生产力迅速发展，将加剧现存生产关系及财产关系矛盾的激化。事实表明，报酬收益递增的谋求是制度替代、转换与交易的原动力，教育与培训有关人力资本积累制度创新需求因此产生，技术利用与成果转化、创业融资等制度因此加速发展。据相关资料显示，目前创业农民工高中及以上文化程度所占比例较小（袁永发，2010），接受过短期职业培训的农村劳动力只占到20%，接受过中等职业技术教育的仅为0.13%（孙富安，2007），尽管接受了发达地区的洗礼，但骨子里的"惰"性未改，创业意念的桎梏远未打破（王萌等，2009），在经营理念、企业管理、产品研发、技术创新及市场开拓等方面都表现出创业能力的匮乏（袁永发，2010）。正是创业前景上的不确定，信息技术上的缺乏是导致农民工创业者难以作出符合经济发展与市场需求的决策与判断的重要原因（杨群红，2008）；而创业集聚在不同程度上带来地方劳动力、资金、技术要素在价格比、信息成本、技术等方面大幅变动，人们之间激励结构及议价能力随之改变。只有通过技术革新才能逐渐确立农民工创业竞争地位，也只有技术积累才能保证创业的可

持续发展，技术进步因此成为制度创新利益获取的决定性因素，与教育及技术相关联的各种制度创新需求增加。

（二）认知维度下的农民工创业制度供给

制度安排成本的收益性是经济制度创新的根源，社会文化传统则是制度供给制约因素。在农民工创业活动中，制度环境作为一种激励机制影响创业交易成本，而社会文化传统对创业行为的认可则在很大程度上决定制度的供给成本。基于经济人理性，农民工创业者谋求更多利润空间，希望得到更多技能熟练劳动要素的提供，也期待有机会成为敢于承担风险且具决策能力的农民企业家。但事实表明，受农村教育条件的限制，无论是决定创业就业者文化技能的农村基础教育制度，还是决定农民工创业者经营理念、企业管理、市场开拓素质提升的相关职业培训制度都存在严重缺损，难以满足发展规模化、集约化农业生产与乡村旅游业、高附加值产品、特色动植物养殖创业发展需求。特别是目前地方政府行为、制度性偏好以及行业协会、商会等中介组织在不同程度上都存在轻视农民工创业倾向（陈雄，2004），有关企业产权划分、技术创新及投融资制度供给严重不足，这些都决定了现阶段农民工创业者尚不具备创新能力培育、技术利用及成果转化的良好制度环境。此外，农民工创业者在创业意识、机会辨识素质上的欠缺也阻碍了制度的健全与完善。

四、基于 Kostova 规范维度的农民工创业制度均衡

制度变迁是一种效益更高的制度（目标模式）对另一种制度（起点模式）的替代过程。制度变迁是指制度创立、变更及随时间变化而被打破一定程度上取决于影响区域商业行为的社会价值观念，即社会对创业的认可度。根据 Kostova 规范维度（Normative dimension）的定义，当农民工创业被社会认可，成为农村受尊敬、羡慕的职业，其创业行为、价值及创新思想的度量表现在以下几个方面：（1）创业被当地人视为受羡慕职业的途径；（2）创新和创造性思想在当地被认为是成功的途径；（3）农民工创业者在当地受

到尊敬，成为财富谋求关注的楷模；（4）当地农民非常羡慕有能力创办企业的人。

（一）规范维度下的农民工创业制度需求增加

随着市场化进程的加快，社会观念对于创业活动的包容性逐步增强，规范性环境对创业活动所持态度有所改善，尤其在私有产权逐渐获得法律明确认可的前提下，对财富缔造者的尊敬和羡慕大大超出从前。农民工创业带回了资金、信息、技术和管理经验（曹明贵，2006），即农村经济发展所需的人力资源、物质资本以及社会资本（王环，2009），极大地提升了创业者经济与社会地位（李含琳，2005），加速合理开放的社会阶层结构形成（袁永发，2010）。在以创业带动当地农民共同富裕过程中，提供更多低门槛、灵活多样的就业机会，在促进农村富余劳动力的就近转移的同时（袁永发，2008），拓展农村劳动力增收的途径（崔传义，2007；刘光明等，2008），农村生活质量也随之提升（曹明贵，2007）。由此可见，农民工创业对地方经济的贡献极大地提升了社会认同度，其行为、价值以及创新思想逐渐成为农村尊敬和羡慕对象，民众对财富的态度从隐晦变为直接，从鄙视变为尊崇，创业被当地人视为受羡慕的职业，女性也参与到创业活动中来。为保持创业的可持续发展性，使这种创业文化氛围成为创业扩张的强有力支撑，农民工创业者必然产生创新与创造性思想支持的制度变迁需求，创业文化传统与社会知识积累相关联的制度供给机制亟待建立。

（二）规范维度下的农民工创业制度供给匮乏

社会文化传统对创业行为的认可度决定着制度环境供给成本的高低，决定着是加速还是延缓创业制度安排的形成。创业是一项复杂的、风险性很大的创新活动，失败不仅个人及家庭利益严重受损，同时也将极大地影响社会对创业的认同。农村正式制度供给决定农民工创业成败，与意识形态及传统氛围相关的非正式制度安排对创业文化影响也十分深远。近年来，尽管农民工创业正在成为农村经济发展的新增长点，但创业比例不大，创业经济效率偏低，基于创业风险的存在，大多数农民处于观望状态，分散形态下的农民工创业无法与政府权力组织抗衡，且无论是农民工创业者国民待遇，或是电视、报刊等舆论对创业文化氛围的影响，非正式制度中存在的思想观念局限性、外部社会舆论氛围约束等都决定了创业规范维度相关制度供给的匮乏。

五、Kostova 国家制度框架下的农民工创业制度环境优化

通常情况下，制度均衡只是一种理论虚构，无论是反映社会对农民工创业者与创业活动尊敬的规范性制度，或是与知识、技能和信息获取有关的认知性制度，包括法律规定及政府政策相关的规制制度，事实上都处于失衡状态。基于旧制度安排无法获得充足的潜在利润，理性农民工创业者将推进制度变迁，表现出显著的营利性、自发性与渐进性制度变革特征。本书试借鉴科斯托瓦国家制度框架，从规制维度、认知维度与规范维度出发，以创业政策及服务、企业家能力以及社会创业氛围培育为重心，构建农民工创业制度环境优化系统，具体如图 7-8 所示。

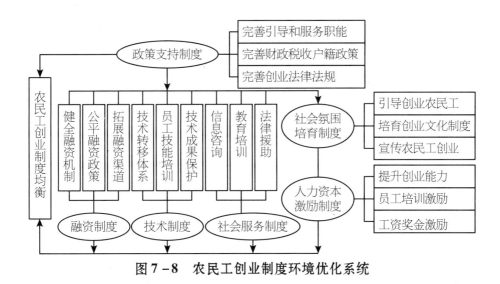

图 7-8　农民工创业制度环境优化系统

根据新制度经济学理论，潜在利润是导致制度变迁与创新的根源。在回应获利机会过程中，农民工创业者将本能地以其自发组织进行制度创新，这种制度均衡追求是农民工群体初级行动团体的一种自发性反应，是建立在预

期收益大于预期成本动态变化前提之下的变革。但鉴于创业外在利润从发现到内生化的渐进性，与农民工创业相关联的制度变迁较长时期内仍表现出从局部到整体、从转换到替代与扩散的特征，特别值得重视的是，制度变迁的外部性形成"制度连锁"机制，路径依赖与制度时滞将对新制度的产生形成一定阻碍，前者由制度进入某一路径后所特有的依赖性所决定，而后者则归结于潜在利润认知与制度变迁在时间上的不匹配。

第四节
小　结

近年来，农民工返乡创办的私营、个体等小微企业正在替代乡镇企业成为农村后发优势的有力支撑，农民工将在外积累的资金、技术、管理、信息、理念等生产要素带回创业，使作为后发者的农村地区得以借鉴经济发达地区成熟计划、技术、设备以及与组织结构取得区域优势，这种赶超优势主要体现在"技术模仿"与"制度移植"方面。农民工返乡创业是一种新型的"技术—经济"范式在以物质投入为主导的农村外生型经济增长衰退的现阶段，能以其知识产出与商业化内生增长推动农村资本、劳动、技术等生产要素集聚，推动生产方式从要素驱动向创新驱动转变。

创业从本质内涵上可以理解为是一种创新，格申克龙"后发利益"假说、列维的"后发优势与后发劣势并存"论、阿伯拉莫维茨的"潜在后发优势"论以及南亮进的"后进利益"论为农民工创业集聚后发优势的形成与传导机理研究提供了理论分析框架。客观事实表明，在农民工创业型经济发展过程中，必然导入新的技术、制度以及组织形态，这种源于创业效率的创新活动，在经过本土化改造后逐渐成为农村"技术后发优势"与"制度后发优势"支撑。创业过程中技术模仿学习所形成的追赶优势，不仅包括知识与技能上进步，也包括模仿学习所带来的产业结构升级；农民工创业者对利己方案与潜在利益的寻求，使其产生新制度创立与变更动力，先发地区的制度模仿在经本土化改造后形成后起追赶优势。事实表明，无论是"生态农业型"、"产业移植型"，或"传统产业改良型"农民工创业模式，都在不同程度上应用了新技术、新工艺，以技术进步势能与利益落差推动着农村区域后发优势的形成。就此意义上而言，农民工创业过程，是以技术与制度双重优势推动农村经济社会发展的过程，也是对先进技术学习模仿而形成追赶优势的同时创新经济、政治及文化制度的过程，在这种源于集聚后发优势的可持续发展，很大程度上取决于创业技术成本约束下的产业结构转换与产业承接中的比较优势升级。后发优势只是相对于后进性在积极意义上的理解，只表明欠发达地区存在经济起飞的可能，要使潜在"后发优势"成为现实，还取决于众多相关条件的支持，取决于不同时空范围内各种因素的组合。因此，政府政策应当重点培育"创业—要素创新—产业及区位优化—区域比较优势升级"良性循环机制，以其区域资本、技术等稀缺要素积累推动农村后发优势的可持续发展，引导农民工创业将人力资本、物质资本及社会资本等优势资源导入农村，尽可能避免陷入"引进—模仿—再引进—再模仿"后发利益陷阱，以后发优势"递增—递减"规律的突破实现创业制度均衡目标。

研究以湖南益阳安化县、岳阳岳阳县、永州蓝山县、郴州嘉禾县等地农民工创业为样本取集地，运用随机前沿超越对数生产函数模型，就农民工创业技术效率影响相关因素进行实证分析。结论认为：农民工创业技术效率随时间推移逐步提升、劳动力投入相较资金对创业技术效率影响更为显著、男性且年轻的农民工人群创业优势明显。表明以农民工为主体的创业经济发展能促进农村现代科学技术进步，新知识、新技术、新信息的接受能力是决定创业成功的关键。但在以劳动密集型创业为主的现阶段，劳动力技能提升是以技术效率实现报酬收益递增的重要路径选择，也是创业载体培育的核心指向。在未来较长一段时期内，担负起创业重任的应当是较新生代农民工年长且拥有一定创业资金及管理经验的农民工精英群体，这与现阶段新生代农民工无论从心理承受力、社会经历或技术资金积累都需要时间成熟有关。

研究借鉴科斯托瓦（1997）的"国家制度框架"，将农民工创业制度环境划分为政府政策规制维度、广泛共享的社会知识认知维度以及影响国家商业行为价值系统的规范维度，分别从政府支持、个人创业能力以及创业的社会认可度等视角就农民工创业制度均衡深入探讨。结论认为，制度均衡只是一种理论上的虚构，无论是反映社会对创业活动尊敬的规范性制度，与知识、技能和信息获取有关的认知性制度，还是法律及政府政策规定相关的规制制度都处于失衡状态，在制度均衡目标实现过程中，制度连锁效应、制度路径依赖以及因此引致的制度时滞是应当引起充分重视。

第八章

结论与政策含义

第一节

农民工创业产生空间集聚利益

　　农民工创办企业在空间上的集聚能产生整体性集聚效益，不仅改变通常意义上的技术与经济约束，同时也改变了经济活动的市场约束，对农村城镇社会、经济、文化、生态产生深远的影响。第一，在农民工创业过程中，技术、设备、工艺、管理、劳动力以其相互作用而形成集聚效应。同一产业企业在地理上的集中，供应商服务更有效率，行业竞争信息、技能型劳动力获取也更及时，配套产品及服务的有效提供使集聚区企业生产率提高，形成较为显著的比较优势。第二，农民工创业通常选择能保证水、电、能源供给区域集聚，规划性基础设施与相对完善的市场秩序能极大地促进生产资料及产品交流；基于生产集聚区企业间的合作，专业化分工最终能以其集聚规模经济促使原材料、半成品及成品运输费用下降，在降低平均成本费用的同时提升企业经济效益。即使在企业进入障碍较低状况下，设备、技术、投入品及劳动力都能以其经济集聚优势得以解决，创业成功率的提升将进一步强化空间集聚利益。第三，竞争是企业获得竞争优势的重要来源，农民工创业集聚所产生的竞争效应有利于吸引资本与技术的移植，能更多获得沿海经济发达地区的企业投资而形成规模集聚。事实表明，农民工创业产业与人口的集聚加剧企业间竞争，无论是对市场的争夺，或是同行比较中所产生的激励，都迫使农民工创业者将先进技术应用于生产经营，在改进管理与更加有效的组织生产中推动区域经济发展，这种基于集聚所形成的竞争不是一种零和博弈，而是一种正和博弈，是空间集聚利益产生的源泉。第四，根据劳动力市场一般规律，当劳动力成本接近于市场价格时表明资源得到充分利用。相对于其他区位而言，集聚区所产生的报酬递增效应对专业化人才、熟练或非熟练劳动力都具较强吸引力，能获得个人素质、劳动生产率及技术水准相对优秀的劳动力资源，保证集聚创业竞争优势。且随着农村剩余劳动力的迁移，当创业集聚发展到一定程度后，第二、三产业兴起会推动该区域发展成为小城镇，而集聚规模的扩张又将进一步推动产业升级，这种新型产业的诞生将带动集聚经济的迅速发展。由此可见，基于企业、人口空间接近将带来经济利益与成本的节约，规模经济围绕创业地逐渐形成，这种空间集聚利益将推动城镇的向外扩张。

第二节

农民工创业推动经济要素向城镇集中

自工业革命以来，世界经济活动的最明显的改变既非要素的投入，也非技术进步，而是经济的集聚。就其本质而言，城市经济就是空间性与聚集性的体现，各种经济要素空间集中与区位协调，要素集聚带来经济的区域化增长。农民工是一个由农村劳动力流动迁移而产生的特殊群体，是拥有一定的人力资本、技术、信息、管理经验及资金的人群。进入 21 世纪以来，农村劳动力呈现双向流动的新趋势，农民工回乡创业步伐加快，返乡创业规模呈上升趋势。作为农村一种特有的劳动形式，农民工创业将资金、技术、劳动力等优势资源引入农村，在自身意识或外界影响的引导下，利用手中掌握的资源、知识或技能，结合管理能力对其进行改造或重组创造更多劳动价值。目前农民工创业仍停留于以温饱为目标的草根型阶段，通常选择具地方资源优势及人口相对密集地区创办企业，且产品生产相似、资源应用相同。农民工创业企业在地理上集中，使供给工具和原料企业、组织运输的辅助性行业在附近产生，生产成本及原材料供给价格降低，产品竞争力增强。在市场化和市场网拓展过程中，创业者将获得更多外部经济利益，甚至一些不具备内部规模经济创业体也因此获得集聚空间与规模扩张的外部经济。

城市化本质决定了城镇的发展不可能离开工业和服务业而单独存在，随着创业集聚在技术、管理、劳动力水平上的提高，某一地区会吸引大量的人员聚集，劳动力、运输设施等生产设施高度集中，人口、住房和生活服务设施第三产业也随之发展，城镇系统开始萌芽。可见，农民工创业通过创建新组织、采用新生产方式以及开辟新市场方式，促使农村劳动力、资金、土地、信息、技术等社会资源向某一特定区域集中，这种要素空间集聚将带来就业与劳动力数量增长，产生区域比较优势与内部规模经济，创业集聚利益及分工得以进一步深化。

第三节

农民工创业产业集聚强化城镇累积扩散效应

在农民工创业过程中，企业不断从周围地区就近获得原材料、劳动力供给，产业集聚的深化带来企业规模扩张。事实表明，为了能共享运输工具、交流生产资料，农民工创业多选择生产资料所在地或运输便利区域进行，经济要素的集中带来企业间密切合作，极大地增强人员、资金及技术流动性，创业技术进步累积与扩散效应趋于显性化。事实表明，集群内部复杂的联系促使小城镇企业或部门迅速增长，进而带动区域相关部门成长。于集聚区域内企业而言，创业集聚的深化使规模扩大，集聚效益增强；于集聚区外的企业来说，新中间投入使用者、生产商及供应商的加入强化了专业化集中，周边次发达地区被纳入经济共享甚至形成新的集聚区，城市系统雏形产生。客观上来看，农民工创业经济实质上是一种自下而上的城镇化过程，是农村社区、农民创业者、农村劳动力等民间力量发动的一种自发型经济形态，城镇系统因其集聚良性循环被导入新的产业部门，创业集聚累积扩散效应推动相关部门成长，城镇经济实力获得快速提升。

第四节

农民工创业不同区位选址决定集聚规模与城镇化发展潜力

一定数量的人口（非农业人口）集中与相当数量的经济总量是小城镇产生的前提条件。农民工创业集聚在带动企业、劳动力、交通运输设施等生产设施高度集中的同时，也将推动人口、住房、生活服务设施形成集聚，因此成为人口集聚与经济总量提升目标实现的有效途径，不同区位选址的农民工创业活动在一定程度上影响集聚发展规模与城镇的扩张，创业区位选址因此在一定程度上决定集聚规模与城镇扩张潜力。经验事实表明，以发达城市为区位选择的农民工创业活动，尽管能满足农民工较高经济预期及对城市现代生活方式的追求，人口转移拉力大，聚集竞争优势明显，但城市生活成本高，且城市户籍制度严格控制农村人口的进入，尤其是社会保障、住房供给、用工制度、教育体制等方面的非国民歧视待遇，极大地影响了迁移人口的各种预期，就此意义上而言，在经济实力薄弱的农民工创业现阶段，以发达城市为区位选择的创业决策实施可行性不强。比较而言，小城镇处于农村和城市的中间地带，居于"城市之尾，农村之首"，既具有一定的大中城市现代经济特征，又在地理上与当地农村十分接近，尤其在户籍限制完全放开后，农村人口城市融入被强化，具有实现农村剩余劳动力转移与协调城乡关系发展的多种功能。客观上来看，以发展中小城镇为区位的农民工创业经济发展是目前农村城镇化的最优路径选择，在推动农村人口彻底转移的同时促进城镇集聚中心地空间均衡。相形之下，作为以农村腹地为区位选择的农民工创业，尽管在经济收入预期与现代生活追求上与城镇区域有一定差距，与经济发达大中城市更是无法相提并论，但这种创业在农村当地发生，既不产生人口迁移机会成本，也不会因人口转出而导致农村产权关系出现黏滞效应，尤其在现行土地制度下，不会对创业人口布局造成负面影响。随着农民工创业的成长，产业间关联效应将得到进一步强化，这一区位的创业方式与现阶段农村经济发展水平相匹配，是农村城镇化的相对最优路径选择。

第五节

农民工创业集聚经济发展很大程度上取决于政府政策支持

目前农民工创业多以劳动密集型产业为主，科技含量很低且经济实力薄弱。根据创业发展的一般规律，农民工创业集聚有一个临界点，之前发展缓慢、整体营利性较弱，无论是公共品价格及数量，或是非制度化状态改观，作为创业集聚区服务者与间接支持者，政府政策都将极大地影响创业集聚经济的发展。第一，生产成本节约是获取集中布局正外部经济的重要方式之一，交通、通讯等基础设施也极大地影响集聚空间边界。当政府提供诸如水、电、污水治理等公共产品及服务价格较为低廉时，农民工创业集聚会稳定存在；相反，如果政府供给公共品成本过高，创业集聚利润最大化目标受阻，农民工创业者将应用某些策略与政府博弈，农村创业型经济发展趋缓。就此意义而言，政府公共品价格及数量将直接影响农民工创业集聚，影响地区后发优势的形成。第二，农民工创业通常以小微企业生产经营为主，知识密集度低、信息变化小，对外部市场依赖程度高，集聚力是与其他企业关系网络增强竞争的重要手段。但从另一方面来看，创业集聚也可能产生规模不经济，可能因产业过于集中而抬高投入要素价格，也可能造成道路及其他基础设施的拥挤，尤其是基于利润最大化追求，作为理性经济人的农民工创业者很可能采取生产经营短视行为，资源稀缺所带来的要素争夺在一定程度上降低企业生产效率，集聚负外部性趋于显性化。由此可见，农民工创业不可能长期以非制度化状态生存，作为经济秩序的维护者与仲裁者，政府作为或不作为将成为决定农村创业型经济可持续发展的关键。第三，当农民工创业进入市场后，新思想、新方法与新方式将不可避免地导致原有结构被分化、瓦解和重组，企业的自由进入或退出将成为集聚区保持活力的关键。很显然，这些是企业间行为规则所无法自行解决的，因此必须发挥政府经济职能建立一个安全、法制、公平的竞争环境，才能保持创业集聚利益的稳定持续。从长远来看，农民工创业集聚是一个动态发展的过程，无论是农村金融机构改革、农村科技服务队伍建设，或是农民创业用地问题的解决，这些都需要政府的适度干预。因此，地方政府应当出台优惠税费政策，加大财政投入及财政补贴，尤其是增加农村基础设施方面的财政支出，以政策支持降低农民工创业成本；应当拓宽农民工创业领域，从延伸创业产业链、增加附加值出发，支持农民工创业以推动当地产业集群扩张，推动农村创业型经济向产业化、规模化、专业化及标准化方向发展。此外，还应当引入竞争激励机制，增强政府部门服务意识，尝试建立农民工创业专业园区，重点推进地方经济支柱型产业发展，或以优惠地价及其他政策提供鼓励相同及相关产业在环境适宜条件下形成集聚；或鼓励相近产品生产企业互相靠近，相同产品企业向优势区域迁移，将农民工创业经济培育成为农村区域后发优势可持续发展的强劲支撑。

参 考 文 献

第一部分：中文文献

[1] 罗明忠等. 农民的创业动机、需求及其扶持 [J]. 农业经济问题，2012（2）.

[2] 李录堂. 农民创业认知及影响因素研究 [J]. 软科学，2008（11）.

[3] 罗明忠. 个性特征、资源获取与农民创业——基于广东部分地区农民问卷调查的实证分析 [J]. 中国农村观察，2012（2）.

[4] 中国科学技术协会. 中国新农村建设创业能力研究报告 [M]. 北京：中国科学技术出版社，2007.

[5] 关注农村创业新主体——访国务院发展研究中心农村部部长、"百县农民工回乡创业调查"总负责人韩俊 [N]. 农民日报，2008 - 06 - 10.

[6] 韦吉飞，李录堂. 农村非农活动、农民创业与农村经济变迁——基于1992~2007年中国农村的实证分析 [J]. 武汉理工大学学报（社会科学版），2009（10）.

[7] 薛继亮，李录堂. 农民创业和分工演进、交易效率 [J]. 山西财经大学学报，2009（9）.

[8] 刘长全. 集聚经济测度方法前沿综述 [J]. 统计研究，2006（3）.

[9] 梁琦. 产业集聚论 [M]. 北京：商务印书馆，2004.

[10] 王业强，魏后凯. 产业地理集中时空特征分析——以中国28个两位数制造业为例 [J]. 统计研究，2006（6）.

[11] 阿瑟. 奥沙利文. 城市经济学 [M]. 北京：中信出版社，2002.

[12] 赵浩兴. 农民工创业地点选择的影响因素研究——来自沿海地区的实证调研 [J]. 中国人口科学，2012（2）.

[13] 苏航. 基于产业集聚理论的区域农业竞争力分析 [J]. 农村经济, 2010 (4).

[14] 杨丽, 王鹏生. 农业产业集聚: 小农经济基础上的规模经济 [J]. 农村经济, 2005 (7).

[15] 宋瑜. 农业龙头企业集聚与农村城市化研究 [J]. 农村经济, 2009 (7).

[16] 姚林如, 李莉. 劳动力转移、产业集聚与地区差距 [J]. 财经研究, 2006 (8).

[17] 范剑勇, 谢强强. 地区间产业分布的本地市场效应及其对区域协调发展的启示 [J]. 经济研究, 2010 (4).

[18] 周新德. 先天禀赋、动力机制和农业产业集群的发展 [J]. 农村经济, 2008 (7).

[19] 高峰, 元秀华. 我国农业产业集群形成机理分析 [J]. 青岛农业大学学报 (社会科学版), 2008 (6).

[20] 范剑勇. 市场一体化、地区专业化与产业集聚趋势——兼谈对地区差距的影响 [J]. 中国社会科学, 2004 (6).

[21] 王艳荣. 刘业政. 农业产业集聚对农民收入影响效应研究 [J]. 农业技术经济, 2011 (9).

[22] 刘斌. 产业集聚竞争优势的经济分析 [M]. 北京: 中国发展出版社, 2004.

[23] 简新华. 中国工业化和城镇化的特殊性分析 [J]. 经济纵横, 2011 (7).

[24] 于涛方. 刘娜. 中国城市全球化与地方化程度分析 [J]. 地理与地理信息科学, 2004, 53.

[25] 李树琮. 中国城市化与小城镇发展 [M]. 北京: 中国财政经济出版社, 2002, 3.

[26] 左学金, 朱宇. 王桂新. 中国人口城市化和城乡统筹发展 [M]. 上海: 学林出版社, 2007.

[27] [爱尔兰] R. 基钦, [英] N. J. 泰特. 人文地理学研究方法

［M］．北京：商务印书馆，2006.

［28］［德］阿尔伯斯·G..城市规划理论与实践概论［M］.北京：科学出版社，2000.

［29］［德］奥古斯特·廖什.经济空间秩序——经济财货与地理间的关系［M］.王守礼译.北京：商务印书馆，1995.

［30］［德］沃尔特·克里斯塔勒.德国南部中心地原理［M］.常正文，王兴中译.北京：商务印书馆，1998.

［31］陈炳水.现代城市发展与管理研究［M］.北京：中国环境科学出版社，2007.

［32］苑鹏.工业化进程中村庄经济的变迁［J］.管理世界，2004（7）.

［33］课题组.城乡一体化前提的诱致型制度变迁：成都个案［J］.改革，2007（9）.

［34］郑风田，傅晋华.农民集中居住：现状、问题与对策［J］.农业经济问题，2007（9）.

［35］高汝熹，罗明义.城市圈域经济论［M］.云南：云南大学出版社，1998.

［36］张建华.城乡一体化进程中的新型城乡形态［J］.农业经济问题，2010（12）.

［37］张建华，洪银兴.都市圈内的城乡一体化［J］.经济学家，2007（5）.

［38］王展祥.金融危机下农民工返乡创业与中国城镇化发展研究［J］.现代经济探，2009（9）.

［39］辜胜阻等.均衡城镇化：大都市与中小城市协调共进［J］.人口研究，2010（9）.

［40］辜胜阻，简新华.当代中国人口流动与城镇化［M］.武汉：武汉大学出版社，1994.

［41］牛文元.中国新型城市化报告（2009）［M］.北京：科学出版社，2009.

［42］国家统计局农村社会经济调查司.2009年农民工监测调查报告，

http：//www. stats. gov. cn/tjfx/fxbg/index. htm，2010 - 03 - 19.

[43] 蔡继明，周炳林. 以大城市为依托加快城市化进程 [J]. 经济学动态，2007 (8).

[44] 国务院发展研究中心课题组. 我国城镇化体制机制问题及若干政策建议 [J]. 改革，2007 (11).

[45] 许经勇. 中国特色城镇化、农民工特殊群体与发展县域经济 [J]. 当代经济研究，2006 (6).

[46] 曹广忠，刘涛. 中国省区城镇化的核心驱动力演变与过程模型 [J]. 中国软科学，2010 (9).

[47] 顾朝林，吴莉娅. 中国城市化研究主要成果综述 [J]. 城市与区域规划研究，2008，1 (3).

[48] 陈洋等. 改革开放以来中国城市化的时空演变及其影响因素分析 [J]. 地理科学，2007，27 (2).

[49] 汪段泳，朱农. 中国城市化发展决定因素的地区差异 [J]. 中国人口·资源与环境，2007，17 (1).

[50] 王建军，吴志强. 城镇化发展阶段划分 [J]. 地理学报，2009，64 (2).

[51] 林毅夫. 后发优势与后发劣势——与杨小凯教授商榷. 北京大学中国经济研究中心讨论稿，No. C2002b.

[52] 施培公. 后发优势——模仿创新的理论与实证研究 [M]. 北京：清华大学出版社，1999.

[53] 孙翠兰. 区域经济与新时期空间经济学发展战略 [M]. 北京：中国经济出版社，2006.

[54] 宋则行等. 后发经济学 [M]. 上海：上海财经大学出版社，2004.

[55] 江激宇. 产业集聚与区域经济增长 [M]. 北京：经济科学出版社，2006.

[56] 郭熙宝. 发展经济学研究——后发优势研究专题 [M]. 北京：经济科学出版社.

[57] 安虎森. 制度变迁、转型与中国经济 [M]. 北京：经济科学出版社，2007.

[58] [美] 保罗.克鲁格曼. 地理和贸易 [M]. 北京：北京大学出版社，2000.

[59] 郑享清. 论后发优势的实质及其实现机理 [J]. 南昌大学学报 (人文社会科学版)，2006 (3).

[60] [英] 凯文·摩根. 制度、创新与欠优势地区的经济复兴 [J]. 经济社会体制比较，2003 (2).

第二部分：外文文献

[61] De Carolis Msaparito P. Socialcapital, cognitionand entrepreneurial opportunities: a theoretical fram-ework [J]. Entrepreneur-ship Theory and Practice, 2006.

[62] Lafuente E., Vailant Y., Rialp J. Regionaldifferences in the influence of role models: com paring the entrepreneurialprocess of rural Catalonia [J]. RegionalStudies, 2007, 41 (6).

[63] Audretsch, D. B. Thurik, A. R. Capitallism and Democracy in the 21st Century: from the Managed to the Entrepre-neurial Economy [J]. Journal of Evolutionary Economics, 2000.

[64] Audretsch, D. B. Thurik, A. R. What's New about the New Economy? Sources of Growth in the Managed and Entre-preneurial Economies [J]. Industrial and Corporate Change, 2001, 10 (01).

[65] Audretsch, D. B. Thurik, A. R. A Model of the Entrepreneurial Economy [J]. International Journal of Entrepreneurial Education, 2004, 2 (02).

[66] Stathopoulou, S., Psalopoulos, D. and Skuras, D. Rural entrepreneurship in Europe [J]. International Journal of Entrepreneurial Be-haviour & Research, 2004, 10 (6).

[67] Ray, C. Endogenous development in the era of reflexive modernity [J]. Journal of Rural Studies, 1999, 15 (3).

[68] Wortman, M. S. Rural entrepreneurship research: An integration into the entrepreneurship field [J]. Agribusiness, 1990, 6 (4).

［69］ Jarkko Pyysiainen, Alistair Anderson, Gerard McElwee and Kari Vesala. Developing the entrepreneurial skills of farmers: Some myths explored ［J］. International Journal of Entrepreneurial Behaviour & Research, 2006, 12 (1).

［70］ Gnyawali, D. , Fogel, D. Environments for Entrepreneurship Development: Key Dimensions and Research Implications ［J］. Entrepreneurship Theory and Practice, 1994 (18).

［71］ Krugman, P. Increasing Returns and EconomicGeography ［J］. Journal of Political Economy, 1991 (99).

［72］ Blaek, D. and V. Henderson, A Theory of Urban Growth ［J］. Journal of Political Economy, 1999 (2).

［73］ Fujita, M. and J. F. Thisse. Economies of Agglomeration: Cities, Industrial Location and Regional Growth ［J］. Cambridge University Press, Cambridge, MA. 2002.

［74］ Rosentha, S. and W. Strange, Geography, Industrial Organization and Agglomeration ［J］. The Review of Economics and statistics, 2003, 85 (2).

［75］ Henderson, V. The Urbanization Process and Economic Growth: The So What Question ［J］. Journal of Economic Growth, 2003 (8).

［76］ Head, K. T. Mayer, Regional Wage and Employment Responses to Market Potential in the EU ［J］. Regional Science and Urban Economics, 2006, 36 (5).

［77］ Bery B. J. L. City Size Distributions and Economic Development ［J］. Ecomic Development and Cultural Change, 1961, 19.

［78］ Cadwallader M. Urban geography and social theory ［M］. Urban Geography, 1988.

［79］ Lynch K. Good City Form ［M］. Boston: University of Harvard Press, 1980.

［80］ Mann P. The socially balanced neighbourhood unit ［M］. Town Planning Review, 1958.

［81］ Mayer J. D. Relations between Two Tradition of Medical Geography System Planning and Geographical pidemiology ［J］. Progress in Human Geography, 1982 (6).

[82] McGee T. G. The Urbanization process in the third world [M]. Bell, 1971.

[83] McGee T. G. Ther Emergence of Desakota Regions in Asia: Expanding Hypothesis [M]. Honolulu: University of Havaii Press, 1991.

[84] Kuznets, Simon. Economic Growth and the Contribution of Agriculture: Notes on Measurements [J]. in: Agriculture in Economic Development, Edited by Carl Eicher and Lawrence Witt, New York, McGraw – Hill, Inc, 1964.

[85] OECD. Urban Trends and Policy in China [R]. http://www. loecdlorg/dataoecd/28 /21 /426079721pdf, 2009 (1).

[86] Ma L. Urban Transformation in China, 1949 – 2000: A Review and Research Agenda [J]. Environment and Planning A. , 2002, 34 (9): 1545 – 1569.

[87] Zhang K. H. What Explains China Rising Urbanisation in the Reform Era? [J]. Urban Studies, 2002, 39 (12).

[88] Friedmann J. Four Theses in the Study of China Urbanization [J]. International Journal of Urban and Regional Research, 2006, 30 (2).

[89] Krugman P. Increasing Returns and Economic Geography [J]. Journal of Political Geography, 1991, 99.

[90] Zhang L. Conceptualizing Chinaps Urbanization UnderRe-forms [J]. Habitat Internationa, 2008, 32 (4).

[91] Olson M. Big Bills Left on the Sidewalk: Why Some Nations are Rich, and Othres are Poor [J]. Journal lf Economic Perpectives, 1996, 10.

[92] Myrdal G. Economic Theory and Underdeveloped Regions [M]. London: Duckworth, 1957.

[93] Brezis E. , Krugman P. R. and Tsidon D. Leapfrogging in International Competition: A Theory of Cycles in National Technological Leadership [J]. The AmericanEconomic Review, 1993, 83 (5).

[94] Brezis E. S. and Kuugman P. R. Technology and the Life cycle of Cities [J]. Journal of Economic Growth, 1997 (2).